미라클 모닝

After 50

미라클 모닝

The Miracle Morning After 50

미라클 모닝
After 50

할 엘로드, 드웨인 J. 클라크 지음

윤영호 옮김

필름

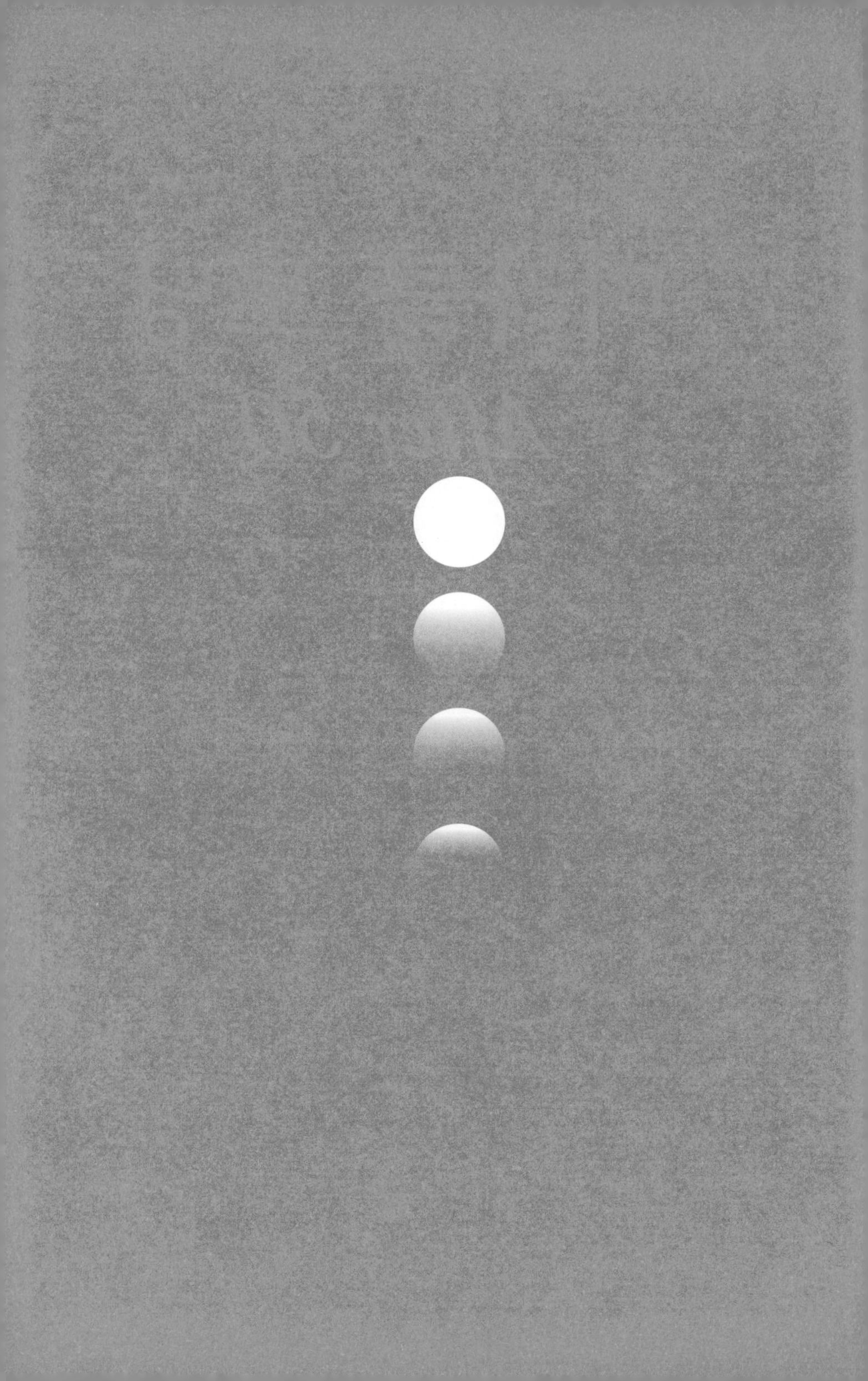

차례

50세 이후 미라클 모닝 실천가들에게 찾아온 변화   9

이 책을 향한 찬사   15

특별 초대장   22

들어가는 말   드웨인과 할에게서 온 편지   27

1부 **50세 이후 당신의 진정한 잠재력을 깨우다**

1장 아침 습관이 장수의 열쇠인 이유　49

2장 내 안의 아침형 인간을 깨우기　72

3장 50세 이후를 위한 세이버스의 발견　98

4장 침묵Silence의 S　110

5장 확언Affirmation의 A　148

6장 시각화Visualization의 V　175

7장 운동Exercise의 E　190

8장 독서Reading의 R　208

9장 기록Scribing의 S　218

10장 맞춤형 세이버스　229

11장 미라클 모닝 삶의 변화 30일 여정　248

2부 **50세 이후의 삶을 꽃피우기 위한
숨겨진 자기 돌봄 전략**

12장 자기 돌봄의 시간　271

13장 에너지 최적화　297

14장 새벽빛과 맨발 걷기　327

15장 목표를 품고서 주도적으로 살아가기　345

나가는 말　이제 당신의 시간이다　372

용어집　376

주　384

일러두기

- 본문의 각주는 모두 옮긴이의 것이며, 미주는 원문의 주입니다.
- 국내 출간 도서는 영문명을 따로 병기하지 않았습니다.
- 기호의 쓰임새는 다음과 같습니다.
  『 』단행본, 「 」연구 자료, 《 》잡지·학술지·언론사·연구기관, 〈 〉
  영화, 드라마, 프로그램명 등.

50세 이후 미라클 모닝 실천가들에게 찾아온 변화

미라클 모닝은 모든 면에서 제 삶을 바꿔 놓았습니다. 이혼 후 제 삶은 너무 극심한 고통으로 가득하여 희망과 믿음도 잃어버리고, 사업도 무너져 내렸죠. 스트레스는 극에 달했고 자존감도 무너진 데다가 인간관계도 엉망이 된지라, 우울증이 현실로 다가왔어요… 삶을 끝낼 생각이 들 정도로.

제가 『미라클 모닝』을 접한 날은 기적이 시작되었습니다. 새로운 가능성이 보였고, 우주 속 제 위치를 찾았습니다. 이전의 모습이 아니라, 공감과 연민, 사랑을 아는 훨씬 더 나은 모습으로요.

이제 저는 아침에 즐거운 마음으로 일어나게 되었고, 목표로 가득한 삶을 살아가는 기적을 누리고 있습니다. 삶의 새로운 방향이 열렸고, 저 자신을 되찾은 데다가, 아이들과의 관계는 1,000% 더 좋아졌어요. 뜻이 맞는 친구들도 만나게 됐죠. 이제는 정말 말할 수 있어요. 저는 저 자신을 사랑합니다. 제 삶 속에서 매일 기적이 일어나고 있어요. 『미라클 모닝』이 제 삶을 바꿨다고 모두에게 말해 주고 싶네요. 어쩌면 제 삶을 구했다고도 말할 수 있을 겁니다.

- 마샤 카마고Marcia Camargo

52세

저는 77일째 미라클 모닝을 실천하는 중입니다. 스스로를 아침형 인간으로 여겨 본 적이 없었다는 걸 생각하면, 매일 아침 6시에 일어난다는 건 엄청난 변화죠. 침묵의 시간 속에서 성찰의 기회를 가질 수 있어 감사하게 생각합니다. 처음 시작할 때는 확언에 대해 다소 회의적이었지만, 저의 일상 속 세이버스 습관에 확언을 녹여 내고 나니 긍정적인 효과가 찾아왔다는 걸 이제는 인정할 수 있습니다. 실제로 하루 동안의 기분을 따라가 보면, 극적일 정도로 기분도 좋아지고 자신감도 높아졌다는 걸 알 수 있어요. 저는 미라클 모닝을 계속 지속할 겁니다.

- 마이클 윌리엄스Michael Williams
70세

자기계발에 관심을 가진 지 얼추 30년쯤 되었지만, 50대 중반에 이르자 그저 흘러가는 대로 살고 있는 제 자신을 발견했습니다. 그러다 우연히 『미라클 모닝』을 접하게 되었는데, 그 책이 제 삶의 등불이 되어 줄 줄은 미처 몰랐어요. 그때까지 읽었던 다른 자기계발서와는 전혀 다르게, 따라 하기도 쉽고 일상에 적용하기도 수월했습니다. 『미라클 모닝』의 원칙들을 실천하면서 아침의 활력이 솟아났고, 삶의 모든 영역이 새롭게 숨 쉬기 시작했습니다. 저는 침묵과 확언, 시각화, 운동, 독서, 기록의 힘을 끌어안았습니다. 그리고 이제 그 힘은 제 아침을 지탱하는 디딤돌이 되어 주었어요.

64세가 된 저는 한결 차분하고, 희망으로 가득하며, 이전보다

활력이 넘칩니다. 저의 가장 빛나는 순간은 아직 오지 않았어요! 『미라클 모닝』은 단순히 지식만을 전달하지 않습니다. 당신 안에 불꽃을 일게 할 거예요. 그리고 그 불꽃이 목표와 즐거움, 감사로 가득한 마음을 새롭게 불러올 연료가 되어 줄 겁니다.

시간의 무게를 느끼는 모든 이에게 이렇게 말하고 싶습니다. 이 책은 단순한 책이 아닙니다. 나이에 상관없이 당신의 삶을 되찾을 수 있게 해 주는 지도입니다. 그 지혜를 끌어안고, 당신의 아침이 기적으로 변하는 모습을, 당신의 삶이 끊임없는 가능성의 힘을 증명하는 모습을 지켜보세요.

- 스테파니 블랙버드Stephanie Blackbird
64세

53세인 저는 세 아이의 아버지이자 다섯 손주의 할아버지입니다. 최근에 저는 회사에서 새로운 직책을 맡게 되었습니다. 새로운 역할을 위해서는 높은 수준의 조직 능력을 갖추고 본사와 공장장들이 함께하는 회의를 주선해야 하죠. 『미라클 모닝』 덕분에 성공 지향적 마음가짐과 하루를 준비하는 데 필요한 집중력을 얻었습니다. 게다가 20년 동안 고생했던 불안 문제를 다루는 데도 도움이 되었어요.

- 짐 머레이Jym Murray
53세

저는 38년 넘게 교직에 있다가 이제 막 은퇴했습니다. 제가 그리는 이상이 있어요. 모험이나 여행을 떠난다거나, 집을 완전히 정돈한다거나 미뤄 놓은 일을 끝마치고, 마당을 아름답게 가꾸고, 텃밭을 꾸리고, 친구들, 그리고 가족과 함께 시간을 보내는 일과 같은 이상들이요. 하지만 삶은 그렇게 흘러가지 않더군요. 이상과 현실 사이에서 힘든 시간을 보냈어요. 그러다 『미라클 모닝』의 엄청난 도움으로, 일 중심의 삶에서 평안과 즐거움을 누리는 은퇴 생활로 전환할 수 있었습니다. 특히 어머니를 잃고 힘든 시기를 보내는 동안에 더욱더 그랬죠. 어머니가 아프시기 전에 미라클 모닝을 시작하게 되어 너무 다행입니다. 그 시기를 보내는 동안 많은 도움을 받았고, 어머니 없이 살아가실 아버지에게 힘을 줄 수 있게 되었어요. 『미라클 모닝』 덕분에 나날의 즐거움을 깨달았고, 감사히 여겨야 할 모든 것에 감사를 전할 수 있었습니다.

- 린다 던_{Linda Dunn}

63세

동료들에게서 『미라클 모닝』을 통해 얻은 성과에 대해 듣고, 저는 곧장 책을 구입했습니다. 기업가로서 어찌나 바쁘고 활동이 많았던지 도움이 필요했거든요. 아내에게도 저와 함께하자고 설득했습니다. 지금 97일째인데, 이제는 거실에 마련한 미라클 공간에서 매일 나누는 **침묵**의 시간이 기다려질 정도예요. 우리 반려동물들도 좋아한답니다! 부부 관계가 눈에 띄게 좋아졌어요. 이전보다 더욱 친밀하게 소통을 나누고 서로를 지지하며, 책임감을 지니고서 미라클 모닝을 위한 시간을 준비하죠. 함께 운동도 실천하는 데다가 아내는 기록을 남기기 시작했어요. 모든 게 엄청난 발전이죠. 저는 일곱 아이의 아버지이자 남편이고, 주간 팟캐스트 진행자이자 IT 업계에서 일하는 관리인이자, 음악가이자, 신자이면서 동시에 교회 봉사자를 맡고 있는 사람이라, 시간을 최대한 활용하는 것이 무엇보다 중요합니다. 우리는 더욱 많은 에너지를 얻었고, 더 의식적으로 시간을 활용하고 있습니다. 그리고 제가 참가하는 마스터마인드 모임에 '미라클 모닝'이라는 말을 전파하며 책도 나눠주고 있어요.

- 폴 귀용Paul Guyon
65세

저는 7년 전 크리스마스 선물로 『미라클 모닝』을 받고서 세상을 보는 시각이 달라졌습니다. 지난 7년 동안 세이버스는 매일 아침 습관의 중요한 일부로 자리 잡았죠. 이 실천 덕분에 심장마비와 이혼, 뇌졸중으로부터 헤쳐 나올 수 있었습니다. 그리고 이 7년 동안 책을 집필해 상을 받았고, 태권도 6단 사범 승단 심사를 통과했고, 성공적으로 도장을 운영하기도 했지요. 75세에 접어든 지금, 저는 여느 때 못지않게 건강합니다. 규칙적으로 훈련과 운동을 하는 만큼, 가르침을 전수하기도 합니다. 삶이 이보다 좋을 수 있을까요?

- 론 데이비드슨Lorne Davidson
75세

저는 61세의 고집 센 여성으로, 알람 소리를 듣고 한 번에 못 일어나는 사람이었습니다. 아침형 인간이었던 적이 한 번도 없었어요. 미라클 모닝을 시작한 이후로 제게 알림은 한 번이면 충분하게 되었습니다. 이런 일이 가능할 줄은 꿈에도 몰랐어요. 저는 이제 아침에 할 일들이 기다려집니다. 운동을 포함해서요. 저는 항상 아침 운동하는 사람들을 동경했어요. 제가 그중 한 사람이 될 거라고는 생각한 적이 없는데… 이제 그런 사람이 됐네요. 『미라클 모닝』 덕분이죠. 여러분도 한번 해 보시라고 권하고 싶군요. 특히 50세를 넘기고부터 인생을 바꿀 수 없다고 생각하는 분들이라면요. 제가 말할 수 있습니다. 여러분도 할 수 있어요. 미라클 모닝이 가져다준 엄청난 삶의 변화, 제가 바로 그 변화의 살아 있는 증거인걸요.

- 재클린 에프팅 JacLynne Effting

61세

이 책을 향한 찬사

이 책을 향한 찬사

할 엘로드와 드웨인 J. 클라크는 이 책에서 중년 이후의 삶을 살아가는 사람들에게 변화를 이끄는 지침을 제공합니다. 이들의 조언은 생기 있게 나이 들고자 하는 저의 철학과 완벽하게 일치합니다. 자신의 아침을, 나아가 인생을 새롭게 정의하고자 하는 사람들이라면 반드시 읽어야 할 책입니다.

- JJ 버진JJ Virgin, 《뉴욕 타임스The New York Times》 베스트셀러 작가이자
피트니스 명예의 전당 헌액자

이 책은 중년의 삶을 살아가는 사람들의 완벽한 동반자입니다. 할 엘로드는 드웨인 J. 클라크와 함께 '노화란 성장과 지혜, 재창조의 시간'이라는 모던 엘더 아카데미Modern Elder Academy의 정신과 아름답게 맞닿은 일상의 강력한 실천법을 제공합니다. 여러분은 인생의 다음 장이 최고의 시기가 될 수 있도록 아침을 맞이하는 방법을 이 책에서 만나게 될 겁니다.

- 칩 콘리Chip Conley, 『중년의 삶을 사랑하는 법Learning to Love Midlife』의 저자이자
모던 엘더 아카데미 창립자

저는 나이 들 수 있다는 것이 얼마나 큰 특권인지 깨달았습니다. 모두가 누릴 수 없는 권리이니까요. 인생의 후반부에 접어든 우리 같은 사람들은 이 책을 훌륭한 도구로 활용해, 새로운 목표를 향해 품위 있게 나이 들 수 있습니다.

- 앨리 스벤손Ally Svenson, MOD 피자 공동창업자

수면의 질에서부터 아침의 명료함까지, 이 책은 우리가 너무나 많이 놓치고 있는 사실, 일찍 일어나는 것이 중요한 게 아니라 잘 일어나는 것이 중요하다는 사실을 잡아냅니다. 의지와 회복, 자연스러운 리듬의 조화가 필요한 분들은 이 책을 반드시 읽어 볼 필요가 있습니다. 이 책을 펼치면 더 잘 자는 법, 기분이 나아지는 법, 활력 있게 나이 드는 법을 만나게 될 겁니다.

- 라즈 다스굽타Raj Dasgupta 의학박사MD, 미국내과학회 정회원FACP,
미국흉부학회 정회원FCCP, 미국수면의학회 정회원FAASM,
내과 레지던트 프로그램 보조 책임자이자 임상의학 부교수

'더 오래, 더 잘 사는 삶'이라는 이상을 30년 넘게 열정적으로 믿어 온 저는 단언할 수 있습니다. 나이가 얼마나 들었든 이 책을 읽으면, 개인적 변화와 새로운 활력, 즐거움을 위한 영감 어린 청사진을 그리게 될 겁니다.

- 데이비드 슐레스David Schless, 미국 노인 주거 협회ASHA 회장 겸 CEO

할 엘로드와 드웨인 J. 클라크는 단순히 아침 습관을 제공하는 것이 아닙니다. 이들은 인생의 두 번째 막을 선사합니다. 이 책은 우리가 이제껏 필요하다고 생각지 못했던 기상 신호입니다. 대담하고 실용적이며 한없이 낙관적인 이 책은 당신의 흥미 넘치는 삶이 여전히 앞에 놓여 있음을 증명합니다(맑은 정신을 보장합니다. 커피는 선택일 뿐이에요).

- 샐리 호그셰드Sally Hogshead, 《뉴욕 타임스》 베스트셀러
『세상을 설득하는 매혹의 법칙』의 저자

정말 훌륭한 책입니다! 더욱 건강하고 충만한 삶을 지속하고 싶은 사람들이라면 이 책은 훌륭한 자원이 되어 줄 겁니다. 건강을 개선하고, 생산성을 높이며, 전반적인 행복을 끌어올리는 데 도움을 주는 실용적이고 실천 가능한 팁들이 담겨 있습니다. 노인 의학 전문의로서 진심으로 이 책을 추천합니다. 나이가 많든 적든, 많은 이들이 이 값진 통찰을 끌어안아 건강수명을 최적화하기를 바랍니다.

- 켄 니시노Ken Nishino 의학박사, 미국내과학회 정회원, 노인 의학 및 내과 전문의

풍부한 삶의 경험을 지닌 인상적인 두 인물, 드웨인 J. 클라크와 할 엘로드는 가을에 접어든 우리의 삶을 어쩌면 봄이나 여름보다 더 의미 있게 만들 그들의 통찰과 전략, 지혜를 공유합니다. 우리의 남은 인생에서, 말 그대로 우리를 '깨워' 온전히 잠재력을 발

휘하게끔 도움을 주는 데 이 두 사람보다 훌륭한 안내자를 떠올릴 수가 없습니다. 이 책은 우리 모두에게 아침이 다시 찾아올 수 있다는 것을 보여 줍니다! 제가 오래전 존경했던 선생님은 아마 이렇게 말씀하셨을 겁니다. "이 책을 읽고 마음에 새겨 자신의 일부로 만드세요. 후회하지 않을 겁니다."

- 커틀랜드 C. 피터슨Kirtland C. Peterson 박사, 선라이즈 리빙 전 최고운영책임자, 《포춘Fortune》 500 기업 전 컨설턴트, 하와이 오아후섬 5학년 지도 교사

드웨인과 할은 이 책에서 호기심을 가지고 적극적이고 에너지 넘치는 방식으로 노화의 과정을 헤쳐 나가는 이해하기 쉬운 지침을 제공합니다. 이 책의 독자들은 자신의 가장 빛나는 시간이 아직 오지 않았음을 발견하리라 생각합니다.

- 어니스트 마드하반Ernest Madhavan 박사, 사운드뷰 정신의학 서비스Soundview Psychiatric Services 설립자이자 정신과 전문의

할 엘로드와 드웨인 J. 클라크는 50세 이후에도 삶에서 더 많은 것을 얻고자 하는 사람들을 위한 지침을 작성했습니다. 이 책은 강력하고 실용적인 안내서로, 치유를 통해 성장하고 깨어나 온전히 잠재력을 발휘하는 데 늦은 시기란 없음을 일깨워 줍니다.

- 안나 데이비드Anna David, 《뉴욕 타임스》 베스트셀러 작가이자 레거시 론치 패드 출판사Legacy Launch Pad Publishing 설립자

할 엘로드와 드웨인 J. 클라크는 이 책에서 노화 자체에 대해 생물학적으로 분석합니다. 50세가 넘은 어느 나이라도 활력을 키우고 성과를 올릴 수 있기 때문입니다.

- 데이브 애스프리Dave Asprey, 업그레이드 연구소 설립자, 《뉴욕 타임스》 베스트셀러 작가, 《휴먼 업그레이드》 팟캐스트 진행자이자 '바이오해킹의 아버지'

할 엘로드의 첫 책 『미라클 모닝』은 반드시 읽어야 할 책입니다. 특히 성공을 쟁취하고 높은 성과를 내고 싶은 사람들이라면 더욱 그렇습니다. 할과 드웨인의 최신작 『미라클 모닝 After 50』은 매우 귀중합니다. 삶의 후반부를 강렬하게 마무리하고자 하는 사람들에게는 특히 그렇죠.

- 로버트 기요사키Robert kiyosaki, 세계적 베스트셀러 『부자 아빠 가난한 아빠』의 저자

저는 50대에 들어섰지만, 뒤처질 생각은 없습니다. 오히려 고삐를 바짝 당기고 있죠. 이 책은 제게 인생 최고의 절반을 위해 집중력을 가지고 활기차고 자유롭게 살아가는 법을 보여 주었습니다. 여러분도 보게 될 겁니다.

- 마이크 미칼로위츠Mike Michalowicz ,
『수익 먼저 생각하라』와 『머니 해빗The Money Habit』의 저자

노인 의학 신경심리학자로 일하며 깨달은 사실이 있습니다. 자산 운용 전문가들은 재정적으로 성공적인 은퇴를 이루는 데 도움

이 될지는 몰라도, 잘 늙어 가기 위한 핵심 질문, '나는 어떤 사람으로 성장하고 싶은가?'에 대한 답을 주지는 못합니다. 저는 제 환자들에게 권할 수 있는, 이와 같은 책을 오래도록 찾아 헤맸습니다. 그저 잘 늙기 위한 책이 아니라, 건강하고 긍정적인 미래를 만들어 가기 위한 책입니다. 그리고 그것을 도와줄 실용적 수단과 진심 어린 조언도 제시합니다. 그야말로 없어서는 안 될 지혜가 담겨 있습니다.

- 글렌 A. 함멜Glenn A. Hammel 박사, 노인 의학 신경심리학자, 은퇴 이후의 삶과 건강한 노화를 위한 상담가, 『존재의 심리학The Psychology of Existence』의 공저자

할

어머니 아버지, 두 분께 이 책을 바칩니다!
하느님의 은총으로 최고의 부모님을 만났습니다.
제가 다른 이들을 섬길 수 있도록 사랑해 주시고,
지지해 주시고, 가르쳐 주신 것에 영원히 감사드립니다.

드웨인

우리보다 앞선 시대를 살아가며 우리가 건널 다리를 놓고,
우리가 흥얼거리는 교향곡을 작곡하고,
우리의 자유를 보호하는 법을 제정하신 분들께.
당신의 희생으로 우리의 현재가 빚어졌고,
당신이 그린 이상 덕분에 우리 미래를 향한
길이 놓였습니다.
당신이 남긴 유산을 당연시하지 않기를.
우리가 앞으로 짊어져야 할 책임을 잊지 않기를.

미라클 모닝 공동체에
가입하세요

이 책을 읽는 동안 끊임없는 안내와 지지를 받으며, 뜻이 통하는 모든 연령대의 미라클 모닝 실천가들과 교류하고, 또 그들에게서 배우고 싶다면, 여러분을 미라클 모닝 공동체, MiracleMorningCommunity.com으로 초대합니다.

2012년 페이스북 모임으로 시작한 이 공동체는 100개 이상의 국가에서 30만 명이 넘는 회원을 가진 전 세계에서 가장 활동적인 모임으로 성장했고, 많은 이에게 영감을 불어넣고 있습니다. 언제나 무료로 가입할 수 있으며, 이제 막 미라클 모닝 여정을 시작한 사람들과 만날 수 있는 한편, 수년 동안 미라클 모닝을 실천한 사람들로부터 여러분의 성공에 속도를 붙일 조언과 지지, 최고의 실천법을 비롯한 도움을 나눠 받게 될 겁니다.

저는 『미라클 모닝』의 저자로서 함께 모여 교류하고, 질문을 나누고, 서로를 지지하며 책에 대해 의견을 나누고, 영상도 올리고, 습관을 점검해 줄 짝꿍도 찾고, 심지어는 스무디 조리법과 운동 습관까지도 나눌 수 있는 공간을 만들고 싶었습니다. 저는 미라클 모닝 공동체가 이렇게 긍정적으로 활발하게 서로 힘을 나눌 수 있는 세계적 공동체가 되리라곤 상상도 못 했지만 이렇게 현실이 되었습니다!

여러분은 오늘부터 당장 미라클 모닝 실천가들과 교류할 수 있습니다. MiracleMorningCommunity.com을 방문해 가입만 하면 됩니다. 저도 모임을 자주 살펴보고 있으니, 그곳에서 여러분을 만나기를 고대하겠습니다!

『미라클 모닝 After 50』의 추가 자료와 보너스 북

미라클 모닝 여정을 시작하는 여러분의 경험을 풍성하게 해 줄 세 가지 추가 자료가 있습니다. 영화 〈미라클 모닝〉과 미라클 모닝 앱, 이 책의 보너스 북입니다. 모두 TMMAfter50. com에서 이용할 수 있습니다.

영화 〈미라클 모닝〉

영감으로 가득한 장편 다큐멘터리 영화 〈미라클 모닝Miracle Morning〉은 책에서 벗어나, 미라클 모닝을 실천한 결과로 엄청난 변화를 경험하며 놀라운 성과를 낸 평범한 사람들의 삶으로 당신을 안내합니다. 또 이 영화에는 멜 로빈스Mel Robbins, 루이스 하우즈Lewis Howes, 로빈 샤르마Robin Sharma, 수면 전문가로 알려진 마이클 브레우스Micheal Breus 박사를 포함해 세계적으로 유명한 작가와 박사, 전문가 들만이 줄 수 있는 통찰이 담겨 있으며, 이렇게 높은 생산성을 지닌 이들은 어떻게 아침의 성취를 극대화했는지를 보여 줍니다.

또한 영화 속에서, 촬영에 들어간 지 2년이 지난 시점에 할이 예기치 못하게 희귀암을 진단받고 30%라는 음울한 생존 확률 속에서 분투한 과정을 생생하게 목격하게 될 것입니다. 할은 두 아이의 아버지로서 암을 이겨 내기 위해 미라클 모닝에 집중하고, 치료를 위해 서양 의학과 가장 효과적인 전인 치유 요법을 결합하는 등 살아남기 위한 최선을 다했습니다.

혼자서도 좋고, 친구나 가족과 함께해도 좋습니다. 오늘 바로 영화를 시청하며 영감을 얻어 보세요!

미라클 모닝 앱

수년간의 요청 끝에 탄생한 미라클 모닝 앱은 여러분이 이 책에서 배우게 될 세이버스® 실천법(침묵·확언·시각화·운동·독서·기록)의 잠재력을 온전히 끌어낼 수 있도록 도움을 주는 통합형 동반자입니다.

이 앱은 6분이든, 60분이든 당신이 매일 자연스레 미라클 모닝 습관을 위한 시간을 쏟게 함으로써, 당신의 신체적·정신적·정서적 건강을 나날이 개선시켜 줍니다. 그리고 자기 자신을 시작으로 당신이 사랑하는 사람들과 당신의 뒤를 이을 사람들에게 최고의 모습을 보여 주게 됩니다.

별점 5점에 빛나는 5,000개의 평가와 그보다 많은 성공담

이 말해 주듯, 여러분은 이 앱을 활용해 세이버스를 더욱 쉽
고 꾸준하게 실천할 수 있습니다. 아이폰과 안드로이드에서
활용할 수 있으며 여러분의 미라클 모닝 여정을 한껏 끌어올
릴 완벽한 동반자가 되어 줄 것입니다. 지금 당장 내려받아
무료로 체험해 보세요!

보너스 북

이 책은 여러분에게 신체적·정신적·정서적 안녕을 최적화
하기 위한 일련의 지속적인 자기계발과 개인적 성장을 제공
합니다. 책을 읽은 이후에도 오래도록 이 실천을 여러분의 삶
에 녹여 낼 수 있도록, 여정의 걸음걸음마다 도움을 주기 위
해 보너스 북을 만들었습니다.

TMMAfter50.com을 방문해, 영화를 감상하고, 앱을 내려
받고, 보너스 북을 비롯한 더 많은 자료를 만나 보세요.

드웨인과 할에게서 온 편지

드웨인이 전하는 말

매일 아침 끊임없는 목표와 에너지, 새로운 가능성을 향한 떨림을 안고서 일어난다고 상상해 보세요. 앞으로의 10년을 넘어 그다음 10년까지도! 아, 50세를 넘긴 시점에 기대와 회상이 뒤섞이는 기묘함이라니… 꽤 대단한 여정이지 않습니까?

10년이 채 안 되었지만, 당시 55세였던 저는 그때의 '나'와 65세 이후의 '나' 사이에 놓인 광막한 공간을, 애가 끓도록 드넓은 그 지대와 마주했습니다. 저는 더 활기차고, 생기 넘치는 사람이 될 수 있을 것만 같았어요. 그 경계를 앞에 두고 있자니, 눈부신 공터를 향해 길이 구불구불 난 신비의 숲길 어귀에 서 있는 듯했습니다. 그곳에는 활기와 즐거움, 깊은 만족감이 끊임없이 솟아오르는 삶이 있었죠. 노화가 가져오는 온갖 문제들 없이도 늙어 갈 수 있다는 사실을 저는 알고 있었습니다. 다만 그 길이 언제나 분명치만은 않았어요.

저는 이 공간을 건너가기 위한 발판을 마련하느라 수많은 시간을, 정말 여러 해를 보냈습니다. 단순한 공상을 뛰어넘어 더 오래도록 건강하게 살기 위한 구체적인 계획을 세우기 위해서요. 얼마나 오래 살 수 있을까 하는 장수에 대한 고민은 물론, 얼마나 **건강하게** 살 수 있느냐는 의미에서 건강수명을 최적화하는 데 우선순위를 뒀습니다. 그럼에도 저는 몸에 익은 습관과 편한 일상으로(대부분은 좋지 못한) 돌아가고 말았죠. 잠은 턱없이 부족했고, 마음 가는 대로 살았습니다. 자기 관리는 뒷전으로 미루고 몸에 좋지 않은 일들을 하면서 지냈어요. 몸을 움직이는 일도, 마음을 다잡는 일도 꾸준하지 못했습니다. 마음은 여전했는데 몸에서는 고물 자동차의 삐걱거리는 문소리 같은 것이 나기 시작했습니다. 그러다 결국 응급실에서 건강 문제를 정면으로 맞닥뜨리게 된 거죠(자세한 건 7장에서 이야기하겠습니다).

어디서 들어 본 듯한가요? 이 책을 읽고 있다는 건 그렇다는 얘기일 겁니다. 하지만 알아 두세요. 최고의 삶을 원하면서도 그곳에 이를 습관은 익히지 못하는 이런 악순환을 끊어 낼 방법이 존재합니다. 핵심은 활기차고 충만한 삶을 위한 분위기를 조성하는 습관으로 하루하루를 시작하는 것입니다. 노화는 어김없이 별로라는 통념이 있을지라도요. 고통은 늘어 가고 할 수 있는 건 줄어드는 삶이 당신의 운명일 필요는 없습니다. 이것이 바로 이 책이 가진 힘이에요.

할 엘로드가 쓴 『미라클 모닝』을 읽고 제 세상은 밝아졌습니다. 할은 책에서 당신의 삶을 진정으로 변화시킬 간단한 아침 습관의 개념을 소개합니다. 명상이나 운동, 독서, 글쓰기 같은 활동을 담아내며, 목적의식을 가지고서 하루를 시작하는 거죠. 이 습관 덕분에 벌써 수백만 명의 사람들이 그들의 신체적·정신적·정서적 건강을 증진하고, 전반적인 삶의 질을 높일 수 있었습니다. 자신이 겪은 역경을 토대로 쓴 『미라클 모닝』은 쉽게 읽히면서도 저에게 긍정적인 변화를 끌어냈습니다. 저는 이 책에서, 살면서 끊임없이 마주쳤던 건강의 함정을 극복하는 열쇠를 발견했습니다. 그리고 이 발견을 혼자만 간직하고 싶지 않았어요. 특히 50세가 넘은 우리 같은 사람들에게 할의 책이 진정한 변화를 불러올 수 있다는 걸 알았거든요.

저는 이지스 리빙Aegis Living 요양원 설립자로서, 지금까지

8만 명이 넘는 노년의 어르신들을 돌보며, 건강수명을 늘려 장수를 다지는 데 주력해 왔습니다. 매일매일을 요양원 입주자분들께 둘러싸인 채 보냈죠. 30년 넘게 돌봐드린 분들이 대부분이었습니다. 그렇게 저는 다양한 형태의 노화를 목격했습니다. 치매 요양을 포함해 세계 최고 수준의 요양을 제공하는 39개 요양원을 운영하며, 노년층 어르신들이 건강하게, 혹은 그렇지 못하게 세월을 헤쳐 나가시는 모습을 옆에서 직접 지켜봤던 것이죠.

우리 요양원에 거주하고 계신 샘을 예로 들자면, 101세라는 나이에도 여전히 정정하시고 활력이 넘치셔서 농담도 던지시고 뭐든 흥정하려 드십니다. 반대로 67세의 존을 보면, 굽은 등과 떨리는 손으로 휠체어에 의지해 복도를 나다니시며 노화라는 현실을 조용히 받아들이고 계십니다. 저는 '나의 길잡이'라고 칭하는 입주자분들을 보며, 숭고한 목표를 가지고 살아간다는 것의 본질이 무엇인지 끊임없이 깨닫습니다. 또 그분들 덕분에 '건강 사냥꾼'으로 거듭날 수 있었고, 어떻게 하면 샘처럼 살 수 있을지에 대한 깊은 호기심에 불이 붙었습니다.

심각한 건강 문제를 겪은 이래로, 저는 건강과 행복, 그리고 그 둘 사이의 모든 것에 더 큰 열정을 쏟게 되었습니다. 해를 거듭하며, 어떻게 하면 더 나은 방식으로 몸과 마음과 정신의 노화를 맞이할 수 있는지 알게 되었고, 인간의 장수 인자를 극적으로 개선할 수 있는 작은 습관들에 주의를 기울이기도 했죠. 할과 힘을 합쳐 이 책을 다듬어야 한다는 사실이 제게는 자명했습니다. 그리고 이 책이 바로 우리가 공유하는 이상의 증거물입니다. 건강 사냥꾼으로서 어떤 나이에 접어들었든 매일 아침을 목적을 가지고 시작한다면, 더 나은 방식으로 새로운 한 해를 맞이할 수 있습니다.

여러분은 이렇게 생각하겠죠. '내가 40세에 하던 걸 50세(60, 70, 80, 90, 혹은 100세)가 된 지금 와서 할 수는 없잖아.' 그 말은 맞을 수도 있고 틀릴 수도 있습니다(계속 읽으면서 이유를 찾아봅시다). 하지만 어떤 경우든, 제가 10여 년 전 『미라클 모닝』을 읽으며 배웠던 습관은 이 책에도 똑같이 남아 있습니다. 다만 어떤 나이에서든 활기차게 살아갈 수 있도록 노화에 관한 작은 습관들로 조정되었을 뿐이죠.

앞으로 40년 이상은 잠재력이 가득한 세월이 펼쳐지기를 바라는 저의 마음속에는 다가올 날들을 향한 설렘과 단 한 순간도 허투루 보내지 않겠다는 굳은 다짐으로 가득합니다.

저는 드웨인의 비전이 마음에 들었습니다. 그의 마음은 더더욱 좋았고요. 노년층 건강과 웰빙 분야의 전문가로 크게 존경받는 드웨인이 '나이 맞춤형 미라클 모닝'을 통해 50세를 넘긴 사람들도 큰 혜택을 얻을 수 있을 거라며 열정과 확신을 담아 제안했을 때, 저는 단번에 동의했습니다. 기존의 『미라클 모닝』을 읽었던 수백만 명의 사람들을 떠올리며 드웨인과 비전을 나눴죠. 저는 50대, 60대, 70대, 80대는 물론 그보다 나이가 많으신 분들도 세이버스 습관을 활용해 미라클 모닝을 실천하며 자신들의 삶을 변화시키는 모습을 수없이 지켜봤습니다(이 책을 읽으며 이런 분들의 이야기를 많이 보게 되실 겁니다). 삶이라는 모험의 후반부에서 의미와 충만함을 찾고자 분투하는 사람들에게 맞춰 책을 재구성하는 일은 뜻 깊은 작업이었습니다.

우리 자신을 비롯해, 많은 이들에게 최고의 즐거움과 활력, 목표 의식을 경험할 수 있도록 힘을 실어 주는 것, 드웨인과 저는 분명 같은 것에 헌신하고 있었습니다. 다시 말하자면, 저희도 여러분과 마찬가지로 목표를 가지고 일어나 하루하루를 살아가기 위해 정신적·정서적·신체적 활력을 지켜 내는 가운데 축복받은 우리의 삶을 누릴 수 있도록 분투하고 있는 것입니다. 이 책은 바로 그런 책입니다. 또 저는 우리 사이에 놓인 20년이라는 세월 속에서 드웨인과, 그가 일생의 과업을 통해 50대를 넘긴 사람들과 함께하며 얻은 많은 경험으로부터 배움을 얻을 수 있다는 사실도 알고 있었습니다.

이 글을 쓰는 지금, 저희 부모님은 두 분 모두 70대를 앞두고 계십니다. 제가 마침내 당신들의 삶, 그 고유한 시기에 해당하는 어려움을 극복하고 목표를 이룰 수 있도록 특별하게 고안된 책을 쓰고 있다는 사실에 무척이나 들떠 계시죠. 여러분도 곧 알게 되겠지만, 저의 건강과 저의 성공, 바로 지금의 삶이 이 습관에 빚지고 있는 탓에 50·60대를 비롯해 70대를 넘어가는 세대의 필요에 맞춰 『미라클 모닝』을 조정하는 건 제게 너무나 뜻깊은 일이었습니다. 목숨을 잃을 뻔했던 교통사고, 재정적 파탄, 치명적이었던 암까지 그 모든 일이 지금 여러분이 읽고 있는 이 책을 향한 길을 닦아 주었습니다.

1999년 저의 20번째 생일이 지나고 오래 지나지 않아 이 모든 일이 시작되었습니다. 시속 110킬로미터로 차를 몰던 음주 운전자가 제 포드 머스탱을 정면으로 들이받았고, 그 잔해 속에서 소방관이 저를 끄집어내려 애쓰는 사이, 저는 죽어 있었습니다. 제 심장은 6분 동안 몇

었어요. 뼈는 11곳이 부러졌고 심각한 뇌 손상을 입은 상태였죠. 현장에서 숨이 돌아와 병원으로 이송된 저는 위중한 상태로 엿새 동안 혼수상태에 빠져 있었고, 아마 다시는 걸을 수 없을 거란 의사의 말을 들으며 7주간의 회복 기간을 거쳤습니다. 이후로도 수년간 재활에 매달려야 했어요.

교통사고 후 2주가 지나고 혼수상태에서 깨어난 지는 일주일 정도가 지났을 무렵, 저는 병원에서 부모님께 말했습니다. "모든 일에는 다 이유가 있다고 믿어요. 우리가 마주한 시련에 힘을 실어 줄 이유를 선택하는 건 우리 몫이겠죠. 어쩌면 가장 긍정적이고 주도적인 방식으로 이 시련을 겪어 내야 하는지도 몰라요. 다른 사람들이 그들의 어려움을 이겨 내는 데 도움을 줄 수 있도록요." 저는 제게 닥친 역경을 배우고, 성장하고, 더 나은 내가 될 기회로 바라봤습니다. 다른 이들도 그러기를 바랐으니까요. 앞으로 살아갈 날들 동안 두 번 다시 걷지 못한대도, 부모님이 봤던 휠체어 신세를 진 사람 중 가장 행복하고, 가장 감사할 줄 아는 사람이 저일 거라고, 그러니 저는 아무것도 두려울 게 없고, 부모님도 걱정할 게 하나 없다고 두 분을 안심시켰습니다. 그로부터 일주일 후, 놀랍게도 저는 의사들의 진단과 희생자로 남고 싶은 내면의 유혹을 뿌리치고 첫걸음을 내디뎠습니다. 그리고 거의 완전한 회복을 이뤄 냈죠. 그야말로 기적이었습니다.

제 삶을 뒤흔든 두 번째 시련은 29세였던 2008년 금융 위기 속에서 찾아왔습니다. 그 당시 경제가 무너지며 저도 함께 무너졌어요. 수입의 절반이 날아가 빚에 허덕였고, 집은 압류되었습니다. 신체적·정신적 건강을 잃었고 인간관계와 목표 의식도 무너졌어요. 이전에 효과를 봤던 방법들도 당시의 심각한 상황에는 먹히지 않는 듯했습니다.

바로 그때 저는 아침 습관이 가진 변화의 힘을 발견했습니다. 지금은 세이버스로 알려진(앞으로 더 자세히 다룰 것입니다) 세월을 거쳐 검증된 개인적 성장의 실천법 여섯 가지를 하나로 묶으며, 2개월 만에 제 삶을 완전하게 바꿔놓을 수 있었어요. 이 습관 덕분에 금융 위기가 극에 달한 시점에서도 저는 수입을 두 배로 늘릴 수 있었고, 달리기와는 거리가 먼 사람이었음에도 울트라마라톤을 위한 훈련에 나설 수 있었던 데다가, 정신 건강을 회복하고 미래의 아내 우르줄라와의 관계도 다질 수 있었습니다.

중요한 통찰은 기업가이자 작가인 짐 론Jim Rohn의 저술에서 발견했습니다. 짐은 현명하게도 이렇게 말했어요. "당신이 성공할 수 있는 정도로는 자신의 성장 수준을 넘어서기 어렵습니다. 성공이란 당신이 어떤 사람이 되느냐에 따라 자연스레 끌려오는 것이기 때문이죠." 이런 얘기를 듣고 나니 관점이 달라졌습니다. 저는 깨달았어요. 저 역시 다른 사람들과 마찬가지로 건강·행복·재정 그 밖의 모든 영역에서 10단계 성공에 이르고 싶었지만, 제 성장 수준은 1, 2단계에 머물러 있었다는 것을요. 제게는 제가 원하는 성공과 성취를 이루고 지탱하는 데 필수적인 마음가짐과 기술, 습관을 키워 낼 일상의 습관이 부족했습니다.

변화를 다짐한 저는 제가 원하는 삶을 창조할 수 있는 사람으로 거듭나기 위해, 개인적 성장에 가장 효율적인 연습법을 찾아 실천하는 데 전념했습니다. 그렇게 찾다 보니, 수 세기 동안 성공한 사람들이 기대어 왔던 습관들, 시대를 초월해 검증된 여섯 가지 실천법을 알게 되었어요. 그중 한두 가지를 고르는 대신, 여섯 가지 모두를 순차적으로 실천해 보자고 마음먹었습니다. 다음 날 아침, 저는 **침묵**Silence으로 시작해 다음은 **확언**Affirmation을, 그리고 뒤이어 **시각화**Visualization·운동Exercise·독서Reading·기록Scribing을 차례로 실천했어요. 나중에 머리글자를 따서 세이버스(S.A.V.E.R.S.)라고 부르게 될 습관들이었죠. 놀랍게도 저는 그 즉시 더 맑은 정신을 느끼는 가운데, 에너지와 동기가 솟아나고 정신 건강이 회복되는 것을 경험했습니다. 이 습관들을 실천하는 데 많은 시간을 들일수록 기분도 좋아지고 생산성도 더욱 높아졌습니다. 시간에 쫓기는 날에도 6분만 있으면 세이버스를 효과적으로 끝마칠 수 있었습니다.

그 효과는 엄청났습니다. 절망적이라고 느끼던 마음속에서 자신감이 생겨났고, 신체적으로는 에너지가 넘쳐나 주기적으로 운동을 하게 되었죠. 무엇보다 제 재정 상태에 엄청난 변화가 일어났습니다. 집을 압류당하고 신용카드에 의존해 6개월을 허덕이던 저는 세이버스 습관으로 배운 전략들을 실천하며 단 2개월 만에 수입을 두 배 이상 늘릴 수 있었습니다. 그야말로 기적처럼 느껴졌어요. **쉽지 않은 날들에도 이 습관 덕분에 집중력을 유지하고 회복력을 키워, 그 힘든 하루가 다음 날로 이어지는 법 없이 새롭게 시작할 수 있었습니다.**

아내에게 아침 습관 덕분에 찾아온 신속한 변화가 기적처럼 느껴진다고 말하자, 아내는 이 습관을 '미라클 모닝'이라고 부르기 시작했습니다. 그렇게 습관에 이름이 생겼고 제 일정에도 그 이름으로 적어 두기 시작했죠. 삶을 뒤바꾼 이 습관을 나누고 싶었던 저는 『미라클 모닝』 원고 작업에 착수했습니다. 이 책은 2012년 12월 12일에 출간되었고, 42개 국어로 번역되어 세계적으로 200만 부 넘게 팔렸습니다. 영화·모바일 앱·팟캐스트·학교 프로그램을 비롯해 여러분이 읽고 있는 이 책을 포함한 열두 권이 넘는 미라클 모닝 시리즈로 태어날 거라곤 전혀 상상하지 못했죠.

저는 지난 15년이 넘는 시간 동안 매일같이 세이버스를 실천하며 5,000번이 넘는 미라클 모닝을 직접 완수해 왔습니다. 그리고 수백만 명의 사람들이 이 실천으로 하루를 달리 시작하며 자신들의 삶을 변화시켜 왔죠. 드웨인과 힘을 합쳐, 인생의 후반부에서 길을 찾는 사람들에게 힘을 실어 주고자 특별히 고안된 이 획기적인 개정판을 선보이게 되어 기쁘기 그지없습니다. 이 책은 흔한 조언에 그치지 않습니다. 이 책은 당신이 누려 마땅한 활력과 맑은 정신, 행복, 충만함의 성취를 위한 단계별 청사진을 제공합니다. 자신이 원하는 것이 건강의 개선, 관계의 심화, 목표의 재발견, 사업의 출범까지, 이 책을 읽고 나면 여러분은 최고의 나날을 맞이할 수 있는 마음가짐과 실천적 도구들을 갖추게 될 것입니다. 매일 아침, 평온함 속에서 생기와 활력이 차오른 상태로 삶의 최고의 순간들을 맞이할 준비를 마친 채 일어나는 모습을 상상해 보세요. 여러분의 그러한 성취를 돕기 위해 이 책이 여기 있는 겁니다.

『미라클 모닝 After 50』에 오신 걸 환영합니다

만약 나이가 50세를 넘어섰다면, 아마 당신은 앞으로 무엇이 펼쳐질까 하는 설렘과 불확실함이 뒤섞인 감정을 느끼고 있을지 모른다. 어쩌면 이제야 비로소 자신과 자신의 꿈을 우선순위에 두고 싶어졌을 수도 있고, 혹은 최고의 시절은 이미 지나간 것이 아닐까 의구심을 품으며 정체된 듯한 느낌을 받을 수도 있다.

이 책은 삶의 중요한 순간과 함께 찾아오는 희망과 두려움, 의문 들을 받아들이며, 당신이 존재하고 있는 바로 그 자리에서 당신을 맞이하고자 여기에 서 있다. 당신은 개인의 성장을 돕는 이 책의 간단하지만 강력한 일일 실천법과 건강 최적화 전략으로, 자신의 목표에 다시금 불을 지피고 활력을 되찾게 될 것이다. 그로 인해 내면에서부터 생기 넘치는 건강과 행복을 이끌어 낼 수 있을 것이다. 당신에게는 인생 최고의 나날들이 여전히 자기 앞에 놓여 있다는 사실을 마음에 품은 채 설레는 마음으로 하루를 시작할 자격이 있다. 그리고 이 책의 안내를 받으며 차츰 그것을 현실로 만들 수 있다.

'우리는 더 나은 삶과 더 나은 자신을 원한다.' 나이와 상관없이 모든 이에게 공통점이 하나 있다면 이렇게 말해도 무방할 것이다. 이 말은 우리가 어딘가 '잘못되었다'기보다 인간으로서 성장하고 나아지고 싶은 내면의 바람과 욕구를 가지고 태어났음을 시사한다. 그러한 바람과 욕구는 우리 모두의 내면에 담겨 있다. 그러나 우리 대부분은 **제자리에 머물러 있는 탓에**, 그대로 제자리에 머무르고 만다.

만약 더 나은 삶을 원한다면 우리는 우선 스스로 더 나은 존재가 되어야 한다. 우리가 원하는 삶을 만들고 경험할 수 있도록 마음가짐과 습관, 역량을 키워야 한다. 현재 자신의 삶이 어떤 모습이든, 당신은 이 책을 통해 원하는 삶을 이룩할 능력을 갖춘 사람으로 성장할 수 있다.

우리는 자신 있게 말할 수 있다. 이 책에는 삶의 일부를, 아니 말 그대로 삶의 모든 영역을 개선하기 위해 우리가 지금까지 접했던 어떤 방식보다 가장 실용적이고 효율적이며 결과 지향적인 방법이 담겨 있다. 그리고 그 효과는 당신이 생각하는 것보다 빠르게 나타날 것이다.

당신이 스트레스와 압박을 받으며 채워지지 못한 기분을

늘 느끼고 있거나 정신적·신체적 건강이나 인간관계, 재정, 혹은 삶의 다른 영역에서 시련에 부딪혔거나, 이미 기쁨과 목표, 의미와 풍요로 가득한 삶을 살고 있거나, 혹은 그 중간 어디쯤 있든 간에 이 책은 당신이 최선의 마음가짐을 갖추고, 개인적 성장을 끌어올리며, 건강수명을 늘려 장수를 다질 습관과 일상을 확립할 수 있도록 돕기 위해 여기에 있다.

왜냐고? 우리는 인간의 잠재력이 무한하다고 믿기 때문이다. 당신이 원하는 모습으로 성장하기에 늦어 버린 순간이란 존재하지 않는다. 당신의 가장 빛나는 한때는 아직 오지 않았다.

이 책은 누구를 위한 것이며, 무엇을 기대할 수 있는가?

이 책은 인생의 후반부에서 자신의 가장 빛나는 시절을 뒤로한 채 살아가기를 원치 않으며, 우아하고 활기차게 목표를 지니고서 노화를 새롭게 정의하려는 사람들을 위한 책이다. 만약 당신이 여전히 직장을 다니며 만족스러운 은퇴를 준비하려는 사람이거나, 새로운 모험을 갈망하는 은퇴자, 손주들을 쫓아다니고자 더 많은 에너지를 필요로 하는 분주한 조부모, 혹은 지식과 역량을 넓히길 기대하는 평생 학습자라면 이 책이 당신을 더 나은 길로 안내할 것이다. 우리는 50세를 넘긴 모두에게 장담한다. 당신의 여정이 어디쯤에 이르렀건, 당신은 활기 넘치고 충만한 삶을 만드는 데 힘을 실어 줄 마음가짐과 생활 습관을 익힐 수 있다. 50세를 넘긴 삶이 새롭고 짜릿한 시기의 시작이라고 믿는다면, 『미라클 모닝 After 50』은 바로 당신을 위한 책이 되어 줄 것이다.

이 책은 2부로 구성된다. 1부 「50세 이후 당신의 진정한 잠재력을 깨우다」에서는 나이가 들 때 건강수명을 최적화해 장수를 다지는 데 있어 미라클 모닝 습관만이 갖는 이점을 탐구한다. 또 1부에서는 세이버스(S.A.V.E.R.S.)로 알려진 시대를 초월해 검증된 여섯 가지 실천법(침묵Silence, 확언Affirmation, 시각화Visualization, 운동Exercise, 독서Reading, 기록Scribing)을 소개하고, 어떻게 하면 이 습관들을 자신의 나이와 생활 방식, 목표에 맞춰 조절할 수 있는지 안내한다. 또 자신을 '아침형' 인간이라고 생각해 본 적이 없는 사람들도 이 모든 습관을 실천할 수 있는 방법을 설명한다. 이어서 미라클 모닝을 쉽고 효율적으로 최적화해 일상에서 유지할 수 있게끔 '미라클 모닝 삶의 변화 30일 여정'으로 1부를 마무리한다.

2부에서 우리는 '자기 돌봄의 시간', '에너지 최적화', '새벽빛과 맨발 걷기', '목표를 가지고 주도적으로 살아가기'를 포함해 2부 「50세 이후의 삶을 꽃피우기 위한 숨겨진 자기 돌봄 전략」으로 깊이 파고든다. 2부의 대부분은 미라클 모닝의 개념을 넘어, 당신이 어떠한 건강 상태에 있든 나이가 듦에 따라 정신적·정서적·영적·신체적 건강을 최적화할 수 있는 과학적으로 입증된 방법들에 초점을 맞춘다.

우리는 엄청난 약속을 하고 있다. 하지만 우리가 겸손하면서도 자신감 넘칠 수 있는 건, 이미 수백만 명의 사람들이 『미라클 모닝』과 이 책에 담긴 습관을 통해 의미 있는 삶의 변화를 이뤄 냈기 때문이다. 그리고 그중 대략 100만 명에 해당하는 3분의 1가량이 50세 이상이었으며, 60세, 70세, 80세 이상도 많았다. 그러니 우리의 약속을 신뢰해도 좋다. 처음에는 이들 중 대부분도 당신이 느끼는 것처럼 어느 정도 자신을 의심하거나 미라클 모닝의 여정을 시작하는 데 주저했지만, 이제는 삶을 꽃피우고 있다. 매일 아침 무한한 가능성을 가득 안고 일어나 하루를 맞이하고 있다. 당신에게는 없는 특별한 능력을 지니고 있기 때문이 아니다. 그저 지금의 당신처럼 미라클 모닝의 과정을 배우고, 배운 것들을 삶에 적용한 덕분이다.

삶이라는 이 의미 있는 여정에 당신과 함께할 수 있어 감사드린다. 지금 당신은 50세 이후의 풍요로운 삶을 위해 특별히 고안된 간단하지만 강력한 미라클 모닝 습관을 끌어안을 준비를 하고서, 인생의 비상한 시기를 맞이할 문턱에 서 있다. 날이면 날마다, 아침이면 아침마다 자신의 목표를 새롭게 발견하고, 내면의 활력을 깨우며, 상상도 못했던 가능성에 눈

뜨게 될 것이다. 이제 당신의 시간이다. 아침을 되찾고, 진정
한 잠재력을 실현해 당신이 누려 마땅한 충만하고 즐거운 삶
을 시작해 보자.

사랑과 감사를 담아,

드웨인과 할

1부

50세 이후
당신의 진정한
잠재력을 깨우다

아침 습관이
장수의 열쇠인 이유

70세 혹은 80세라는 나이가 종種에게 건네는 의미가 없다면,
인간은 분명 그 나이까지 늙어 가지 않을 것이다.
인간의 삶, 그 오후는 필시 나름의 의미를 지녀야 하며,
그저 오전을 살아 내고 남은 가없은 자투리일 수 없다.

- 분석심리학의 창시자이자 『분석심리학Analytic Psychology』의 저자, 칼 융Carl Jung

당신이 아침과 어떤 관계를 맺고 있는지 생각해 보자. 아침은 하루 전체의 분위기와 삶의 질을 결정하는 시간이다. 당신의 아침은 보통 어떻게 시작하는가?

어쩌면 우리는 나이가 들수록 아침을 기적이라기보다는 지루하거나 따분한 일상의 연장으로 느낄지 모른다. 숙면의 여부와 관계없이, 집요하게 울려 대는 시계 알람 소리에 벌떡 일어나 출근을 준비할 수도 있고, 은퇴 후 이불속에서 뭉그적

거리는 자신을 발견하며 하루를 맞이하기를 주저할 수도 있다. 혹은 몸이 삐걱거리는 소리를 들으며 시간이 어떻게 흘렀는지 떠올리는 가운데, 침대에서 일어나는 일이 전처럼 재빠르고 활기차지 못하다고 느낄지도 모른다. 솔직해져 보자는 얘기다. 이따금 침대에서 몸을 일으켰을 뿐인데 허리를 삐끗해 본 일이 없었다고 말할 수 있는 사람이 우리 중 누가 있을까?

진지하게 말하자면, 무의식에서 의식으로 넘어오는 동안 우리는 마음속으로 다가올 하루를 떠올리게 된다. 가득 들어찬 일정과 씨름할 생각에 버거워할 수도 있고, 시간은 많은데 할 일이 없어 지루해하거나 심지어는 우울감을 느낄 수도 있다. 아침이면 으레 찾아드는 불확실성이나 목표의 부재, 또는 스트레스나 걱정과 같은 감정들로, 다가올 하루의 첫 단추를 채우는 셈이다.

너무나 많은 중장년층이 이러한 악순환에 갇혀, 불안감을 짊어진 채 온종일 몰입하지 못하는 것은, 바로 바람직하지 못한 아침 때문이다. 아무리 훌륭한 목표가 있어도, 일상의 활동에 온전히 몰두해 즐기지 못하는 탓에 표류하는 듯한 기분을 느끼곤 하는 것이다. 50세가 지나서부터는 시간이 더 빠르게 흘러가는 것처럼 느껴질 수도 있다. 당신은 이제 더 이상 25세가 아니라는 소식을 알려 주려 몸에서 속삭이고 있을지

     1부   50세 이후 당신의 진정한 잠재력을 깨우다

도, 아니 어쩌면 소리치고 있을지 모른다.

하지만 좋은 소식이 있다. 바로 당신의 노화 방식은 당신이 어떤 아침을 보내느냐에 따라 결정된다는 것이다. 당신의 아침 습관은 단순히 수명을 연장하는 것을 넘어, 건강수명을 늘림으로써 삶의 질을 높이기 위해 활용할 수 있는 가장 강력한 도구임에도, 당신은 이제껏 제대로 사용하지 못했을 것이다. 이번 장에서 당신은 매일 아침을 여는 몇몇 의도적인 습관들이 어떻게 당신의 마음을 또렷하게 하고, 몸을 건강하게 하며, 기분을 끌어올리는지 확인하게 된다. 그리고 그 습관들을 통해 어쩌면 최고가 될 수 있는 인생의 다음 장을 써 나갈 수 있을 것이다.

장수, 수명, 기대 수명, 건강수명의 차이점 이해하기

우리는 책 전반에 걸쳐 **장수, 수명, 기대 수명, 건강수명**, 이 네 가지 연관된 용어를 자주 언급한다. 이 용어들은 종종 같은 뜻으로 사용되지만, 약간씩 의미가 다르다.

- **장수**Longevity: 오랜 기간 살아가는 것, 특히 평균 나이를 넘기는 것을 의미한다.
- **수명**Lifespan: 우리의 일생, 얼마나 오래 사는가를 뜻한다.

- **기대 수명**Life expectancy: 출생 연도와 인구 통계를 바탕으로 한 사람이 얼마나 오래 살 것으로 기대되는지 평가한 수치를 말한다. 의학이 발달하고 생활 환경이 개선되며 지난 수 세기 동안 기대 수명은 비약적으로 늘어났다. 예를 들어 1900년 당시 남성의 기대 수명은 46.3세, 여성의 기대 수명은 48.3세에 불과했다.[1] 오늘날 남성의 경우 74.8세, 여성의 경우 80.2세로 훨씬 높은 수치를 보인다.[2]

- **건강수명**Healthspan: 만성 질병이나 컨디션 저하 없이 최적의 건강 상태로 더 오래 사는 것을 뜻한다. 일반적으로 일상생활에 별다른 지장 없이 활동적으로 인생을 누린다는 의미로 여겨진다. 평균적으로 수명과 건강수명은 9년에서 10년의 차이를 보이는데, 이는 우리 중 대다수가 대략 10년 가까이 만성적인 건강 문제를 겪는다는 뜻이다. 건강수명을 늘리기 위해서는, 규칙적인 운동과 균형 잡힌 식단, 그리고 이 책에서 배우게 될 세이버스 습관과 같은 생활 방식을 실천하는 것이 필수다.

특히 나이가 들수록 아침을 어떻게 시작하는가는 엄청나게 중요하다. 아침을 비생산적으로 시작하면 비생산적인 하루로 이어지고, 결국 비생산적인 삶으로 귀결된다. 그러나 미리 정해 둔 아침 습관으로 깨어나 목표 의식을 지니고서 하루를 시작할 수 있다면, 우리는 개인적 성장과 생산성, 충만함을 위한 기반을 다질 수 있다. 열정과 에너지를 자아내는 이 시작의 불꽃은 일상의 경험을 빚어낼 뿐만 아니라 개인적 성

　　　1부　50세 이후 당신의 진정한 잠재력을 깨우다

장의 궤도에도 영향을 미쳐, 우리가 삶의 모든 측면에 최선을 다할 수 있도록 영감을 주고 동기를 부여한다.

아침 습관이 효과적일수록, 우리는 더욱 맑은 정신과 뚜렷한 목표 의식으로 자신이 중요하게 여기는 것에 집중해 하루를 시작할 수 있다. 또 최상의 마음가짐과 정서적 건강을 길러 내고, 의미 있는 목표를 세우고 성취하기 위한 생산성을 높일 수도 있다. 매일 아침 개인적 성장과 자기 돌봄을 우선한다면, 최선의 모습으로 하루에 임할 수 있게 된다.

하지만 당신은 고개를 저으며 이렇게 생각할지도 모른다. '뭐, 다 좋아, 좋은데, 아침은 내 시간대가 아니야. 다른 사람들한테는 효과가 있을지 모르지만, 나한테도 그럴진 모르겠어.' 혹은 '세상에, 더 자고 싶어도 새벽 5시면 눈이 떠져. 몇 시에 자도 일어나는 건 이렇게 이른 시간이라니, 너무 힘들다'라거나, '몸이 하는 이야기에 귀를 기울이다가 신호를 주면 그때 일어나야겠어. 그건 내가 어찌할 수 있는 일이 아니니까'라고 말할 수도 있다.

이런 생각들은 충분히 이해 가능하고 자연스러운 것이다. 비생산적인 아침을 견뎌 내던 삶을 전환해 목표와 체계를 갖추고서 힘찬 아침을 맞이하려면 우선 마음가짐부터 바꿔야 한다. 우리가 시간을 들여 모든 우려 사항을 짚어 가며 아침의 중요성을 다루고 강조하려는 것도 미라클 모닝을 위한 마음가짐을 다지는 과정이 상대적으로 직관적이고 단순할지언정, 결국 과정은 과정이기 때문이다. 우리가 이제 막 이 과정을 시작했다는 건 좋은 소식이다. 이 책을 덮을 즈음이면 당신은 미라클 모닝과 세이버스 습관을 당신의 삶에 녹여 내는 과정에 차츰 완벽하게 익숙해져 있을 것이다.

단, 미라클 모닝의 효과를 보기 위해 일부러 잠을 줄일 필요는 없다. 당신의 하루에 이 습관을 더하기 위해 평소보다 30분 정도 일찍 일어나는 것을 권장하지만, 원하지 않는다면 그보다 더 일찍 일어날 필요는 없다. 그저 당신이 원하는 삶, 당신이 누려 마땅한 삶을 만들고 경험할 수 있도록, 세이버스와 같은 개인적 성장의 실천으로 마음가짐과 동기, 습관을 일구며 하루를 시작하는 것이 중요할 뿐이다.

우리는 날마다 새롭게 선물 받은 하루를 맞이하며 눈을 뜨고 있으니, 감사한 마음과 열정을 지니고서 일찍 일어나야 한다. 모두가 그렇듯 삶 속에서 난관에 부딪혔다 할지라도, 그 삶을 어떻게 받아들일지는 우리가 어디에 초점을 두느냐에 달려 있다.

만약 인식하고 있는 문제와 한계만을 마음에 품고 하루를 시작한다면, 우리는 괴로움에 휩싸여 불행할 수밖에 없을 것이다. 반대로 우리에게 주어진 축복과 기회에 집중하며 아침을 맞이하고 그에 관해 시간을 들여 글로 적어 보기까지 한

　　　　　1부　50세 이후 당신의 진정한 잠재력을 깨우다

다면, 감사와 희망을 느끼며 행복감을 불러일으킬 수 있게 된다.

나이가 들수록 일찍 눈이 떠진다

더 좋은 소식이 있다! 50세, 60세, 70세, 혹은 80세를 넘어갈수록 우리는 자연스레 더 일찍 잠에서 깬다. 미국 국립노화연구소National Institute on Aging에 따르면, 중장년층도 다른 모든 성인과 마찬가지로 하루에 대략 7~9시간의 수면이 필요하다.[3] 그러나 사람들은 나이가 들수록 젊은 시절보다 더 일찍 잠자리에 들고 더 일찍 깨어나는 경향을 보인다. 그러니 이른 기상 자체가 낯선 일상은 아닐 수 있다. 하지만 우리가 3장에서 자세히 다룰 세이버스로 하루를 시작하는 일은 아마 새롭게 다가올 것이다.

일찍 일어나는 이유가 무엇이든 의도를 가지고 아침 시간을 보낸다는 것이 중요하다. 생기 있게 아침을 여는 체계적인 방법을 터득한다면 하루하루를 충실히 보내는 능력을 극대화할 수 있으며, 이는 건강수명을 늘려 장수를 다지는 일과도 연결된다. 지치고, 언짢고, 무기력한 기분이나 느끼자고 나이 먹고 싶어 하는 사람은 없다. 우리는 개인적 성장을 위한 매일의 의식, 특히 미라클 모닝을 실천함으로써 다가올 10년을 지난 10년보다 더욱 현명하고 슬기롭게 맞이할 수 있다.

왜 어떤 사람들은 나이가 들수록 일어나길 힘들어할까?

아침에 일어날 때 생각보다 자주 몸이 무겁게 느껴지는가? 활기차게 하루를 시작하기가 점점 더 어려워진다면, 이제는 이유를 살펴볼 순간일지도 모른다. 낮잠과 불면의 악순환에 굴복하기보다 당신의 기상 습관을 방해하고 있을지 모를 요인들을 찾아보자.

- **소변 문제:** 나이가 들수록 방광 조절 능력이 떨어져 밤중에 더 자주 화장실을 찾게 된다. 만약 이 문제로 수면을 방해받는다면, 수분 보충은 낮 시간을 활용하고, 잠들기 전 몇 시간 동안은 수분 섭취를 제한해 보자. 만약 문제가 지속된다면 의사와 상담을 통해 기저 질환을 확인해 보는 것이 좋다.

- **수면 무호흡증:** 수백만 명에게 영향을 미치는 흔한 수면 장애인 수면 무호흡증은 특히 혼자 자는 사람의 경우 알아채기가 힘들다. 밤새 충분히 잤음에도 여전히 피로하다면 의료진과 이 문제를 살펴보자.

- **영양 결핍:** 나이가 들면 우리 몸의 영양소 처리 과정이 달라져 식단이나 보충제를 조절해야 할 시기가 찾아온다. 비타민D·E·B군, 철분, 칼슘, 마그네슘을 충분히 섭취하고 있는지 확인하자. 피로가 계속된다면, 의사를 만나 식단에 대한 조언을 받거나 혈액 검사를 진행해 보자.

- **운동 부족:** 낮 동안 신체 활동에 힘을 쏟으면 수면 시간이 늘어나고 수면의 질이 향상되며, 스트레스도 완화할 수 있다. 건강한 수면 습관이 자리 잡도록 규칙적인 운동을 목표로 삼자. 외부 활동이면 더

　　　　1부　50세 이후 당신의 진정한 잠재력을 깨우다

욱 좋다.

- **맞지 않는 매트리스**: 몸을 제대로 받쳐 주지 못하는 매트리스 탓에 불편할 경우, 밤잠을 설치고 뻐근한 상태로 일어나게 된다. 쾌적한 수면을 위해 편안하게 몸을 받쳐 주는 매트리스에 투자하자.

이와 같은 요인들을 주도적으로 점검함으로써 수면의 질을 개선하고 매일 아침을 상쾌하게 맞이할 수 있다.

할이 전하는 말

아침형 인간은 타고나는 걸까요, 만들어지는 걸까요? 저는 분명 만들어졌습니다. 저는 거의 평생을 제가 아침형 인간이 아니라고 확신하며 살았어요. 매일 밤을 가능한 한 늦게까지 깨어 있었고, 스스로 자랑스럽게 올빼미라고 여길 정도였죠. 그러다 우리 대부분에게 해당하는 어떤 진실을 깨달았습니다. 우리는 자라나는 동안 자기도 모르게 기상에 저항하도록 길들여졌다는 사실을요. 우리 대부분은 매일 아침 우리를 깨우는 부모님 덕분에 마지못해 일어나 억지로 침대에서 나와 학교 갈 준비를 해야 했어요. 그러다 보니 자연스레 일어나기를 꺼리고 심지어는 화를 내게 된 거죠. 선택권이 주어질 때마다 잘 수 있을 때까지 잠들어 있게 됐고요. 이 모든 일이 우리 두뇌가 성장하며 평생의 믿음이 주입되는 어린 시절에 일어났어요. 우리가 성인이 되어 부모님 곁을 떠난 뒤에는 상대적으로 일찍 일어나야 한다는 저항과 반감이 반항심으로 바뀌어 버렸습니다. 말리는 사람도 없으니, 우리는 늦게까지 깨어 있었고 잘 수 있을 만큼 자게 된 거예요. '난 아침형 인간이 아니야'라는 말은 한계를 세우는 거짓된 믿음인 동시에 어른이 되어서도 반복적으로 강화되는 우리 정체성의 일부가 되어 버렸어요. 저도 그랬습니다. 그러고서 깨달았죠. 만약 정신적·정서적·신체적·영적으로 최고의 상태에서 하루를 시작할 수 있다면, 더 효과적이고 능숙하게 내가 원하는 삶을 만들어 살아갈 수 있겠다는 것을요.

드웨인이 전하는 말

저는 정반대였습니다. 55세가 지나서는 제가 원했든 원하지 않았든 새벽 5시면 눈이 떠졌어요. 밤중에 몇 번을 깨느냐에 따라 그날의 피로도가 정해졌죠. 어떤 날은 침대에서 벌떡 일어날 정도로 의욕이 넘쳤지만, 어떤 날은 오전 11시가 되어서야 몸이 제대로 돌아가기 시작했습니다. 물론 이건 제가 미라클 모닝을 알기 전의 일입니

　　　　　1부　50세 이후 당신의 진정한 잠재력을 깨우다

다. 이제는 나 자신과 내가 사랑하는 사람들에게 늘 최상의 컨디션을 전하고 싶어, 고요한 아침의 시간과 공간을 소중히 여기게 되었습니다. 아침에 대한 인식이 이렇게 달라진 지금, 나이가 들어서도 자립적인 삶을 유지하고 싶다면 미라클 모닝 습관에 자기 돌봄의 요소를 더해 보세요.

자기 돌봄으로 시작하는 하루의 힘

만약 비행기를 타 본 적이 있다면 분명 스피커를 통해 다음과 같은 내용을 상기시키는 비행기 승무원의 친근하고 공손한 목소리를 들어 봤을 것이다. "객실 내 기압 변화가 생길 경우, 본인의 산소마스크를 먼저 착용하시고, 주변을 도와주시길 바랍니다." 이것이야말로 자기 돌봄으로 아침을 시작하는 것의 중요성을 보여 주는 가장 완벽에 가까운 비유다. 자기 자신과 주변 사람들에게 최고의 모습을 보여 주고자 한다면, 먼저 자신의 신체적·정신적·정서적·영적 건강부터 돌봐야 한다.

미라클 모닝 습관을 몸에 익힌다면 매우 효과적인 자기 돌봄으로 하루를 시작할 수 있으며, 세이버스를 구현함으로써 건강 전반을 위한 튼튼한 기틀을 마련하게 된다.

컬럼비아 대학과 존스 홉킨스 대학의 연구진들은 2021년 발표한 연구를 통해, 새로운 10년을 맞이하는 과정에서 올바른 자기 돌봄 활동이 얼마나 중요한지를 보여 준다.[4] 이 연구는 평균 연령 75세에 해당하는 7,609명의 노년층을 대상으로 5년 동안 매해 진행한 인터뷰가 담긴 「전국 노인 건강 및 노화 추세 연구NHATS」의 자료를 활용했다. 연구진들은 여덟 가지 자기 돌봄 활동을 분석해 참가자들을 양호한 습관을 지닌 쪽과 그렇지 못한 쪽으로 분류했다(참가자의 절반가량은 규칙적 운동이나 양질의 수면과 같은 양호한 습관을 지니고 있었고, 나머지 절반은 그러지 못했다). 아울러 연구진들은 참가자들의 거동 능력과 일상생활 수행력 변화를 추적했다. 결과는 어땠을까? 양호한 자기 돌봄 습관을 지닌 참가자들은 자립 능력을 잃을 가능성이 훨씬 낮았다. 거동에 도움이 필요한 경우는 92%, 일상생활에 도움이 필요한 경우는 86% 낮은 위험성을 보였다. 5년 이내 사망 위험 역시 현저히 낮게 나타났다. 양호한 자기 돌봄 습관을 지닌 참가자들은 그렇지 못한 참가자들에 비해 더 오랫동안 건강을 유지하며 불편함 없이 지낼 수 있었다.

핵심은 분명하다. **양호한 자기 돌봄 활동을 촉진하는 습관을 통해 50세 이후의 삶의 질과 수명을 획기적으로 끌어올릴 수 있다.** 하지만 그럼에도 중장년층의 많은 이들이 이 간단한 진실을 마음에 새기지 않는다. 다른 이의 필요를 챙기느라 시간

　　　　1부　50세 이후 당신의 진정한 잠재력을 깨우다

을 내어 자신을 돌보지 못하거나, 혹은 그저 자기 돌봄을 우선순위에 두지 않는 탓이다. 이는 시간이 흘러 피로·우울·분노·압도감·번아웃[*]으로 이어질 수도 있다. 만약 당신이 이이야기에 공감하거나 이런 상황을 피하고 싶다면, 모든 것을 바꿀 수 있지만 쉽게 지나치기 쉬운 비밀(아침이 나아지면 삶이 달라진다는 사실)을 계속해서 함께 풀어 보자. 아침 시간을 최대한 활용하는 것이 얼마나 큰 영향을 미치는지 그 깊은 이점을 깨닫고 나면, 더 이상 이를 가벼이 넘길 수 없을 것이다.

아침 습관은 기억력·집중력·인지 능력을 개선한다

아침 습관은 다양한 방식으로 우리의 인지 능력을 의미 있게 끌어올릴 수 있다. 우선 삶이 익숙하고 예측 가능할수록, 기억 및 인지 능력에 관한 어려움을 수월하게 다룰 수 있다. 일관된 아침 습관을 몸에 익히면, 체계적인 접근 방식으로 하루를 시작할 수 있게 된다. 이 일관성을 통해 결정을 내리는 데서 오는 피로와 정신적 혼잡을 줄여, 더욱 효과적으로 집중력을 발휘할 수 있게 되는 것이다.

피츠버그 대학 연구진들의 2022년 연구에 따르면, 이른 아

---

[*]　장기간의 스트레스와 과도한 부담으로 인해 정서적·신체적·정신적 에너지가 고갈되는 상태.

침에 규칙적으로 일어나 하루를 활동적으로 보내는 노년층의 경우, 불규칙적 생활 습관을 지닌 노년층에 비해 더욱 행복한 모습을 보였으며, 인지 기능 검사에서도 더 좋은 성과를 낸 것으로 나타났다. 주 저자인 스티븐 스마굴라Stephen Smagula 박사는 다음과 같이 말했다. "이른 아침에 일어나 온종일 활동적으로 보내고, 매일 같은 일상을 따르는 데는 노년층을 지켜 주는 무언가가 있는 듯합니다. 이 발견에서 흥미로운 점은 생활 습관이 자가 조정의 영역이라는 겁니다. 이 말은 매일의 일상에 의도적으로 변화를 주면 건강과 행복을 개선할 수 있다는 의미가 됩니다."[5]

2023년 발표된 또 다른 연구는 나이 드는 과정에서 기억력이나 집중력과 같은 인지 기능을 유지하는 데 어떠한 자기 돌봄 활동을 하는 것이 가장 유익한가를 밝히고자 했다. 105명의 건강한 고령자들은(주로 여성이었다) 이 연구에서 자신의 자기 관리 활동을 작성하고 인지 능력을 평가받았다. 자기 관리 활동은 생존(기본적인 일과)과 유지·돌봄(신체적·정신적·사회적·영적 활동들), 개인적 성장(성찰·새로운 기술 습득·기술 활용)으로 분류되었다. 주요 연구 결과는 다음과 같았다. 참가자들은 대부분 시간을 생존 활동에 투자했고, 유지·돌봄 및 개인적 성장 활동에는 훨씬 적은 시간을 할애했다. 하지만 새로운 기술 습득이나 기술 활용 같은 개인적 성장에 몰두하는 사람들의 경우 기본적인 일상생활에 집중하는 사람들보다 더 뛰어난 기억력과 집중력을 보였다. 그에 더해 활동의 다양성, 특히 개인적 성장과 관련된 활동의 다양성이 클수록 인지 능력이 높아지는 것으로 나타났다.[6]

매일 아침 일상에 세이버스를 녹여 낸다면, 인지적 활력을 길러 나이가 들어서도 날카롭고 민첩한 사고를 유지할 수 있다. 명상·기도·성찰·심호흡을 활용해 **침묵**을 실천하면 마음이 가라앉고, 스트레스가 줄어들며 정신이 맑아진다. **확언**을 통해서는 긍정적인 사고 습관을 강화하고 뇌에 새로운 신경 회로를 만들 수 있으며, **시각화**를 활용하면 창의성을 길러 예민한 사고를 이어 갈 수 있다. **운동**을 하면 뇌로 가는 혈류를 증가시켜 기억력을 비롯한 전반적인 인지 기능이 강화되고, **독서**를 통해 당신의 지적 능력에 신선한 통찰이라는 자양분을 제공받을 수 있으며, **기록**을 남김으로써 자신의 성찰을 포착해 시간에 따른 경과를 추적할 수 있게 된다. 이런 실천들이 모여 탄탄하면서도 민첩한 사고력이 자라나, 탁월한 하루를 보낼 준비를 마칠 수 있다.

할이 전하는 말

50세에 접어들기까지 아직 몇 년 남긴 했지만, 저는 사고로 인한 뇌 손상과 37세에 700시간이 넘는 유독성 항암 화학 요법을 진행하며 얻은 뇌 손상으로 벌써 인지 기능에 큰 문제를 겪고 있습니다. 이 두 가지 영향이 겹치며 저의 정신적 능력은 심각하게 훼손되었어요. 과거를 떠올리며 회상하기가 매우 힘들고, 정보 처리 능력도 그보다 나을 게 없습니다. 그런 저에게 미라클 모닝은 결정적이었습니다. 이 습관 덕분에 체계를 갖추고, 맑은 정신으로 집중해서 한결같은 하루하루를 시작할 수 있었거든요. 세이버스가 저를 살렸다고 해도 지나치지 않습니다. 저는 **침묵**을 실천하며 널뛰는 마음을 가라앉히고 정신을 명료하게 합니다. **확언**을 통해 제가 무엇을 할 수 있으며 무엇에 헌신하는지를 떠올리죠. **시각화**를 활용해 머릿속에 우선순위를 그려 보며 하루 동안 이어질 생산성을 높입니다. 아침 **운동**으로 하루를 시작해 활력을 끌어올리고, 계획한 대로 **독서**를 실천하며 제 삶의 다양한 영역을 강화할 새로운 생각들을 얻는 데다가, **기록**을 남기며 생각을 정리합니다. 매일 아침 시간을 들여 세이버스를 실천하는 덕분에 저는 최상에 가까운 상태로 하루를 맞이할 수 있게 되었어요. 인지적 어려움을 헤쳐 나가는 데 이보다 효율적인 방법이 있을까요? 여러분이 이 습관을 실천하며 직접 그 효과를 맛보기를 기대하는 것도 바로 그런 이유 때문입니다.

아침 습관은 정신적·정서적 건강을 끌어올린다

우리 모두는 즐거운 기분으로 진정한 행복을 느끼며 축복받은 우리의 하나뿐인 삶을 온전히 누리고자 한다. 하지만 우리가 최상의 상태로 향하는 길 위에는 주어진 상황에 대해 우선적인 해석과 반응을 결정하는 성향이나 정신적 태도, 즉 우리의 마음가짐이 근본적인 장애물로 자리하고 있다. 두 사람이 비슷한 상황에 마주하거나 비슷한 고난을 겪는다고 할지라도 한 사람은 비참하게 자신의 인생이 얼마나 형편없는지 끊임없이 불평을 늘어놓는 반면, 다른 사람은 자신에게 주어진 것들에 진심으로 감사한 마음을 품는다는 점을 고려하면 이러한 사실은 명백하다. 두 사람 모두 비슷한 상황을 마주했으나, 마음가짐이 달랐기 때문에 현실에 대한 해석과 반응이 서로 전혀 다르게 나타나는 것이다.

결국 그 사람이 지닌 마음가짐에 따라 정신적·정서적 건강의 질이 결정된다. 다시 말해, 어떤 상황에 부딪히건, 우리가 취하는 마음가짐에 따라 우리의 생각과 감정, 행동이 결정되는 것이다. 상황이 어떻든 긍정적인 마음가짐을 지닌 사람은 고난과 역경 속에서도 진심으로 감사한 마음을 품고 행복을 느끼며 평안에 이른다. 우리에게 무슨 일이 벌어지든 우리가 그것을 어떻게 받아들이냐에 따라 삶은 좋을 수도, 나쁠 수도 있다.

최상의 마음가짐을 갖추는 일은 아침부터 시작되며 그날의 분위기를 결정짓는다. 아침에 눈을 떠 감사해야 할 모든 것에 마음을 다하고, 가지지 못한 것들에 집착을 버리고서 원하는 바를 좇기 위해 가진 능력을 최대한 적극적으로 활용하려 할 때 당신은 그러한 마음가짐으로 자신의 하루와 인생을 긍정적으로 빚어내게 된다. 아침에 어떤 기분으로 눈을 뜨건 미라클 모닝의 힘으로 최적의 마음가짐을 꾸려 낸다면, 현재 상황이 어떻든 혹은 앞으로 무슨 일이 닥치든 당신은 감사함과 즐거움으로 가득한 평온한 삶을 경험하게 될 것이다.

노화를 고려하면, 마음가짐에 대한 논의에서 더욱 중점적으로 다뤄야 하는 부분이 있습니다. 노년층에게 있어 우울감은 오해받거나 간과되기 쉽지만 매우 복잡한 문제라는 겁니다. 흔한 오해와 달리 우울감은 노화의 자연스러운 일부가 아니라, 주의를 요하는 심각한 문제입니다. 제 경험에 비추어 볼 때, 사람들은 나이가 들수록 자기 문제를 털어놓거나 도움을 요청하기를 꺼리게 됩니다. 안타깝게도 이렇게 망설일 경우 문제가 악화되어 진단과 치료 시기를 놓칠 수 있어요.

노년층의 우울감을 유발하는 다양한 요인에는 빈약한 신체 건강, 사회적 고립, 노화에 얽힌 상실 등이 포함됩니다. 친구나 사랑하는 이를 떠나보내는 일은 노년층이 겪는 우울의 주된 원인으로 작용하지요. 만성 질환이나 복용 중인 약물, 약해진 거동 능력은 직간접적으로 우울감을 촉발할 수 있습니다. 더욱이, 자립이 어려워지거나 목표를 상실하면 슬픔이나 절망감이 깊어질 수 있어요. 독거나 사회적 지원망 축소와 같은 요인으로 인해 사회적 고립이 깊어질 경우 노년층이 우울감에 빠질 위험은 더욱 증가합니다.

우울을 겪는 젊은이들과 드러나는 증상이 다르게 나타나기 때문에 노년층의 우울은 알아차리기 어려울 수 있습니다. 노년층의 경우 정서적 고충을 표출하기보다 어지럼증·불편감·통증·식욕이나 수면 패턴의 변화와 같은 신체적 증상을 내보일 수 있어요. 사회적 위축이나 한때 즐기던 활동을 향한 흥미 상실·과도한 알코올 섭취와 같은 행동 변화도 우울감의 신호일 수 있습니다. 죽음이나 자살을 떠올린다면 가볍게 넘기지 말고, 즉시 얘기를 나눠 봐야 합니다. 저는 할이 처음 냈던 『미라클 모닝』을 읽으며, 그가 세이버스를 활용해 마음가짐

을 바꿔 본인의 개인적 재정 위기로 인한 우울감을 6개
월 만에 극복하는 모습을 보고 마음이 동했습니다. 세이
버스 습관은 우리와 함께 성장합니다. 그리고 우리는 이
습관의 힘으로 나이와 관계없이 우리의 남은 생에 걸쳐,
올바른 마음가짐을 지니고서 높은 에너지와 생산성 수
준에 다가설 수 있습니다.

아침 습관은 스트레스와 불안을 낮춘다

우리는 나이가 들면서 몸이 예전 같지 않아지는 것, 스스
로 할 수 있는 일이 줄어드는 것, 그리고 경제 상황이나 은퇴
후 삶 같은 통제하기 어려운 문제들을 자연스럽게 걱정하게
된다. 어떤 사람들은 이런 생각들 때문에 남들보다 더 지속적
인 스트레스와 불안을 느끼기도 한다. 특히 알츠하이머병이
나 치매, 뇌졸중을 비롯한 여타 인지적·신체적 장애를 겪는
이들의 경우, 미래에 대한 불확실성이 더욱 크게 작용할 수도
있다.

대부분의 사람은 나이와 관계없이 예측할 수 없거나 불확
실한 일들을 불편해한다. 잘 짜인 아침 습관을 들여 놓으면,
체계적으로 하루를 시작해 통제감을 얻음으로써 스트레스와
불안감을 크게 낮출 수 있다. 명상이나 운동, 기록, 혹은 세이
버스의 다른 습관들을 실천하는 것처럼 의식적인 행동으로

   1부   50세 이후 당신의 진정한 잠재력을 깨우다

하루를 시작한다면, 해야 할 일들이 밀려오기 전 마음을 가라 앉히고 생각을 집중하는 데 도움이 된다. 이런 습관에 몰두할 경우, 현재에 집중하게 되어 과거에 머물거나 미래를 걱정하는 일이 줄어든다. 또 아침 습관을 꾸준히 실천함으로써 성취감을 기르고 정신적 회복력을 끌어올려 좀 더 또렷하고 균형 잡힌 마음가짐으로 하루 동안 마주하는 어려움들을 한결 수월하게 다룰 수 있게 된다.

아침 습관은 생산성과 만족감을 높인다

인간은 자신이 정한 목표를 향해 능동적으로 움직이며 나아갈 때 가장 빛난다. 정원을 가꾸든 직업적 성공을 추구하든 생산성이 높아질수록 만족감도 상승한다. 《응용사회심리학 저널Journal of Applied Social Psychology》에 발표된 한 연구에 따르면, 자리 잡은 아침 습관을 실천하며 이른 아침을 맞이하는 사람들은 상대적으로 집중력이 높고, 하루 동안 성취를 이루기 위해 무엇이 필요한지를 뚜렷하게 파악하며, 주도적으로 행동하는 것으로 나타났다.[7] 주도적인 마음가짐과 습관을 익힐 경우, 높은 생산성과 만족감으로 이어지는 것이다.

당신이 하루를 어떻게 시작하느냐에 따라 뒤따라오는 시간의 분위기와 방향성이 결정된다는 사실을 마음에 새기도록 하자. 아침을 생산적으로 보내면 성취감이 자라나고, 남은 하루를 긍정적인 방향으로 몰고 갈 추진력이 만들어진다. 장편 다큐멘터리 〈미라클 모닝〉에 출연한 《뉴욕 타임스》 베스트셀러 작가 로빈 샤르마는 이 생각을 확장해 이렇게 말했다. "세상에서 가장 생산적인 대부분의 사람은 한 가지 공통점이 있습니다. 그들은 모두 일찍 일어나요." 다시 말해, **당신이 아침을 이겨 내면, 삶에서 승리할 발판을 마련하는 셈이다.**

그러나 우리는 특히 은퇴 후 나이가 들면서 하루 중 많은 시간을 '무의미하게' 흘려보내고 마는 미묘한 문제와 마주하게 된다. 이지스 리빙에서 드웨인과 팀원들은 노년층에게 이 '텅 빈 시간'이 불안으로 바뀔 수 있다는 사실을 확인했다. 일이나 계획, 활동이 부족할 경우 마음이 점점 무거워지기 시작하고, 이는 곧장 자신이 생산적이지 않다는 느낌, 혹은 자신이 더는 그다지 중요한 존재가 아니라는 감정으로 이어진다.

당신은 낮 동안을 바쁘게 보내던 직장에서 은퇴했을 수도 있다. 어쩌면 어딘가 아프다거나 불편하다는 이유로 친구들과 함께하는 취미나 활동을 멀리하고 있을지도 모른다. 혹은 시간이 흘러 나이가 들며, 사람들이 이사를 가거나 생을 마감하는 탓에 사회적 관계가 줄어들었을 수도 있다. 그러니 당신이 주의를 기울이지 않으면 이 '텅 빈 시간'은 내면에 공허한 감정을 일으키거나 생산성 저하로 이어지게 된다.

15장에서 건강수명과 장수에 필수적인 '목표'에 관해 깊이

　1부　50세 이후 당신의 진정한 잠재력을 깨우다

파고들 테지만, 우선 지금은 100세 이후를 바라보는 여정 속에서 하루하루를 가능한 한 생산적으로 유지해야 한다는 점을 아무리 강조해도 지나치지 않을 것이다.

지금까지 살펴본 것처럼 미라클 모닝 습관을 몸에 익힌다면 당신의 삶은 송두리째 달라진다. 집중력과 기억력이 개선되고, 기분도 한결 나아지며, 스트레스와 불안감이 줄어드는 가운데 전반적인 생산성과 만족감도 올라간다. 지금 당장은 자기 자신을 아침형 인간이라고 생각할 수도, 그렇지 않을 수도 있다. 하지만 다음 장에서 그 어느 때보다 쉽고 즐겁게 매일의 아침을 맞이하는 법을 배우게 될 것이다. 우리는 이른 기상과 관련해 널리 알려지지 않은 비밀 하나를 당신과 나누고자 한다. **아침형 인간이 되는 데 5분이면 충분하다.**

깨어난 직후 첫 5분 동안 무엇을 하느냐에 따라 생산적이지 못한 평범한 아침을 맞이하게 될지, 생산성 높은 미라클 모닝을 맞이하게 될지가 결정된다. 이 책에서 우리가 다뤄야 할 내용이 많으니 계속 가 보도록 하자.

2장

내 안의
아침형 인간을 깨우기
알람에 맞춰 일어나기 위한 5단계 전략

새벽이 밝기 전 일어나는 습관을 들여라.
건강과 부, 지혜에 보탬이 될 것이다.

- 그리스 철학자, 아리스토텔레스Aristotle

헬스장이 좋아서 가는 사람은 없다고들 하지만, 운동하고 난 후의 기분은 누구나 사랑한다. 마찬가지로, 우리는 **필요한 시간**보다 일찍 일어나야 한다는 생각에 거부감을 느끼며 최후의 1분까지 잠들어 있고자 하지만, 실상은 **누구나** 하루를 훌륭하게 시작했을 때의 기분을 사랑한다. 우리 모두는 생산적인 아침을 보냈을 때 한결 나은 기분을 느낀다.

아침과 어떤 관계를 맺는가를 생각해 보면, 당신은 틀림없이 두 부류 중 하나에 속한다. 이미 자신을 '아침형 인간'이라고 여기거나, 그렇지 않거나. 그 중간은 거의 없다. 현재 자신을 어느 쪽으로 인식하는지와 상관없이, 허덕이며 아침을 맞이하는 사람뿐만 아니라 이미 아침 일찍 일어나는 사람 모두가 이번 장을 통해 새로운 차원의 자기 단련, 동기, 의도를 가지고서 하루를 시작하게 될 것이다.

이제 당신은 '알람에 맞춰 일어나기 위한 5단계 전략'이 가진 변화의 힘을 발견하게 된다. 평생 아침을 힘들어했던 사람들을 포함해 수백만 명의 사람들이 이 전략의 도움으로 활기를 되찾아 열정적인 하루를 시작할 수 있었다. 당신도 이 간단한 접근법을 활용해 침대에 머물고 싶은 마음을 이겨 내고 미라클 모닝을 온전히 활용할 수 있을 것이다. 지금까지 자신을 아침형 인간으로 여겨 왔든 아니든 상관없다.

할이 전하는 말

개인적 성장을 위해 평소 일어나던 시간보다 이르게 기상하는 일은 체력을 기르기 위해 달리기를 시작하는 것과 비슷합니다. 평생 달리기와 거리가 멀었던 사람이라면 자신은 절대로 그런 사람이 될 수 없다고 한계를 정해 버리거나 달리기가 즐겁지 않을 거라고 단정 짓고 말죠. 자기 자신을 어떻게 인식하느냐에 따라 '나는 어떤 사람인가'에 대한 믿음이 형성됩니다. 우리는 이전에 해 본 적이 없는 일은 제대로 해내기 힘들 거라고 믿어 버리는 경향이 있어요. 앞서 말씀드렸듯, 제 삶에 전반적으로 그런 진실들이 물들어 있었죠. 고등학교 시절 저는 1마일 달리기만큼은 정말 피하고 싶었습니다. 달리기와는 전혀 인연이 없었고, 지구력도 거의 없었으니까요. 누군가에게 쫓기지 않는 한, 달리기 위해 달리는 일은 없었을 겁니다.

제 친구 존 브로만Jon Vroman이 자선기금 마련을 위한 52마일 울트라마라톤을 완주하겠다고 선언했을 때 이 모든 게 달라졌습니다. 존도 달리기와는 인연이 없던 친구였죠. 존은 뛰는 것만큼이나 많이 걸었지만, 15시간 동안을 끊임없이 한발 한발 내디딘 끝에 52마일을 완주했습니다. 나중에 제게 열정적으로 얘기하기를, 이 불가능해 보이는 일을 해내고 나니 무엇을 할 수 있느냐에 대한 마음가짐이 완전히 달라졌다고 하더군요. 그 모습을 보고 저도 존을 따라 울트라마라톤을 해 봐야겠다는 마음을 품게 되었습니다(6장에서 **시각화**가 여기에 어떤 도움을 줬는지 자세히 말씀드릴게요).

마찬가지로 스스로 아침형 인간이라고 생각해 본 적이

     1부   50세 이후 당신의 진정한 잠재력을 깨우다

없다면, 자신은 절대 아침형 인간이 될 수 없다거나 그렇게 되긴 너무 어려울 거라고 잘못된 믿음을 품고 있을지 모릅니다. 하지만 당신 이전의 다른 수많은 미라클 모닝 입문자들이 그랬던 것처럼 당신도 변할 수 있습니다. 이제부터 배울 다섯 단계를 적용하고 나면, 당신은 머지않아 이렇게 말하게 될 겁니다. '세상에, 믿을 수 없어… 내가 아침형 인간이 되다니!'

기상 의욕 수준 높이기

보통의 아침을 떠올려 보자. 자연스레 눈을 뜨든, 알람의 도움을 받든, 침대에서 빠져나와 하루를 시작하고 싶은 열망을 1점에서 10점까지 점수로 매긴다면 당신은 자신에게 몇 점을 매기겠는가? 하루를 시작할 준비가 완벽하다면 10점, 어떻게든 침대에 머물고 싶다면 1점을 매기면 된다.

우리는 이 점수를 기상 의욕 수준MML, Morning Motivation Level 이라고 부른다. 사람들 대부분은 1점이나 2점처럼 낮은 쪽에 가깝게 점수를 매긴다. 여전히 반쯤 잠든 상태에서 다시 알람 버튼을 누르고 잠에 매달리고 싶은 충동을 느끼는 건 너무나 당연하다. '수면 관성'으로 알려진 이 현상은 깊은 잠에서 깨어날 때의 혼란스럽고 몽롱한 상태를 의미한다. 당신도 경험했겠지만, 깨어난 직후 기상 의욕 수준이 1점에서 2점을 맴돈다면, 의지를 끌어모아 자리에서 일어나 활기차게 하루를 시작하기란 상당히 어렵다.

그 해결책은 미리 마련해 둔 전략으로 점진적으로 깨어날 수 있도록 작은 단계를 밟아 가는 데 있다. 조금씩 깨어날 때마다 당신의 몸과 뇌가 깨어 있는 상태에 적응하며 기상 의욕 수준도 자연스레 상승한다. 따라서 무의식에서 의식으로 넘어가는 처음 잠깐은 기상 의욕 수준이 1점이나 2점에 머물지라도, 이제부터 배울 다섯 단계를 수행하고 나면 점수가 5점, 6점, 7점 이상으로 올라가 힘차게 하루를 시작할 활력과 동기를 부여할 것이다.

알람에 맞춰 일어나기 위한 5단계 전략

아침의 몽롱함을 이겨 내고, 그 어느 때보다 쉽고 즐겁게 하루를 열 수 있도록 고안된 다섯 가지 간단한 단계가 있다.

1단계: 잠들기 전, 기상을 위한 마음가짐을 설정하라

당신이 잠들기 전 어떤 생각을 떠올리든 다음 날 눈을 떴을 때 제일 먼저 그 생각이 다시금 떠오르곤 한다는 점을 생각해 보자. 이와 마찬가지로 당신은 대개 그 생각의 결과로 나타나는 정신적·정서적 상태 속에 머문 채로 잠이 들고, 이러한 상태는 자는 동안에도 이어져 당신의 감정을 좌우하는 아침의 분위기를 형성한다. 만약 스트레스를 마음에 품고 걱정과 불안을 느끼며 잠자리에 들면, 그 스트레스를 끌어안은 채 걱정 속에서 눈을 뜨게 된다. 반대로, 감사한 일을 떠올리며 평온한 상태로 기분 좋게 잠들 경우, 감사한 마음을 품고 평안함을 느끼며 깨어나게 된다.

문제는 대부분의 사람들이 잠들기 전 마음에 품는 생각을 크게 의식하지 않는다는 데 있다. 우리는 우리 마음이 스트레스를 불러오는 길 위를 거닐도록 내버려 두곤 한다. 만약 최상의 기분으로 아침을 맞이하고 싶다면, 잠들기 전 우리가 떠올리는 생각과 감정을 좀 더 의식하도록 단련할 필요가 있다. 예를 들어, 훌륭한 내일을 보내기 위해 상쾌하고 기운차게 눈을 뜨겠다는 마음가짐을 설정해 보는 것이다.

마찬가지로 우리의 감정은 아침을 대하는 우리의 마음가짐과 기대에 따라 결정되곤 한다. 다음 날 일어나는 일이 너무 기대돼 쉽사리 잠을 이룰 수 없었던 순간들을 떠올려 보자. 어린 시절 맞이한 크리스마스이브나, 오랫동안 기다렸던 휴가 계획을 앞둔 전날 밤을 보낸 당신은 눈을 뜨자마자 들뜬 마음으로 힘차게 침대를 빠져나가 하루를 시작했다. 왜 그랬을까? 잠들기 전 온통 긍정적인 생각에 몰두했기 때문이다. 이는 자기충족적 예언이 된다.

좋은 소식은 열정적으로 일어나 들뜬 하루를 보냈던 이 경험을 우리가 재창조할 수 있다는 것이다. 마음가짐을 설정하기 위해 휴일이나 휴가를 기다릴 필요가 없다. 우리는 고맙게 여겨야 할 것들에 집중하는 것만으로도 감사한 마음을 느끼며 평온하게 잠들 수 있다. 잠들기 전 어떤 생각에 집중할지를 의식적으로 선택함으로써, 아침에 느낄 감정까지 바꿔 낼 수 있는 것이다. (행복한) 아침형 인간이 되기 위한 첫 번째 단계로, 잠들기 전 기상을 위한 마음가짐을 설정해 다가올 날을 향한 긍정적인 기대감을 심어 주는 것은 바로 이 때문이다.

이 첫 번째 단계를 위해 잠들기 전 스스로 건넬 구체적인 문장이 필요하다면, TMMAfter50.com에서 미라클 이브닝 취침 확언을 내려받을 수 있다. 출력해서 침대맡에 올려 두고 활용해 보자.

드웨인이 전하는 말

제가 잠들기 전 기상을 위한 마음가짐을 설정하는 방법을 하나 알려드릴게요. 저는 잠들기 전, 다음 날 일어나기를 바라는 일 서너 가지를 포스트잇에 적어 화장실 거울에 붙여 둡니다. 이미 일어난 일인 것처럼 과거형으로 적어서요. '나는 밤새 푹 자고 산뜻하게 일어났다'처럼 그날 밤 어떻게 자고 싶은지를 적기도 하고, '공동체 모금행사 회의가 알차고 생산적이라 훌륭한 생각들이 오갔다'처럼 일이 흘러갔으면 하는 방향을 적기도 합니다. 이 연습은 올바른 마음가짐으로 잠자리에 드는 데 정말 도움이 됩니다. 한동안 이 연습을 해 온 사람으로서 덧붙이자면, '~를 바란다'라고 적지 마세요. '~를 바란다'는 확실성이 부족하고 메시지의 힘을 약하게 만들어 이루고자 하는 일의 에너지를 빼앗아 갑니다.

2단계: 잠자리에서 먼 곳으로 알람 시계를 옮겨라

만약 알람 시계를 사용하고 있다면, 이것이야말로 침대를 벗어나는 가장 간단하면서도 효과적인 방법일 것이다. 당신의 잠자리에서 가능한 한 먼 곳으로 알람 시계를 옮기기만 하면 된다. 그러면 알람 소리를 듣자마자 침대에서 벗어나 몸을 움직일 수밖에 없다. 움직임은 에너지를 발생시키므로, 침대를 벗어나 방을 가로지른다면 당신은 자연스레 잠에서 깨어나게 된다.

이렇게 생각해 보자. 잠자리에서 팔이 닿는 곳에 알람 시계가 있다면, 알람이 울렸을 때 당신은 여전히 반쯤 잠든 상태이며 75쪽에서 말했듯, 기상 의욕 수준도 낮은 점수에 머물기 때문에 침대에서 벗어나기 위한 의지를 끌어모으기가 훨씬 더 어렵다. 어쩌면 의식하지 못한 채 알람을 끄거나 다시 알람 버튼을 누를지도 모른다. 누구나 한두 번쯤은 알람 소리가 꿈속에서 울렸을 뿐이라며 자신을 속인 적이 있을 것이다. 알람을 끄기 위해 침대를 벗어날 경우, 그 즉시 기상 의욕 수준을 끌어올릴 수 있어 이른 기상을 위한 성공적인 발판을 마련하게 된다.

한번은 할이 세계 기업가 단체 EO Entrepreneur's Organization 의 지부에 기조연설자로 초청받은 적이 있었다. 할의 소개를 맡은 로라인 Lawline 의 CEO 데이비드 슈너만 David Schnurman 은 그를 무대로 부르기 전 이렇게 이야기했다. "할의 책에서 꼭 말하고 싶은 것이 한 가지 있습니다. 그게 제 인생을 바꿨거든요. 그건 바로 알람 시계를 잠자리에서 멀리 두라는 조언이었습니다. 단순하게 들릴지 모르지만, 그렇게 하기 전에 저는 다시 알람 버튼을 눌러 대느라 미라클 모닝을 놓치기 일쑤였습니다. 알람 시계를 욕실 세면대로 옮기고 나니 알람을 끄기 위해 침대를 빠져나와야 했고, 다시 알람 버튼을 누르는 일도 사라졌어요. 이제 저는 알람이 울리면 바로 일어나 양치를 하고 물을 한 잔 마신 다음, 옷을 입고 거실로 나가 제 삶을 바꾼 미라클 모닝을 실천합니다. 알람 시계를 옮기지 않았다면 여전히 다시 알람 버튼이나 눌러 대며 비생산적인 아침에 허덕이고 있을 거예요."

알람 시계를 사용하는 이 간단한 전략으로 당신도 인생을 바꿀 수 있을 것이다. 알람 시계를 선호하지 않는다면, 드웨인이 제시하는 다음 대안을 읽어 보자.

드웨인이 전하는 말

사실 저는 수년 전부터 알람 시계를 사용하지 않고 아침을 맞이하고 있습니다. 그리고 이것을 가능케 하는 중요한 요인이 있는데, 바로 새벽빛 덕분이죠! 새벽빛과 관련해서는 14장에서 새벽빛이 장수에 얼마나 놀라운 영향을 미치는지, 정확히 어떻게 하면 미라클 모닝 습관에 새벽빛을 녹여 낼 수 있는지를 다룰 예정입니다. 기상 방식에 새벽빛을 담아냄으로써 여러분은 건강상의 이점을 가지고 생체 리듬을 새롭게 설정해 자연스럽게 아침을 맞이할 수 있게 될 겁니다.

알람 버튼을 누르기 위해 침대에서 벌떡 일어나는 대신 자연스럽게 일어나는 데서 한 가지 장수의 이점을 얻을 수 있다면, '스트레칭 점검'을 통해 온몸을 확인할 기회가 주어진다는 겁니다. 침대에서 내려오기 전 제가 '침대 스트레칭'이라고 부르는 이 동작을 실천하면 여러 가지 측면에서 균형감 개선, 건강수명 증진, 장수에 밑거름이 되는 상당한 이점을 얻을 수 있습니다.

우선 스트레칭을 하게 되면 근육과 관절로 향하는 혈류가 증가해 뻣뻣함이 줄어들어 거동에 도움을 받을 수 있습니다. 혈액순환이 개선되면 영양소와 산소가 한층 효율적으로 운반되어 건강 전반이 향상되죠. 또 스트레칭을 통해 근육의 유연성을 기르고 관절의 가동 범위를 넓혀 갑작스러운 움직임이나 낙상으로 인한 부상의 위험을 줄일 수 있고, 균형감과 협응력에 핵심적인 관절 가동 범위 유지와 개선에 도움을 받을 수도 있어요.

더욱이 관절과 근육의 고유 감각 수용기(몸과 팔다리의 위치 정보에 대한 피드백을 제공하는 감각 수용체)를 활성화해 우리의 뇌가 공간 안에서 신체의 위치를 이해하는 데 도움을 줌으로써 균형감과 협응력을 키울 수도 있습니다. 게다가 신경근의 효율을 높여 근육과 신경이 효과적으로 작동하게 함으로써 낙상을 예방하고 전반적인 안정성을 높일 수도 있죠. 이와 더불어 스트레칭은 근육의 긴장도를 낮춰 뻣뻣함을 줄임으로써 움직임의 불편함을 덜어 줍니다. 또 수면과 같이 긴 시간 몸을 움직이지 않는 데서 오는 경직을 방지할 수도 있지요. **스트레칭과 적당한 수분 공급은 인대와 힘줄, 근육, 근막, 관절 건강을 개선하고 유연성을 늘려 줍니다. 그러니 스트레칭을 하고 충분한 수분을 섭취합시다.**

65세 이상 노년층 사이에서 낙상은 부상의 주된 원인[1]이며, 부상과 연관된 사망의 주요 원인[2]이기도 하므로 나

    1부 50세 이후 당신의 진정한 잠재력을 깨우다

이가 들수록 낙상을 예방하는 일이 중요해집니다. 스트레칭을 통해 균형감과 유연성을 개선하면 낙상의 위험을 줄일 수 있으며, 일상의 활동을 효율적으로 수행하는 가운데 자립된 생활을 더 오랫동안 이어 갈 수 있게 됩니다. 거동에 불편함 없이 활발함을 유지할 경우, 더 많은 활동을 즐기는 데 몰두할 수 있어 삶의 질도 향상되죠.

더군다나 관절염이나 당뇨, 심장 질환과 같은 만성 질환을 관리하는 데도 스트레칭이 도움이 되기 때문에 전반적인 건강을 개선할 수 있습니다. 스트레칭을 포함한 신체 활동을 할 경우, 기분을 좋게 하고 우울과 불안의 위험을 낮추는 엔도르핀이 분비됩니다. 《노화 연구지Journal of Aging Research》에 발표된 연구는 노년층의 경우, 규칙적인 스트레칭 운동을 통해 유연성과 균형감, 전반적인 기능적 거동성을 높여 낙상의 위험을 줄이고 자립된 생활을 이어 갈 수 있음을 시사합니다.[3]

다음은 제가 즐겨 하는 침대 스트레칭입니다. 여러분도 함께 따라 해 보세요.

1. 발가락 및 발목 돌리기: 등을 대고 누워 발가락을 꼼지락거리며 열 발가락 모두를 느껴 보세요. 그리고 침대

에서 한쪽 다리를 살짝 들고 원을 그리며 발목을 돌려 보세요. 반대쪽도 반복하면 됩니다.

2. **무릎 당기기**: 한쪽 무릎을 가슴으로 당겨 몇 초간 유지한 뒤, 반대쪽 무릎으로 바꿔 주세요. 무릎이 가슴까지 닿지 않는다면, 할 수 있는 만큼만 하셔도 괜찮습니다. 일어서기 전에 몇 차례 무릎을 굽혀 보기만 해도 전반적인 균형감 향상에 도움이 될 겁니다.

3. **손가락 및 팔 늘리기**: 머리 위로 양손을 뻗고 최대한 늘려 보세요. 그리고 손가락을 하나씩 개별적으로 흔들어 보고, 다음에는 열 손가락 모두를 흔드세요. 다시 말하지만, 머리 위로 양팔을 들어 올릴 수 없다면 되는 만큼만 올리시고, 아니면 팔을 양옆으로 뻗고서 똑같이 진행하시면 됩니다.

4. **고개 돌리기**: 좌우로, 위아래로 부드럽게 고개를 돌리며 목 근육을 풀어 주세요.

5. **반복**: 이 과정을 최소 두 번, 가능하다면 세 번 반복하세요. 7~8시간 수면 후 침대에서 벗어나기 전, 온몸의 근육을 깨우고 균형감을 회복하는 데 도움이 될 겁니다.

6. **정화 호흡 세 번**: 마지막으로 침대 가장자리에 걸터앉아 깊게 세 번 정화 호흡을 해 보세요. 코로 편하고 깊

게 숨을 들이쉬고, 다시 내뱉으며 폐를 비워 내는 데 집중해 보세요. 이 과정은 체내 산소를 늘려 깨어나는 데 도움을 줄 겁니다.

이 과정을 통해 일단 온몸 구석구석을 깨우고 나면 다시 잠들기가 훨씬 어려워집니다. 제 평생 수만 명의 노인분들을 돌보는 동안, 몸이 풀리지 않은 상태로 급하게 침대를 빠져나오다가 균형을 잡지 못하고 크게 넘어지는 사례를 너무나 많이 봤습니다. 이러한 낙상으로 인해 수많은 건강 문제가 쏟아지는 위험한 산사태가 시작되고, 때에 따라서는 조기 사망에까지 이르게 됩니다. 무시무시하게 들리겠지만 부정할 수 없는 현실입니다. 새벽빛을 받으며 일어나 침대에 누워 5분 동안 전신 스트레칭을 하시라고 권하는 것도 바로 이런 이유 때문입니다.

이제 몸을 움직였으니, 어느 정도 에너지가 솟고 추진력이 생겼다. 계속 움직이기만 하면 이 흐름을 수월하게 이어 갈 수 있을 것이다. 하지만 이제 막 깨어나기 시작했을 뿐, 약간의 몽롱함이 남아 있을 테니, 3단계로 넘어가 보자.

3단계: 이를 닦아라

당신이 어떤 생각을 떠올릴지 안다. '잠깐, 설마 지금 양치하라고 한 거야? 허덕이는 아침에 대한 해결책으로 들고 온 게 구강 청결이라고?'

물론 그런 뜻은 아니다. 기억하자. 이 다섯 단계의 목표는 당신이 깨어난 상태에 차츰 익숙해지도록 미리 정해 둔 가벼운 몇 가지 행동을 제시하여 몸과 마음에 시간을 주려는 것이다. 당신이 깨어나 움직이는 순간순간마다 기상 의욕 수준은 계속 상승한다. 그러니 알람을 끄거나 자연스레 눈을 뜨고 나면, 곧장 화장실 세면대로 다가가 칫솔을 붙잡고 양치를 시작하자. 그렇게 당신은 또다시 몇 분 동안 깨어 있게 되고, 기상 의욕 수준도 계속 높아진다.

양치하는 김에, 구강 청결제로 입을 헹구거나 따뜻하거나 차가운 물로 세수하는 것도 약간의 도움이 될 수 있다.

붙임: 드웨인은 여기에 한 가지를 추가한다. 양치하는 동안 한 발로 서 있는 것이다! 이런 행동은 아내에게 웃음을 주기도 하지만 훌륭한 장수 비법이기도 하다. 한 발로 균형을 잡는 동작을 통해 다리 근육이 강화되고, 이 근육이 관절을 지탱해 전반적인 안정성이 향상된다.《물리치료과학회지Journal of Physical Therapy Science》에 따르면, 균형 운동은 나이가 들수록 하체 근육 단련에 상당한 효과를 미치는 것으

로 나타났다.[4] 이 사실이 중요한 이유는 50세를 지나 나이 들수록 장수와 건강수명에서 균형감의 역할이 중요해지기 때문이다.

이제 입 안도 깔끔하고 상쾌해졌고 정신도 또렷해지기 시작했으니, 수분을 보충하고 기력을 되찾을 시간이다.

4단계: 물을 한 잔 마셔라

탈수는 피로와 무기력함을 유발할 수 있다. 아침, 혹은 하루 중 언제라도 피로함이 느껴진다면, 우리에게 필요한 건 잠이 아니라 수분인 경우가 많을 것이다.

혹시 알고 있었는가? **우리가 잠들어 있는 동안 우리 몸에서는 땀과 호흡을 통해 수분이 빠져나가며, 성인의 경우 하룻밤 평균 230~300밀리리터의 수분을 잃게 된다.** 이는 우리가 가벼운 탈수 상태로 깨어난다는 걸 의미한다. 이유가 이렇다 보니, 기상 후 가능한 한 빨리 수분을 보충하는 것이 중요하다. 수분을 보충하면 기력이 상승하고 머리도 맑아진다. 드웨인은 상온의 물을 마시기를 권장한다. 면역 체계가 손상된 사람들을 포함한 일부 사람들의 경우, 차가운 물을 마셨을 때 면역 체계가 둔화할 수도 있기 때문이다.

그러니 밤에 잠들기 전 침대 옆이나, 욕실 세면대 위에 물을 한 컵 두도록 하자. 그러면 양치 후 수고를 덜고 곧장 물을 마실 수 있다. 이 H2O(물)는 몽롱함을 줄이고 기상 의욕 수준을 한 단계 높일 뿐만 아니라, 장수와 건강수명에도 긍정적으로 작용한다. 왜 그럴까? 놀랍게도 당신의 간에서부터 뇌에 이르기까지 우리 몸 곳곳에 **노화 세포**라고 알려진 좀비와 같은 존재가 도사리고 있기 때문이다. 이 세포들은 염증을 일으키고 조직을 분해하는 물질을 내뿜어 건강에 악영향을 끼친다. 나이가 들수록 좀비 세포를 처리하는 면역 체계의 효율성이 떨어지는 탓에, 다양한 노화 관련 질병과 건강 문제가 촉발된다.

《메이요 클리닉 뉴스 네트워크Mayo Clinic News Network》에 보고된 한 연구는 노화 세포가 노화에 미치는 엄청난 영향을 강조한다.[5] 최근에 실린 기사에서는《노화 세포Aging Cell》에 발표된 연구를 소개했는데, 여기에는 노화 세포에서 분비된 단백질을 식별했으며, 이 단백질을 노화 생체 지표로 활용해 노년층의 향후 건강을 예측할 수 있다는 내용이 담겨 있었다. GDF15나 VEGFA와 같은 특정 노화 생체 지표의 수치가 높을수록 사망 확률과 만성 질병의 발병 위험이 올라간다는 것이었다. 연구의 책임 저자인 제니퍼 소버Jennifer Sauver 박사는 생물학적 나이가 실제 나이와 다를 수 있으며, 이 생체 지표를 통해 질병 발생 이전에도 향후 건강 문제를 예측할 수 있다는 점을 강조한다.[6]

     1부　50세 이후 당신의 진정한 잠재력을 깨우다

《네이처Nature》에 실린 또 다른 연구에서 주앙 파수스Joao Passos 박사 연구팀은 노화 세포 내부의 일부 미토콘드리아가 세포 사멸을 유도하는 과정에서 세포기질 안으로 자신의 DNA를 방출해 염증을 일으킨다는 사실을 밝혀냈다.[7] 늙은 생쥐에게서 이 과정을 차단하자 조직 염증이 줄어들고, 근력·균형감·골격 구조를 포함한 전반적인 건강 상태가 개선되었다.

좀비 세포의 영향을 막아 내려면 아침에 눈을 떠 침대에서 나오자마자 물을 한 컵(200~300밀리리터) 마시는 것이 효과적이다. 적절한 수분 섭취는 다음과 같은 과정을 통해 노화 세포의 해로운 영향을 막아 주는 중요한 역할을 하게 된다.

1. **해독력 강화:** 물은 신장 기능에 필수적으로, 혈액 속 독소와 노폐물을 걸러 내는 데 도움을 준다. 기상 후 제일 먼저 물을 마시면 이 해독 과정이 활성화되어 좀비 세포에서 분비된 해로운 물질을 제거하는 데 도움을 준다.

2. **세포 기능 개선:** 적절한 수분을 섭취할 경우, 세포는 충분한 영양소와 산소를 공급받게 되는데, 이는 세포 회복과 기능 유지에 결정적이다. 충분한 수분을 머금은 세포는 더 효율적으로 손상을 복구하고 제 기능을 유지해, 좀비 세포의 부정적 영향을 상쇄한다.

3. **염증 감소:** 체내 수분을 적절히 유지하면 노화 세포의 전형적인 특징인 만성 염증을 완화할 수 있다. 수분은 염증을 줄이고 노화 세포를 제거하는 면역 체계를 뒷받침해 신체 균형에 도움을 준다.

4. **관절 및 근육 건강:** 탈수는 관절염이나 기타 노화 관련 질환에서 나타나는 뻣뻣함이나 통증을 악화할 수 있다. 충분한 수분을 섭취하면 관절이 부드럽게 유지되고 근육이 올바르게 기능해, 좀비 세포가 유발하는 염증으로 인한 불편함을 줄일 수 있다.

충분한 수분 섭취가 전반적인 건강과 장수에 미치는 효과는 여러 연구를 통해 입증되었다. 예를 들어,《뉴트리션 리뷰Nutrition Reviews》에 실린 한 논문은 적절한 수분 섭취를 대사 기능 개선·심혈관 건강 증진·만성 질환 발생 빈도 감소와 연결 짓는다.[8]《임상 내분비학&대사 저널The Journal of Clinical Endocrinology & Metabolism》에 발표된 또 다른 연구는 물을 마시면 대사율이 약 30% 올라가, 영양소를 처리하고 독소를 제거하는 신체 기능이 향상된다는 사실을 밝혀냈다.[9] 또 드웨인은 모닝커피를 마시려면 수분을 섭취하고 30분 정도 기다리기를 권한다. 수분이 해독 마법을 부릴 시간을 주기 위해서다. 그렇게 오래 참을 수 있을까 싶겠지만, 기다려 보면 실제로 기분이 나아지는 게 느껴질 것이다!

레몬과 소금으로 한 단계 올라서기

아침 물 한 잔으로 최대의 효과를 얻고 싶다면, 레몬즙과 소금(특히 히말라야 핑크 소금)을 추가하는 장수의 비결을 통해 건강의 전반적인 측면에서 다양한 이점을 얻을 수 있다. 그 이점은 다음과 같다.

- **면역 기능 강화**: 레몬즙에 함유된 비타민C와 히말라야 핑크 소금에 담긴 무기질이 함께 작용해 면역 기능을 높여, 감염과 질병을 이겨내는 데 도움을 준다.

- **염증 완화**: 레몬즙의 성분과 히말라야 핑크 소금의 포타슘과 칼슘 같은 무기질은 체내 요산 수치를 낮추고 염증 완화에 도움을 준다.

- **소화력 개선**: 소금을 탄 레몬수는 소화를 도와 위통이나 복부 팽만 증상을 줄이고 건강한 장내 미생물을 뒷받침한다.

- **균형 잡힌 체내 산도**: 레몬즙과 히말라야 핑크 소금이 가진 알칼리성이 체내 산도의 균형을 잡아 전반적인 건강을 증진하고 만성 질환의 위험을 낮춘다.

- **대장 건강에 도움**: 소금을 탄 레몬수의 섬유질과 무기질이 규칙적인 장 활동을 도와 변비의 위험을 낮추고 대장 건강에 도움을 준다.

- **활력 및 기력 증진**: 아침에 소금을 탄 레몬수를 마시면 활력과 기력을 증진해 상쾌하게 하루를 시작할 수 있다.

5단계: 운동복으로 갈아입어라(혹은 가볍게 샤워하라)

다섯 번째 단계에는 두 가지 선택지가 있다. 첫 번째는 침실을 벗어나 바로 미라클 모닝을 실천할 수 있도록 운동에 적합한 옷으로 갈아입는 것이다. 미라클 모닝에는 세이버스(S.A.V.E.R.S.)의 E에 해당하는 가벼운 운동Exercise이 포함된다. 옷을 갈아입는 이 추가 과정을 활용하면 몸과 마음이 한층 더 깨어나고 기상 의욕 수준이 높아져, 의식적·무의식적 모든 측면에서 하루를 맞이할 준비가 되었다는 명확한 신호를 받게 된다. 잠자리에 들기 전 옷을 준비해 둘 수도 있고, 운동복을 입고 자는 것도 괜찮다(정말이다). 노년층의 경우 이렇게 '취침 전' 준비를 하는 건 삶을 쉽고 순조롭게 이어 가는 데 너무나 중요하다.

두 번째는 샤워부터 하는 것으로, 이는 기분을 상쾌하게 하고 다시 침대로 파고든다는 생각은 떠올릴 수조차 없게 활기찬 아침을 위한 의욕을 끌어올리는 훌륭한 방법이다.

　　　　1부　50세 이후 당신의 진정한 잠재력을 깨우다

샤워를 먼저 하는 걸 좋아합니다. 샤워를 하고 나면 잠에서 깨 상쾌하게 하루를 시작할 수 있으니까요. 선택은 온전히 여러분의 몫입니다. 어느 쪽을 선택하든, 이 간단한 다섯 단계를 마쳤을 즈음이면 여러분의 기상 의욕 수준은 틀림없이 높아졌을 테니, 깨어 있는 상태로 세이버스를 완수하는 데 별다른 무리는 없을 겁니다.

이 5단계 전략이 그렇게 큰 차이를 만든다는 게 너무 단순하게 느껴질 수 있다. 우리는 종종 어떤 전략이 효과를 발휘하려면 복잡하고 거창해야 한다고 오해하지만, 진실은 오히려 그 반대다. 때로는 제일 단순하고, 직선적인 경로가 **가장** 효과적인 경우가 많다. 그리고 꾸준함이 그 열쇠다. 수면 과학에서 꾸준함은 더 건강하게 늙어 가는 데 결정적인 역할을 하는 것으로 나타난다. 규칙적인 기상 시각이 우리의 인지적·신체적 건강에 엄청난 영향을 미친다는 사실은 수많은 과학적 연구로 뒷받침된다. 매일 아침 같은 시각에 꾸준하게 일어나면 생체 리듬Circadian Rhythm이라고 알려진 체내 시계를 효과적으로 맞출 수 있어, 수면의 질이 높아지고 종합적인 건강이 개선된다.[10] 일정한 기상 시간에 맞춰 꾸준하게 일어날 경우, 수면의 연속성이 좋아지고 잠들기까지 걸리는 시간이 줄어들며,[11] 집중력과 주의 지속 시간이 길어진다.[12] 나아가, 매일 아침 같은 시각에 일어남으로써 우울증이나 불안증 같은 기분장애 위험을 줄일 수 있다는 사실도 여러 연구로 확인할 수 있다.[13]

망설이지 말고, 지금 당장 당신의 첫 번째 미라클 모닝을 계획하라!

망설이지 말고 바로 시작하자! 당신은 내일부터 당장 미라클 모닝을 시작할 수 있으며 그래야만 한다. 평소보다 기상 시간을 30분 앞당기고 이번 장에서 다룬 다섯 단계에 따라 오늘 밤을 준비하자. 그리고 내일 아침 세이버스(S.A.V.E.R.S.) 가운데 하나인 **R, 독서Reading**를 계획해 3장 '50세 이후를 위한 세이버스의 발견'을 읽어 보자. 세이버스 각각에 관해 조금씩 더 배워 가는 과정에서 한 번에 하나씩 차근차근 진행하며 좀 더 쉽게 미라클 모닝을 세워 가려는 것이다. 물론 첫날에 원하는 만큼 세이버스를 실천해 보는 것도 좋지만, 모 아니면 도라는 식으로 접근할 필요는 없다. 당신의 첫 번째 미라클 모닝은 **독서**를 실천하는 것만으로도 충분하다. 그러고 나서 4장 '**침묵Silence의 S**'를 읽은 후에 당신의 습관에 명상과 기도, 심호흡을 추가하면 된다. 5장 '**확언Affirmation의 A**'를 읽고 나면, 잠재의식을 최적화하고 의식적 사고와 행동을 이끄는 데 상당히 효율적인 확언을 작성할 수 있게 될 것

　　　　　　　1부　50세 이후 당신의 진정한 잠재력을 깨우다

이다.

미라클 모닝을 시작하는 데는 정답도, 오답도 없다. 이는 완성이 아니라 과정이다. 무엇보다 중요한 건 넘쳐나는 이점을 경험할 수 있도록 가능한 한 빠르게 시작하는 것이다.

미라클 모닝 공동체가 알려 주는 보너스 기상 팁

기억하자. 비록 수많은 이들에게서 이 간단한 다섯 단계 전략의 효과가 입증되긴 했지만, 수월하게 일어나는 방법은 이뿐만이 아니다. 페이스북 그룹 MiracleMorningCommunity.com에서 만나는 세계적인 미라클 모닝 공동체와 함께한다면, 자신만의 의식과 일상을 최적화하고, 무엇이 효과가 있는지 의견을 나누며, 적극적으로 서로를 응원한다는 데 주력할 수 있다. 다음은 미라클 모닝 공동체의 구성원들이 공유해 준 유용한 팁들이다.

• **진동 알람 시계 사용하기**: 만약 당신이 아침 알람 소리를 불편해하는 배우자나 연인 곁에서 잔다면, 미움을 사지 않기 위해 창의성을 발휘해야 한다. 다행히 여러 형태의 진동 알람 시계가 나와 있다. 대표적으로 두 가지 형태가 있는데, 손목에 착용하는 진동 알람 시계와 베개 아래 넣어서 사용하는 타원형 진동 패드다. 구글Google이나 아마존Amazon에서

진동 알람 시계라고 검색하면 제품들을 확인할 수 있다. 물론 이런 제품들은 우리가 제안한 대로 잠자리에서 먼 곳에 둘 수 없지만, 조용한 알람이 필요한 경우라면 훌륭한 대안이 된다.

- **침실 난로의 타이머 맞추기**: 혹, 거주하는 공간이 유난히 추워 아침에 침대를 빠져나오기가 힘들다면 이 팁이 유용할 것이다. 미라클 모닝 공동체의 한 구성원은 침대 옆에 휴대용 난로를 가져다 두고, 알람이 울리기 15분 전으로 난로의 타이머를 맞춰 두었다. 잠에서 깼을 때 방이 따뜻해야 추위를 피해 다시 이불 속으로 들어가려는 유혹에 넘어가지 않는다는 것이었다. 그녀는 이 방법으로 엄청난 변화를 만들어 냈다.

- **저녁과 반대되는 아침 만들기**: 보통 저녁이 되면 긴장을 풀고서 취침을 준비하는 활동들에 몰두할 것이다. 아침에는 이와 반대로 각성을 일으켜 몸이 깨어나도록 자극을 주는 활동을 짜 넣는 것이 유용하다. 예를 들어, 밤에는 조명을 낮추고 LED 전구나 TV·스마트폰 화면에서 나오는 인공 블루라이트*를 피한다면, 기상 후에는 자연광이 들어올 수

---

* 스마트폰이나 텔레비전 같은 전자기기에서 나오는 380~500나노미터의 파란색 계열 광원.

   1부   50세 이후 당신의 진정한 잠재력을 깨우다

있도록 의식적으로 블라인드를 열고 커튼을 걷자. 해가 뜨기 전이라면, 방 안의 조명을 켜는 것으로 비슷한 효과를 낼 수 있다. 그에 더해, 저녁 시간대에 마음을 달래는 음악을 듣는 것과 반대로, 아침 시간대에 맞춰 당신이 좋아하는 경쾌한 음악을 튼다면 활력과 기민함을 일깨우고 기상 의욕 수준을 높일 수 있다. 그리고 잊지 말자. 몽롱하다면 몸을 움직여라!

알람에 맞춰 일어나기 위한 5단계 전략의 목적은 미리 정해 둔 단순한 활동들을 통해 최소한의 노력으로 최대한 수월하게 일어나 몸을 움직이게끔 하려는 것임을 잊지 말자. 이제 다음으로는 미라클 모닝 동안 하게 될 일들에 대해 다룰 것이다. 세계에서 누구보다 성공적이고 성취로 가득했던 사람들이 오랫동안 활용하며 입증해 온 가장 강력한 개인적 성장의 실천들, 세이버스 속으로 깊이 파고들어 보자.

3장

50세 이후를 위한 세이버스의 발견

당신의 삶을 드높일 시대를 초월한 여섯 가지 실천법

당신은 하루를 시작한 대로 그 하루를 보내게 된다.
당신의 아침이 그날의 모든 걸 좌우한다.

— 작가·팟캐스트 진행자·강연자, 멜 로빈스Mel Robbins

삶의 후반부로 향하는 문턱을 지나면, 우리의 우선순위가 달라지기 시작한다. 누군가는 수십 년의 고된 노동이 주는 결실을 맛보며 가족들과 더 많은 시간을 보내거나, 오랫동안 미뤄 둔 취미 생활을 즐기거나, 혹은 그저 좀 더 느긋해진 삶의 속도를 받아들인다. 다른 누군가는 목표를 새롭게 정의하고, 그 어느 때보다 충만하게 살아가며 성장과 공헌의 길을 찾아나선다. 당신이 여전히 직장을 다니고 있든, 은퇴 후 삶을 누리고 있든, 정신적·정서적 건강을 최적화해 가장 빛나는 나날 속에서 최고의 기분으로 살아가려면, 지속적인 자기계발에 시간을 투자하는 것이 굉장히 중요하다.

50세 이후의 삶은 그 나이대만의 정신적·정서적 어려움을 안겨 준다. 좋든 나쁘든, 나이가 들수록 우리가 회상해야 하는 삶의 경험은 많아지고 우리 앞에 놓인 시간은 줄어든다. 어디에 집중하느냐에 따라, 우리가 손쓸 수 없는 과거와 불확실한 미래에서 오는 후회와 걱정, 혹은 또 다른 형태의 내적 혼돈의 상태가 끊임없이 이어질 수 있다. 많은 이가 어려운 상황을 마주하며 많은 고난을 견뎌 왔다. 누군가는 상황이 조금만 더 나았다거나, 또는 그때 다른 선택을 했더라면 삶이 지금과는 다른 모습이지 않을까 상상하며, 회상 속에서 후회와 분노를 느끼기도 한다.

또 다른 이는 우리가 아직 잠재력을 충분히 발휘하지 못했고, 이제는 그러기에 너무 늦었다고 믿어 버리는 탓에 영원한 실망감 속에 남겨질 수도 있다. 현재 당신의 모습과 당신이 꿈꾸던 모습 사이에, 혹은 당신이 살았던 삶과 살고자 했던 삶 사이에 넘어설 수 없는 간극이 있다고 느껴 본 적 있는가? 더 행복하고 더 성공한 듯한 사람들을 지켜보며 그들은 모든 것을 꿰뚫고 있다고, 틀림없이 당신이 모르는 무언가를 알고 있어서, 만약 그 사실만 알았더라면 당신도 그들과 똑같은 수준의 성공과 성취를 누렸을 거라고 생각해 본 적은 없는가?

답답한 상황이다. 지속적인 동기를 부여받기엔 뚜렷한 목표와 체계가 부족한 탓에 들쭉날쭉한 노력으로 안정적이지 못한 결과를 얻는 데 그치고 마는 경우가 너무나 많다. 특히 은퇴자들에게서 이런 모습을 흔히 볼 수 있다. 직장이 주던 뚜렷한 외부 목표와 체계, 동기가 없으니 계획이나 의도 없이 하루하루를 흘려보내게 되고 이는 방향감 상실로 이어진다. 우리는 종종 우리가 원하는 결과를 얻기 위해 무엇을 해야 하는지 곱씹지만, 그 중요한 한 걸음을 내딛지 못한다. 무엇을 해야 하는지 알면서도 뚫고 나가지 못하는 것이다.

과거를 바꾸거나 시간을 되돌릴 수는 없겠으나, 현재와 미래에 힘을 쏟을 수는 있다. 그리고 그것은 무척이나 가치 있는 행동이다. 우리 모두는 계속해서 발전해 최고의 모습으로 거듭날 수 있는 능력을 지니고 있다. 나이는 상관없다. 그러니 가정 속 과거에 머물기보다 앞으로의 나날을, 최선을 다해 살아갈 기회로 끌어안는 자세가 필요하다.

당신의 나침반이 되어 새로운 수준의 성취와 맑은 정신, 활력을 경험하게 해 줄 시대를 초월한 여섯 가지 검증된 실천법, 세이버스로 들어가 보자. **침묵, 확언, 시각화, 운동, 독서, 기록**으로 대표되는 세이버스는 본래 아침의 일상을 변화시키기 위한 뼈대로 고안되었다. 그러나 이 습관의 힘은 아침을

      1부   50세 이후 당신의 진정한 잠재력을 깨우다

한참 넘어선다. 이 실천법은 시대를 초월한 보편성을 지니며 삶의 모든 시기에 적용할 수 있다. 세이버스는 단순한 습관이 아니다. 이는 인생의 새로운 시기마다 마주하는 고유한 도전과 기회를 헤쳐 나가도록 도움을 주는 도구이다.

50세 이후의 세이버스가 왜 그렇게 중요할까? 신체 건강, 맑은 정신, 정서 회복, 영적 성장처럼 정말 중요한 것들에 우선해야 하는 시기가 바로 이때이기 때문이다. 어느 면에서는 삶의 속도가 느려졌을지 모르지만, 세상은 멈추지 않는다. **삶이 어느 단계에 이르렀든 세이버스를 목표로 적극성을 유지한다면 당신의 하루하루는 목적성과 가능성이 충만해질 것이다.**

현실을 직시하자. 인생의 후반부에 마주하는 요구들은 이전과 다르다. 건강 문제를 다루거나, 빈집에 익숙해지거나, 일에서 새로운 의미를 찾거나, 은퇴라는 복잡한 국면을 헤쳐 나가고 있다면, 당신의 가장 빛나는 시기는 이미 지나갔다고 생각하기 쉽다. 하지만 세이버스가 이러한 마음가짐에 강력한 해독제를 제공한다. 세이버스는 인생의 이정표가 되는 시기를 치러 냈다는 이유만으로 삶의 성장이 멈추지 않는다는 사실을 일깨워 준다. 오히려 지금이야말로 이 실천들을 통해 가장 빛나는 모습으로 나아갈 수 있는 최적의 시기이다.

잠깐의 침묵으로 마음속 걱정을 덜고 평안을 위한 공간을 마련하며 하루를 시작한다고 상상해 보자. 자기 의심을 거스

르고 다시금 목표를 되새기는 확언의 힘을 마음에 그려 보고, 당신이 원하는 삶, 그 삶에 닿기 위해 밟아야 할 단계들을 시각화하며 얻게 되는 명료함을 떠올리자. 매일의 운동으로 얻게 될 활력과 독서를 통해 마음을 살찌울 영감에 대해, 기록에서 드러나는 깊은 자기 인식에 대해 생각해 보자. 이 실천들 각각은 단순할지 모르나, 이들이 한데 모이면 목표를 가지고 의미 있게 하루하루를 살아갈 기반이 세워진다.

세이버스 둘러보기

이어질 장들에서 우리는 여섯 가지 각각의 실천들이 현재 당신의 삶 속에서 어떤 역할을 할 수 있을지를 살펴볼 것이다. 당신이 30살에 운동에 접근했던 방식은 60살의 접근 방식과는 다를 것이고, 그건 당연한 일이다. 세이버스의 진가는 이와 같은 고유한 상황과 필요에 맞춰 조정할 수 있다는 데서 드러난다. 우리는 4장에서 9장에 걸쳐 각각의 실천법을 수행하는 데 도움을 줄 구체적인 지침과 예시를 제공한다. 이 실천들은 하루하루, 순간순간을 통해 당신이 누려 마땅한 삶을 창조해 나갈 수단이다.

• **침묵**Silence**의 S: 혼돈 속에서 고요를 일궈라.** 평온하고 목적의식이 가득한 침묵으로 하루를 시작하면, 마음을 차분히 가

    1부   50세 이후 당신의 진정한 잠재력을 깨우다

라앉히고 신경계를 이완해 내면의 평화와 평안을 경험할 수 있다. 이는 세상이 깨어나기 전, 삶의 끊임없는 소란으로부터 피난처를 제공하는 신성한 시간이다. 명상이나 기도, 심호흡을 활용하든, 단순히 고요함을 즐기든, 침묵을 실천함으로써 마음을 정리하고 영혼을 달래 깊고 맑은 정신으로 하루를 새롭게 열 수 있다.

- **확언**Affirmation**의 A: 성공을 향한 잠재의식에 힘을 실어라.** 확신을 반복하면 현실이 된다. 마음속으로 되뇌든 소리 내어 말하든, 우리가 스스로 되풀이하는 단어와 메시지가 우리의 정체성과 사고방식을 형성하며, 우리의 한계를 다질 수도 우리의 능력을 일깨울 수도 있다. 우리의 정신적·정서적 건강을 뒷받침하고 우리의 열망과 맞닿아 있는 시각과 믿음에 대해 의도를 담아 확신의 말을 건넨다면, 더 나은 기분으로 더 나은 성과를 낼 수 있다. 이러한 선언은 일상의 나침반이 되어 목표를 향해 우리를 이끌고, 삶에서 마주하는 난관에 의도를 가지고 굳건하게 극복하게끔 인도할 것이다.

- **시각화**Visualization**의 V: 당신이 원하는 최고의 모습을 머릿속에 그려라.** 세계 최고의 운동선수들은 코트에 들어서거나 경기장으로 나가기 전, 자신의 최고 기량을 발휘해 목표를 성취하는 모습을 반복적으로 시각화한다고 알려져 있다. 그

들은 이러한 정신적 예행연습을 통해 자신감을 쌓아 실제 경기에서 최고의 성과를 발휘할 수 있도록 준비한다. 이 연습을 삶에 녹여 내면, 우리 마음속 끝 모를 창의성을 발휘해 우리가 품을 수 있는 가장 높은 열망을 떠올리고, 그 꿈을 현실화할 행동에 몰두하는 자기 모습을 그려 볼 수 있다. 시각화는 일터에서든 가정에서든 마음속으로 그려 봄으로써 우리가 내보이고자 하는 모습을 내보일 수 있도록 도와주는 실용적 도구이다.

- **운동**Exercise**의 E: 신체적·정신적·정서적 활력을 끌어올려라.** 우리는 하나뿐인 신체를 선물 받았다. 신체의 보살핌을 받고자 한다면, 우리가 먼저 몸을 아껴야 한다. 단 몇 분일지라도 아침 운동을 실천하면, 육체와 심혈관 건강이 개선될 뿐만 아니라 뇌로 가는 혈류가 증가해 사고가 기민해지고, 기분이 좋아지며, 성취감을 느낄 수 있다. 우리의 움직임 하나하나가 영혼을 북돋우는 우리 몸의 회복력에 대한 헌사이며, 나날의 삶을 꽃피우겠다는 선언인 셈이다.

- **독서**Reading**의 R: 지식을 습득해 변화에 속도를 붙여라.** 책장을 넘겨 보든, 온라인에서 기사를 살펴보든, 우리는 우리 삶의 어떠한 측면이라도 개선할 수 있는 값진 정보에 무한하게 접근할 수 있다. 그렇게 각각의 많은 책과 글, 이야기를 성장과 학습의 디딤돌 삼아 마음을 살찌우고, 새로운 관점과

     1부   50세 이후 당신의 진정한 잠재력을 깨우다

통찰을 통해 능력을 확장할 수 있게 될 것이다.

- **기록**Scribing**의 S: 글 속에서 단단해지는 생각의 힘을 경험하라.**
새로운 연구에 따르면, 우리는 하루에 6,000가지 정도의 생각을 하고 그중 대부분은 의식하지 못한다.[1] 이러한 생각들을 좀 더 의식하고 글로 남길 만한 것을 가려낼 수 있다면, 넘쳐나는 생각으로 인해 끊임없이 이어지는 부담과 압박으로부터 자유로워질 것이다. 반대로, 우리의 성장을 기록하고 감사해야 할 것들을 되돌아보며 긍정적인 시각과 정서를 강화할 수 있다. 기록은 더 깊은 자기 인식을 향하는 다리로, 우리의 여정을 기록하고, 발전을 축복하며, 더 깊은 감사와 기쁨을 길러 내는 작업이다. 우리는 글쓰기를 통해 내면의 대화, 배움, 열망의 정수를 포착함으로써 자아 성찰을 개인적 성장을 위한 강력한 촉매제로 바꿀 수 있다.

이 실천법들 가운데 어느 하나라도 꾸준하게 실천한다면 더 나은 삶을 마주하게 되고, 심지어 삶의 모습을 완전히 바꿀 수도 있다. 하지만 이 여섯 가지 실천을 한데 모아 일상의 습관으로 만들 때 각각의 깊은 이점을 누릴 수 있을 뿐만 아니라 그 효과가 배가 되는 것을 경험하게 된다. 최고의 베스트셀러 경제서 『부자 아빠 가난한 아빠』의 저자 로버트 기요사키는 할과 이야기를 나누며 이와 같은 내용을 잘 정리했다.

미라클 모닝의 실천가였던 로버트는 할에게 책 제목을 『미라클 모닝』으로 지은 것이 매우 적절하다고 말했다. 세이버스 가운데 어느 하나라도 실천하면 삶에 변화를 줄 수 있지만, 여섯 가지 모두를 실천했을 때 엄청난 삶의 변화가 빠르게 찾아와 정말 기적처럼 느껴진다는 이유에서였다.

나이가 드는 과정에서, 세이버스는 자동화된 부정적 사고를 방지하는 데 어떻게 도움이 되는가

자동화된 부정적 사고ANTs, Automatic Negative Thoughts는 특정 상황이나 유인에 대해 반사적으로 떠오르는 비자발적인 부정적 생각들을 말한다. 《미국심리학회 심리학 사전The APA Dictionary of Psychology》은 이를 "습관적이고 무의식적이며 즉각적으로 떠오르는 생각"으로 정의한다.[2] 자동화된 부정적 사고는 다음과 같은 다양한 형태로 발현된다.

- **파국형 사고**: 어떤 상황이든 상상할 수 있는 최악의 결과를 떠올린다.

- **흑백 논리**: 중간 지점 없이 극단적으로만 생각한다.

- **성급한 일반화**: 한 가지 사건에 근거해 일반적인 상황을 추정한다.

- **부정적 필터링**: 상황의 긍정적인 요소는 무시하고 부정적인 면에만 초점을 맞춘다.

자동화된 부정적 사고는 인지적 건강과 정서적 안녕, 전반적인 삶의 질에 영향을 미치는 탓에 50세 이후에 특히 주목해야 할 문제다. 나이가 들수록 우울과 불안의 유병률이 높아지는데, 자동화된 부정적

 1부 50세 이후 당신의 진정한 잠재력을 깨우다

사고는 노년층의 이러한 상태에 상당한 영향을 미친다.[3] 부정적 사고가 이어질 경우, 인지 저하의 원인이 될 수 있으며 치매 위험도 증가한다. 또 자동화된 부정적 사고는 스트레스와 염증으로 이어져 뇌 건강에도 해롭다.[4] 다행히 자동화된 부정적 사고를 관리함으로써 감정과 삶의 만족도를 의미 있게 개선할 수 있다.[5] 또 마음과 신체의 밀접한 관계를 고려했을 때 자동화된 부정적 사고를 관리하여 신체 건강까지도 챙길 수 있다. 다음은 세이버스 실천을 통해 자동화된 부정적 사고를 방지하는 방법이다.

침묵, 특히 '마음챙김 명상'을 실천하면 마음을 가라앉혀 더욱더 깊게 자신을 인식할 수 있다. 자기 생각을 좀 더 명확히 인지하고, 그 생각을 재단하거나 비난하지 않고 있는 그대로 바라봄으로써, 부정적 사고 패턴을 인지하고 끊어 낼 수 있는 것이다. 마음챙김 명상을 하면 자동화된 부정적 사고의 빈도와 강도가 줄어 불안·우울·통증의 증상들이 완화되는 것으로 나타났다.[6]

확언을 통해서는 부정적인 생각보다 힘을 돋우는 긍정적인 생각과 믿음에 초점을 맞춤으로써 점진적으로 마음가짐을 개선할 수 있다. 스스로 건네는 대화에 긍정적 변화를 주면 정신 건강이 크게 호전되고, 확언을 글로 작성하며 이루고 싶은 소망에 가장 도움이 되는 자기 대화를 설계할 수 있다.[7]

시각화는 부정적 기대에서 긍정적 가능성으로 초점을 옮기는 데 도움을 준다. 시각화는 기분을 끌어올리고 낙관성을 키우며 동기를 강화하는 것으로 나타나, 부정적 사고 습관을 방지하는 유용한 도구로 활용될 수 있다.[8]

운동을 하면 천연 행복 호르몬인 엔도르핀 분비가 증가한다. 또 코르티솔과 같은 스트레스 호르몬 수치를 낮출 수 있어 부정적 생각을 다루기 쉬워진다.

독서, 특히 자기계발서나 영감을 주는 책을 읽으면 자동화된 부정적 사고를 다루는 새로운 시각과 전략을 얻을 수 있다. 독서로 새로운 생각을 접하고 귀감이 되는 인물을 만나 사고방식에 변화를 줄 수 있게 되는 것이다.

기록을 남기면 부정적 습관을 파악해 그 습관들을 건설적으로 헤쳐 나가는 데 도움을 얻을 수 있다. 다이어리를 작성하면 마음이 가라앉고 정신이 맑아져 삶의 긍정적인 측면에 집중하기가 수월해진다. 자기 표현적 글쓰기는 감정과 경험의 처리를 도와 불안과 우울, 스트레스 증상을 줄여 준다.[9]

세이버스 습관을 일상에 녹여 냄으로써 자동화된 부정적 사고를 방지하는 포괄적인 전략을 손에 넣을 수 있다. 침묵·확언·시각화·운동·독서·기록을 하나로 묶는다면, 나이가 들어서도 긍정적인 마음가짐을 유지하며 삶의 질을 높일 수 있는 도구를 갖추게 되는 셈이다.

인생에서 다가올 다음 장들을 헤쳐 나가며 세이버스를 당신의 믿음직한 동반자로 삼아, 노화란 활력과 지혜, 삶에 대한 주체할 수 없는 열정의 이야기라고 새롭게 써 내려가자. 나이 든다는 건 시간의 합산이 아닌 경험의 축적이라고 우리 함께 모여 새롭게 정의해 보자. 목표가 있는 아침을, 즐거운 나날을, 새로운 의미와 충만함이 함께하는 우리의 인생을 끌어안자.

큰 틀에서 세이버스를 파악해 봤으니, 이제 각 실천법을 좀 더 자세히 살피고 어떻게 하면 당신의 미라클 모닝 속으로 녹여 낼 수 있을지 배워 보자.

4장

침묵Silence의 S
혼돈 속에서 고요를 일궈라

우리는 침묵 속에서 영혼의 속삭임을 들을 수 있다.

– 작가·통합의료와 개인적 변혁의 선구자, 디팩 초프라Deepak Chopra

소란스러운 세상의 요구 없이 새로운 날의 고요 속에서 깨어난다고 상상해 보자. 그러한 침묵의 순간, 마법 같은 일이 일어난다. 당신의 삶으로 흘러 들어오는 맑은 정신과 평안, 목적의식을 위한 공간이 생겨나는 것이다. 침묵 속에서 하루를 시작하는 일은 소란으로부터 잠시 숨을 돌리는 것이 아니라, 가장 높은 차원의 나 자신과 한층 더 깊은 수준으로 이어지기 위한 초대장이다. 그곳에서야말로 우리는 내면의 지혜에 귀 기울이고 기도하며, 자신의 평화로운 하루를 만들 수 있다. 의도적인 침묵으로 하루를 시작할 때 마음과 신경계를 가라앉힐 수 있을 뿐만 아니라 높은 차원의 자신에게 힘을 실어 주게 되는 것이다.

일상이 스트레스로 뒤덮인 시대에 평안과 목적의식으로 가득한 침묵으로 하루를 시작하는 일은 나이가 들수록 점점 큰 혜택으로 다가온다. 왜일까? 나이를 먹을수록 스트레스가 신체적·정신적 건강에 미치는 영향이 커지기 때문이다. 침묵 속에서 보내는 시간은 현대 사회의 벅찬 속도에서 벗어날 수 있는 안식처로 기능하며, 스트레스를 관리하는 데 깊은 이점을 제공한다. **우리는 침묵을 통해 신경계의 투쟁-도피 반응에서 벗어나 코르티솔 수치를 낮추고 이완 상태를 활성화할 수 있다.**

아침마다 꾸준하게 침묵의 시간을 보내면 효과적으로 스트레스 수치를 낮추고 하루 동안 이어질 차분한 마음 상태를 길러 내게 된다. 이 고요한 순간 속에서 생겨난 깊은 성찰의 기회 덕분에 좀 더 단단한 방식으로 생각과 감정을 다룰 수 있다. 마침내 중심을 잃지 않고 한층 더 침착하게 일상의 어려움에 맞설 수 있게 되는 것이다. 그렇게 우리는 매일의 혼돈을 피해 다시금 자기 자신과 연결되고, 존재 자체에서 오는 그 단순한 즐거움을 맛볼 수 있게 된다.

물론, 기도의 힘을 빌리거나 신과의 연결 속에서 가르침을 구하며 믿음을 강화하는 것도 **침묵**의 아침을 보내며 취할 수 있는 뜻깊은 선택지다.

침묵이 쉽지 않은 오늘날

아, 예전이 좋았다. 스마트폰이 발명되기 전 우리는 일상에서 무수히 많은 사색 속에 잠겨 있을 수 있었다. 식료품점에서 줄을 서서 기다리거나 비행기에 앉아 있을 때, 혹은 가만히 버스 창밖을 바라보던 순간, 우리에게는 우리의 생각에 귀를 기울이고, 자아 성찰에 빠져들며, 내면의 지혜에 다가설 시간적 여유가 있었다.

이제는 디지털 기기들 덕분에 오늘날 사람들이 지루함이라고 부르는 그러한 종류의 고독은 거의 사라졌다. 현대 사회에서는 고요함이 주는 심오한 이점이 사라져 버렸다. 우리는 디지털 기기들로 인해 문자나 게임, 이메일 확인, 영상 시청, 쇼핑, 아무 생각 없이 내려다보는 소셜미디어에 정신이 팔려 우리 자신의 생각과 독대할 필요가 없어졌다.

안타깝게도 스마트폰을 들여다보며 하루를 시작하는 일은 비틀거리며 스트레스의 지뢰밭으로 들어가는 것과 다름없는 탓에 침대를 벗어나 바닥에 발을 딛기도 전에 코르티솔 수치가 치솟고 만다. 스트레스는 그에 대한 반응으로 부신 피질에서 분비되는 호르몬인 코르티솔과 연관되며, 스트레스를 받을 경우 코르티솔 수치가 상승한다. 코르티솔은 우리 몸의 투쟁-도피 반응을 비롯해 다양한 대사 과정에 중요한 역할을 하지만, 수치가 높아지면 건강에 해로운 영향을 미치며 궁극적으로 수명까지 단축할 수 있다.

장수를 잡아먹는 스트레스의 일곱 가지 문제

코르티솔 수치가 만성적으로 높을 경우, 여러 건강 문제가 발생한다.

1. **빈약한 심혈관 건강:** 코르티솔 수치가 만성적으로 높을 경우 고혈압으로 이어질 수 있는데, 이는 심장병이나 뇌졸중의 주요 위험 요인이다. 코르티솔이 증가하면 혈관이 수축하고 체내에 나트륨이 머무는 시간이 길어져 시간이 지날수록 혈압이 상승한다.

2. **대사 이상:** 코르티솔은 포도당 대사에 영향을 미쳐 혈당을 높인다. 이는 인슐린 저항성과 제2형 당뇨병, 혈관과 신경 손상의 원인이 되며, 이러한 변화는 심혈관 질환의 위험성을 높인다.

3. **면역 체계 억제:** 높은 코르티솔 수치가 이어지면 면역 체계가 억제되어, 신체가 감염에 취약해지고 상처 회복이 더뎌지며 암과 같은 질병에 대한 저항성도 떨어진다.

4. **인지기능 저하:** 코르티솔은 뇌 기능, 특히 기억과 학습에 핵심적인 해마에 영향을 미친다. 높은 코르티솔 수치가 장기간 지속되면 뇌 위축과 인지기능 저하로 이어져 알츠하이머병의 발병 위험이 올라간다.

5. **골밀도 감소:** 높은 코르티솔 수치는 골 형성을 방해하고 골 흡수[*]를

---

[*]   뼈에서 칼슘이 유출되어 구멍이 생기고 잘 부서지는 과정.

증가시켜, 특히 노년층의 경우 골다공증과 골절에 취약해진다.

6. **체중 증가와 비만:** 코르티솔은 특히 복부 지방 축적을 촉진한다. 이는 대사 증후군, 심혈관 질환, 사망률 증가와 관련이 깊다.

7. **기분장애:** 만성 스트레스와 높아진 코르티솔 수치는 우울증과 같은 기분장애와 연관된다. 이는 종종 좋지 못한 생활 방식을 유도해 만성 질환이나 수명 단축으로까지 이어진다.

지속적인 각성 상태 속에서 살아가는 일은 당신의 몸을 호르몬 폭풍 속으로 초대하는 것과 다름없다. 따라서 침묵의 습관을 실천하는 일의 이점은 내면을 차분하게 가라앉히고 하루의 흐름을 **스스로** 결정하는 데서 그치지 않는다. 당신의 건강을 보호한다는 이점도 얻을 수 있다. 침묵 속에서 시간을 보내면 코르티솔 수치가 낮아지고, 스트레스가 줄어들며, 자기 인식이 높아지는 가운데 신경계가 안정되어 건강수명을 늘리는 데 일조한다. 다시 말해, 이 한 가지 실천으로 정신적·신체적 건강 모두를 최적의 상태로 일궈 낼 수 있는 것이다.

아침마다 고요의 공간 속으로 발을 들이는 일은 투명 망토를 두르거나 눈에 보이지 않는 힘의 장막을 두르는 일과 같다. 그 순간 당신은 그저 반응하는 것이 아니라 고양된 의도성과 목적의식을 가지고 주도적으로 하루를 헤쳐 나가게 된

    1부   50세 이후 당신의 진정한 잠재력을 깨우다

다. 이러한 내적 평안과 자기 통제의 감각은 놀라우리만큼 엄청난 힘을 실어 줄 것이다.

맞춤형 침묵을 설계하라

그렇다면, 당신의 미라클 모닝 속 침묵은 어떤 모습일까? 다른 세이버스 습관들과 마찬가지로 침묵도 당신의 일상에 맞춰 조정할 수 있다. 명상이나 기도, 호흡요법과 같은 다양한 방법을 활용해 침묵을 실천하면 된다. 당신의 시작을 돕기 위한 몇 가지 선택지가 있다.

- **명상**
- **기도**
- **성찰**
- **감사**
- **심호흡을 비롯한 호흡요법**

물론 위 목록이 전부는 아니며 당신이 택할 수 있는 다양한 방법이 많지만, 우리는 이번 장에서 이 다섯 가지를 살펴본다. 다행히 침묵 속에서 시간을 보내는 방식에 정답은 없다. 5분의 타이머를 맞추고 가만히 앉아 끊임없는 생각과 걱정, 압박감으로부터 마음에 휴식을 주는 것만으로도 충분히 큰 보상이 주어진다.

이 각각의 실천법을 다루기 전에 중요한 점을 짚고 넘어가자. 한 가지 이상의 방법을 택해도 좋고, 날마다 방법을 바꿔도 좋지만, 어느 방법을 택하든 이 침묵 요법과 이어지는 세이버스를 실천하기 위해 가능하다면 침대를 벗어나 침실에서 빠져나오자. 이유가 무엇일까? 포근한 침대를 파고들어 눈을 붙이고 싶은 유혹을 떨쳐 내기란 누구나 어렵기 때문이다. 그래서 우리는 미라클 모닝을 끝마치기 위한 침대 밖 행복의 공간을 찾기를 권한다. 침대를 벗어나 편안한 공간이라면 어디든 좋다. 거실이나 소파, 편안한 의자, 명상용 방석도 괜찮고, 날씨가 허락한다면 야외도 가능하다.

명상

명상의 역사는 수천 년 전으로 거슬러 올라간다. 다양한 명상 기법들이 동양의 영적 의식의 한 요소로서 시작되었지만, 오늘날 '명상'이란 용어는 마음을 가라앉히거나 집중력을 높이기 위한 활동이나 부정적인 생각을 걷어 내기 위한 활동들까지 폭넓게 지칭한다.

정신적·정서적·신체적으로 얻을 수 있는 명상의 지대한 이점을 입증하는 연구 결과는 차고 넘친다. 2014년 《미국의학협회저널 내과의학JAMA Internal Medicine》에 발표된 연구에서 연구진들은 일반적으로 침묵의 시간을 포함하는 마음챙김 명상을 수행한 경우, 참가자들의 스트레스와 불안, 우울감이 의미 있게 줄어든다는 사실을 발견했다.[1] 이 연구는 명상이나 마음챙김의 일환으로서 짧지만 의도적인 침묵을 실천하는 것만으로도 정신 건강을 개선할 수 있음을 시사한다.

이 책을 읽는 당신에게도 그렇겠지만, 우리에게 특히 흥미로운 지점은 명상이 세포 건강에 영향을 미친다는 사실이다. 나이 드는 과정에서 건강수명을 늘려 장수를 다지기 위해서는 세포 건강을 유지하는 일이 매우 중요해진다. 명상으로 얻을 수 있는 세포 수준의 주요 이점은 무엇인지, 그 이점은 품위 있게 늙어 가는 데 어떤 도움이 되는지 다음에서 살펴보자.

- **텔로미어**Telomere **보호:** 텔로미어는 염색체 끝단에 달린 보호막이다. 신발 끈이 상하지 않도록 끝자락에 달아 둔 플라스틱을 떠올리면 된다. 나이가 들면 이 끝부분이 마모되어 세포노화로 이어지고 노화 관련 질병의 위험도 올라간다. 노벨생리학·의학상 수상자 엘리자베스 블랙번Elizabeth Blackburn 박사와 엘리사 에펠Elissa Epel 박사는 명상으로 텔로미어의 길이를 보존하는 텔로머레이스Telomerase 효소의 활동을 촉진할 수 있다는 사실을 발견했다.[2] 이는 마치 신발 끈 끝에 새로

운 플라스틱을 씌우는 것처럼 세포 수준에서 젊음을 유지하는 데 도움을 준다.

- **염증 완화:** 명상은 염증을 완화하는 데 대단히 효과적인 것으로 입증되었다. 만성 염증은 심장병이나 관절염, 암과 같은 다양한 노화 관련 질병과 연관된 은밀한 골칫거리다. 한 연구에서는 8주간의 마음챙김 명상 프로그램을 통해 염증 지표를 유의미하게 낮추고 면역 기능을 개선할 수 있음이 확인되었다.[3]

- **미토콘드리아 기능 개선:** 미토콘드리아는 세포의 발전소로 알려져 있다. 나이가 들면 이 작은 엔진이 털털거리기 시작해 피로가 찾아오고 활력 수준이 감소한다. 장기간 명상을 실천하면 미토콘드리아 기능이 개선돼 세포에 활력을 불어넣어 생기 넘치는 생활을 유지할 수 있다는 사실이 연구로 밝혀졌다.[4]

- **유전자 발현:** 유전자 발현 과정을 리모컨 조작으로 생각해 보자. 스트레스와 염증에 맞서는 좋은 유전자는 켜고 그렇지 않은 유전자는 끄는 것이다. 연구가 밝혀낸 바에 따르면, 명상을 수행할 경우 염증과 면역 기능, 전반적인 건강과 관련된 유전자 발현에 변화가 일어나 더 높은 회복력을 갖추게 된다.[5]

- **스트레스 호르몬 억제:** 마음챙김 명상은 코르티솔 수치를 눈

에 띄게 낮춰 스트레스를 더욱 효율적으로 관리하고 오랜 시간에 걸쳐 뇌 건강을 지키는 데 도움을 준다.[6]

- **세포 회복:** 나이가 들수록 세포 회복력과 재생력이 감소한다. 명상을 통해 이완을 촉진하고 스트레스를 줄이면, 신체의 자연스러운 회복 체계가 강화된다. 이는 당신이 나이가 들어서도 부상에서 더 효율적으로 회복할 수 있으며, 조직 건강을 더 훌륭하게 지켜낼 수 있음을 의미한다.[7]

- **좀비 세포 제거:** 부정적인 생각과 만성 스트레스는 좀비 세포의 축적으로 이어진다. 좀비 세포란 우리가 2장에서 아침에 일어나 수분을 보충하는 일이 왜 중요한가를 설명하면서 언급한 노화 세포를 말한다. 명상을 통해 스트레스를 줄일 경우, 노화 세포가 감소해 세포 기능이 향상되고 염증이 줄어든다고 연구는 밝힌다.[8]

한 걸음 더 나아가, 명상의 이점은 시간에 따라 누적되며 마치 복리처럼 건강을 갈수록 좋아지게 한다. 아침 세이버스 습관이 주는 독특한 이점은 당신의 하루를 활용하는 데 즉각적인 도움을 주는 데 더해, 미래 건강을 위한 투자로서도 기능한다는 것이다. **명상의 시간을 보낼 때마다 즉각적인 이완을 경험하며 맑은 정신을 얻게 될 뿐만 아니라 노화가 미치는 장기적인 영향을 상쇄하는 방향으로 신체가 강해진다.** 규칙적으로 명상을 실천하면 활력을 유지하고 회복력을 끌어올리며, 장수를 촉진하는 가운데 질병의 위험도 낮출 수 있다. 특히 50세 이후 명상을 아침 일상의 빼놓을 수 없는 일부로 굳힌다면, 이러한 이점들을 통해 건강한 노화에 힘을 실어 나이 들어서까지도 더욱 활기차고 충만한 삶을 누릴 수 있게 된다.

명상을 실천하는 방법은 무수히 많지만, 크게 안내 명상과 자기 주도 명상, 두 가지 범주로 나눌 수 있다. 안내 명상은 직접, 혹은 녹화된 영상이나 오디오로 누군가의 설명을 들으며 의식과 주의를 안내받는 방식이다. 자기 주도 명상은 다른 누구의 안내 없이 스스로 명상하는 방법이다. 우리는 여기서 마음챙김 명상·감정 최적화 명상·초월 명상TM, Transcendental Meditation, 세 가지 구체적 명상 기법을 소개한다.

마음챙김 명상

마음챙김 명상은 전통에 뿌리를 두지만, 스트레스를 관리하고 집중력을 개선하며 종합적인 행복을 증진하도록 도움을 주는 효과 덕분에 오늘날에도 상당한 인기를 얻고 있다. 마음챙김 명상의 핵심은 현재에 온전히 집중하며 떠오르는 생각과 감정, 느낌을 있는 그대로 관찰하는 것이다. 이 명상을 수행할 경우 내면의 소란이나 과도한 생각, 자기비판에 사로잡히는 대신 현재 일어나는 일을 조용히 인지함으로써 차분함과 명료함, 내면의 평안을 일구는 강력한 방법을 터득하게 된다.

마음챙김 명상은 신체적·정신적 측면 모두에서 유용하다. 마음챙김 명상을 규칙적으로 실천하면 스트레스가 줄어들고 수면의 질이 높아지며, 감정 조절 능력이 향상될 뿐만 아니라 혈압까지도 낮출 수 있다는 사실이 연구를 통해 드러난다.[9] 아울러 이 명상은 기억력과 공감, 자기 인식과 연관된 뇌 회백질의 밀도 상승과도 밀접한 관련이 있다.[10] 또 이 명상을 통해 다루기 힘든 감정이나 주변 환경을 더 균형 잡힌 시각으로 건전하게 바라보게 되어 불안이나 우울 증상을 완화할 수 있다. 그 밖에도 집중력과 주의력이 향상되고, 창의성이 높아진다는 이점이 있으며, 타인과의 깊은 유대감을 형성할 수 있어 관계 개선까지도 기대할 수 있다.[11]

마음챙김 명상을 실천하기 위한 특별한 도구나 경험은 필요 없다. 다음의 간단한 안내를 따라 시작해 보자.

1. **조용한 공간을 찾는다**: 방해받지 않을 조용한 장소를 고르자. 의자나 바닥에 앉아 등을 곧게 펴자.
2. **호흡에 집중한다**: 눈을 감고 호흡에 집중하며, 들숨과 날숨을 의식하자. 가슴의 오르내림과 같은 호흡의 감각을 느껴보자.

3. **생각을 관찰한다**: 명상을 진행하다 보면 틀림없이 생각이 떠오를 것이다. 생각을 억누르려 애쓰기보다 떠오르는 그대로 지켜본 후, 다시 부드럽게 호흡으로 주의를 돌리자.

4. **짧게 시작한다**: 하루 5분에서 10분 정도로 시작해, 익숙해질수록 조금씩 시간을 늘려 가자.

마음챙김 명상에서는 꾸준함과 인내심이 중요하다. 시간이 지남에 따라 명상은 점점 익숙해지고 효과는 더욱 깊어진다. 스트레스 경감을 목표로 하든, 균형 잡힌 감정과 뚜렷하고 맑은 정신을 목표로 하든, 마음챙김 명상을 일상에 녹여 내는 이 간단한 방식을 통해 변화를 만들어 삶의 질을 끌어올릴 수 있다.

감정 최적화 명상

어떤 상황이 와도 최적화된 정신적·정서적 상태를 선택할 수 있는 초능력이 있다고 상상해 보자. 달리 말해, 어떤 어려움에 직면해도 자신이 의도한 대로 끊임없는 사랑과 즐거움, 내면의 평화 속에서 살아갈 수 있다면 당신의 삶은 어떤 모습일까? 우리 대부분은 자신의 감정이 외부에서 벌어지는 일들에 따라 좌우된다고 믿는 경향이 있지만, 감정 최적화 명상을 수행하면 어떤 어려움에 마주했느냐와 관계없이 자신이

　　　　1부　50세 이후 당신의 진정한 잠재력을 깨우다

원하는 정신적·정서적 상태를 일궈 낼 힘을 얻을 수 있다. 할은 시속 110킬로미터로 부딪힌 정면 추돌 사고 이후, 이 고유한 힘을 발견했다. 뼈는 11곳이 부러지고, 영구적인 뇌 손상을 입은 데다가 다시 걸을 수 없을 거라는 진단을 들은 상태였다. 상황은 치명적이었지만, 할은 삶에서 가장 힘겨운 시간을 견디는 동안 그 어느 때보다 행복하고 감사한 마음으로 지낼 수 있다는 사실을 깨달았다.

이 명상이 효과가 있는 건 우리가 어디에 초점을 두느냐에 따라 우리의 감정이 좌우되기 때문이다. 예를 들어, 삶의 어긋난 부분에 초점을 맞출 경우 우리는 불쾌함을 느끼며 두려움, 불안, 자기 의심과 같은 비생산적인 정신적·정서적 상태를 경험하게 된다. 반대로 올바른 면에 집중할 경우, 기쁨과 감사, 자신감을 길러 낼 수 있다. 이처럼 어디에 주의를 기울이느냐에 따라 우리 삶의 질이 결정된다.

정신 상태와 정서 상태의 미묘한 차이점과 공통점을 확실하게 구별해 보자.

- **정신 상태**는 머릿속 상태와 마음가짐을 뜻하는 것으로, 당신의 생각과 태도, 집중하는 대상, 자각, 관점, 인지 과정을 아우른다. 이는 어떤 정보와 경험을 인식하고, 이해하고, 처리하는 방법, 그리고 그것에 반응하는 방식과 관련이 있

다. 예를 들어 당신은 자기 삶과 자기 자신, 타인에게서 좋은 점을 찾는 **긍정적인** 마음가짐을 견지하기로 할 수도 있고, 삶과 본인, 타인의 잘못된 부분에 초점을 맞추는 **부정적인** 마음가짐을 택할 수도 있다.

- **정서 상태**는 당신의 느낌과 감정, 기분을 말하며, 행복·슬픔·분노·두려움과 같은 주관적인 감정 경험을 아우른다. 정서 상태는 정신 상태의 영향을 크게 받는다. 마음가짐에 따라 삶의 질이 결정되는 것처럼 정서 상태에 따라 삶의 경험이 **달라진다.** 정서 상태는 정신 상태의 영향을 받으며, 반대로 정신 상태에 영향을 주기도 한다.

명상 과정에서 자신이 그리는 최적의 정신적·정서적 상태에 힘을 실어 줄 생각과 이미지, 확언을 떠올린다면 실제로 그러한 상태를 만들고 다질 수 있다. 이 명상의 힘으로 최적의 마음가짐을 갖추고 아침을 시작해 최고의 기분으로 하루를 보낼 수 있게 되는 것이다. 최적의 내적 상태가 최적의 외부 행동으로 이어지므로, 이는 매일 아침 성공을 위한 발판을 마련하는 데 중요한 역할을 한다. 또 이 기법을 꾸준히 실천할수록 최적의 정신적·정서적 상태가 자리 잡아, 시간이 지날수록 그 효과는 점점 더 커질 수 있다.

다음의 간단한 단계를 따라 감정 최적화 명상을 경험해

　1부　50세 이후 당신의 진정한 잠재력을 깨우다

보자.

1. **오늘을 위한 최적 상태를 선택한다:** 다가올 하루를 떠올리며 어떤 감정을 느끼고 싶은지, 어떠한 정신적·정서적 상태가 가장 도움이 될지 스스로 질문을 던져 보자(예시: 행복한, 감사한, 몰두한, 자신감 넘치는, 열정적인, 평화로운, 사랑스러운, 공감이 가는 등).

2. **호흡에 집중하며 마음을 가라앉힌다:** 앞서 마음챙김 명상의 방법과 마찬가지로 호흡에만 집중하며, 천천히 길게 들이쉬고 내쉬어 보자. 적게는 30초도 괜찮고 길게는 몇 분 동안 이어 가도 좋다. 신경계를 진정시키고 긴장을 떨쳐 낼 정도면 충분하다. 천천히 호흡하면 심박수가 느려지며 신경계가 안정된다. 이 호흡은 최적의 상태를 일구기 위한 준비 과정이다.

3. **최적의 상태를 떠올리며 명상에 들어선다:** 모든 생각과 이미지, 확언을 당신이 선택한 최적의 상태에 맞추고, 자세와 호흡, 표정과 같은 신체적 측면도 그 상태에 맞게 일치시키자. 당신이 느끼고자 하는 감정과 일치하는 삶을 떠올리자. 예컨대 당신이 원하는 최적의 상태가 감사의 마음이라면 감사히 여기는 것들에 몰두하고, 그 상태가 사랑의 마음이라면 당신이 사랑하는 사람들, 당신을 사랑하는 사람들

에게 집중하면 된다. 어디에 주의를 기울일지, 어떤 감정을 느낄지는 결국 자신에게 달려 있음을 마음에 새기자.

초월 명상

당신의 몸은 깊이 이완되어 있고 마음은 고요한데 의식은 또렷한, 평화로운 각성 상태에 들어선다고 생각해 보자. 초월 명상을 실천하며 주문을 반복하는 것만으로도 우리는 활발한 생각을 넘어 순수한 의식에 다다를 수 있다. 초월 명상은 차분함과 맑은 정신을 불러오는 동시에 전반적인 건강을 증진시킨다. 이 명상을 꾸준히 수행하면 기억력과 주의력, 실행력이 개선되는데, 이는 50세를 넘어선 사람들이 삶의 질을 유지하고 자립된 생활을 이어 가는 데 중요하게 작용한다. 초월 명상은 혈압을 낮추고 심혈관 질환의 위험성을 줄임으로써 정신적 건강을 넘어 신체적 건강에도 긍정적인 영향을 미친다. 초월 명상을 일상에 녹여 낼 경우, 정신적·신체적 건강이 전반적으로 나아지는 것을 경험하며 더욱 충만하고 능동적인 생활을 이어 갈 수 있게 된다.

전통적으로 자격을 갖춘 강사가 개별 지도를 통해 가르치는 초월 명상은 정확한 기법을 익히고 효과를 극대화하기 위해 일대일 강습의 중요성을 강조한다. 그러나 일부 사람들은 다음과 같은 단계에 따라 독립적으로 초월 명상을 수행하기도 한다.

1. **만트라를 선택한다:** 명상하는 동안 조용히 반복하며 마음을 달랠 간단한 단어나 음절을 골라 보자. 공식적으로는 초월 명상의 공인 강사가 만트라를 선정하지만, 자기 주도적으로 수행하는 사람들은 '옴', 또는 '아훔' 같은 음절을 고르곤 한다.

2. **조용한 장소를 찾는다:** 방해받지 않을 조용한 장소에 편안히 앉자. 긴장은 풀어야 하지만 자세는 흐트러지지 않도록 하자.

3. **타이머를 맞춘다:** 아침저녁 하루 두 번, 20분 명상을 목표로 하자. 타이머를 맞추면 시간을 확인할 필요 없이 집중력을 유지할 수 있다.

4. **명상을 시작한다:** 눈을 감고 이완을 위해 몇 차례 심호흡하자. 당신이 선택한 만트라를 조용히 힘주지 않고 자연스럽게 반복하자. 마음이 새어 나가면 차분히 만트라로 주의를 되돌리자.

5. **마무리한다:** 20분이 지나면 만트라를 멈추고 눈을 감은 채 1, 2분 정도 조용히 앉아 있다가 활동을 재개하도록 하자.

자기 주도로 수행하는 것도 도움이 될 수 있지만, 자격을 갖춘 강사를 통해 맞춤형 지도를 받으며 확실하게 기법을 익힐 수 있다. 공식적인 초월 명상 수업에서는 기법에 관해 종합적으로 가르치며, 이 명상으로 얻을 수 있는 폭넓은 혜택을 온전히 누릴 수 있도록 지속적인 지원을 제공한다.

드웨인이 전하는 말

초월 명상은 제 인생을 바꿨습니다. 머릿속 스트레스와 잡생각을 덜어 주고, 혈압과 혈당을 낮춰 준 데다가 더 많은 에너지와 맑은 정신, 창의성을 가져다주어 이제는 제 일상으로 자리 잡았어요. 최근 연구에 따르면, 오랫동안 명상을 실천한 사람은 그렇지 않은 사람보다 노화의 영향을 적게 받는다고 하더군요.[12] 명상할 시간이 부족하다면, 이 연구를 떠올려 보세요.

어떻게 명상을 실천하면 좋을지 아직 모르겠거나 시작하는 데 어느 정도 도움이 필요하다면 걱정하지 말자. 다행히 당신에게 도움을 줄 자원들이 풍부하다. **헤드스페이스**Headspace 나 **캄**Calm과 같은 앱들을 통해 저마다의 고유한 방식으로 명상을 안내받을 수 있다. 그리고 만약 당신의 삶을 바꿀 아침의 일상에 명상을 완전히 통합하고자 한다면, **미라클 모닝** 앱을 활용해 여섯 가지 세이버스 모두에 대한 활동과 실천법을 얻

　　　　　1부　50세 이후 당신의 진정한 잠재력을 깨우다

을 수도 있다. 어디서 시작하든 일단 시작하는 것이 중요하다. 당신의 몸과 마음, 미래의 자신이 그 시작에 감사할 것이다.

기도

기도는 대개 **신**으로 언급되는 한층 높은 차원의 존재와 소통하는 행위로, 보통 감사를 표하거나 인도와 위로, 교감을 구하는 표현을 담는다. 말로 표현할 수도 있고 침묵 속에서 기도를 올릴 수도 있으며, 그 형태는 서로 다른 영적·종교적 전통마다 대단히 다채롭다.

기도는 굉장히 개인적 의미를 담으며, 기도하는 이의 종교적 가르침이나 영적인 믿음에 따라 형태가 달라진다. 그런 이유로 이 책에서는 '이렇게 기도해야 한다'라는 처방전식 조언을 제시하지 않는다. 누군가에게 기도는 특정한 경구를 암송하는 일을 의미하며, 다른 이에게는 허물없는 대화이거나 신적인 존재에 귀 기울이는 고요의 순간을 뜻하기도 한다. 기도에 있어 하나의 정해진 방식은 존재하지 않는다. 구체적인 바람이나 욕구를 해결하는 데 집중할 수도 있고, 정해진 결과 없이 인도받고자 하는 열린 형태를 띨 수도 있다. 세이버스를 실천하는 동안 어떤 방식으로 기도하든 당신의 침묵은 그 기도를 통해 강렬하고 의미 있는 순간으로 남게 된다.

할이 전하는 말

저는 **침묵**의 시간 동안 기도와 명상을 함께 실천하며 시너지 효과*를 경험합니다. 우선은 제 삶과 제가 경험한 축복에 대해 신께 감사드리는 5분에서 10분의 기도로 미라클 모닝을 시작합니다. 가능한 한 많은 사람을 돕겠다는 저의 사명을 위해 끝없는 잠재력을 발휘할 수 있도록 저를 인도해 주시고, 지탱해 주시고, 보호해 달라고 기도를 통해 간청드립니다. 신께서 언제나 제게 내려 주신다고 느껴 왔던 손길이죠. 인도를 구하는 저의 간청은 구체적일 때도 있고 그렇지 않을 때도 있어요. 그러고 나면 명상을 실천하며 마음에 떠오르는 생각들을 받아들여요. 무언가 가치 있는 생각이 떠오를 때마다 적을 수 있도록 다이어리를 곁에 두고서요. 거의 매일 아침, 명상하는 동안 값진 생각과 시각, 통찰을 마치 내려받듯이 받아 적습니다. 제가 이렇게 표현하는 이유는 그것들이 제 의식 속으로 너무나 빠르게 들어오는 탓에 자각할 새도 없이 정신없이 받아 적기 때문이죠. 일종의 받아쓰기에 가까워요. 제 가장 소중한 지혜와 심원한 돌파구는 평화

---

*   여러 요소가 함께 작용하며 더 큰 변화와 성과를 만들어 내는 효과.

          1부   50세 이후 당신의 진정한 잠재력을 깨우다

성찰

긍정이라는 렌즈를 통해 과거를 돌아보면 나이 들어 가는 우리 삶의 질을 높일 수 있다. 미국심리학회APA, American Psychological Association에 따르면, 과거를 돌아볼 경우 심리적 안정이 개선되며, 즐거운 일을 떠올릴 때 특히 기분을 끌어올릴 수 있다.[13] 이러한 효과는 치매나 알츠하이머병과 같은 기억 손실 질환을 겪는 사람들에게 특히 두드러진다. 성찰에는 과거의 성취를 돌아보는 일뿐만 아니라 사랑하는 이와 보냈던 기억, 의미 있는 삶의 경험을 회상하는 일도 포함된다. 과거의 성취는 긍정적인 감정과 연결되며, 이 성취를 삶에서 중요하게 생각한다면 엄청난 만족감을 끌어낼 수 있다. 감사하게도 나이가 들수록 떠올릴 수 있는 일도 많아진다.

성찰은 **침묵**의 시간을 보내며 내적으로 실천할 수도 있고, **글쓰기**를 통해 기록으로 남길 수도 있다. 우리가 성취했던 일과 의미 있는 경험, 감사히 여기는 삶의 모습을 글로 적거나 목록으로 정리해 두면, 언제든 다시 방문해 돌아보며 즐길 수 있는 자원이 된다.

감사의 힘

로스앤젤레스 고등법원 판사 존 크랄릭John Kralik은 2008년을 시작하며 자신의 인생을 바꾸기 위해 한 해 동안 365장의 감사 편지를 쓰겠다고 다짐했다. 힘들었던 2007년을 도화선 삼아 촉발된 이 일일 감사의 실천은 할아버지에 대한 기억에서 영감을 받았다. 존은 손수 편지를 작성하여 본인의 아들을 포함해 동네 스타벅스의 바리스타에 이르기까지 많은 사람에게 감사를 전했다. 그는 감사의 여정을 통해 앞날을 향한 전망을 개선했을 뿐만 아니라 주변 관계에도 긍정적인 영향을 끼쳤다. 존의 경험과 통찰은 그의 책 『365가지 감사365 Thank Yous』에 자세히 담겨 있다.

드웨인도 비슷한 과제에 착수했다. 감사의 힘과 감사의 물결을 일으킨 실험에 관해 읽고서 직접 시도해 보고 싶어진 드웨인은 당시 이지스 리빙 직원 2,500명 가운데 1,700명에게 손수 감사 편지를 써 보기로 했다. 그리고 시간이 있을 때마다 택시 안에서, 비행기에서, 저녁을 먹으며 편지를 썼다. 드웨인은 그것이 너무나 값진 경험이었고 큰 호응을 얻었다고 말했다.

당신도 이와 같은 간단한 행동을 미라클 모닝에 담아냄으로써 깊은 효과를 낼 수 있다.

감사

감사를 실천하는 일은 스트레스를 줄이고, 기분을 끌어올리며, 수면의 질을 높이는 한편 정신적·정서적 건강을 개선한다고 알려져 있다. 현실적인 관점에서 보자면, 우리는 감사히 여기는 것에 집중할 때 한결 기분이 좋아지며 삶에 대한 만족감도 올라간다. 과학적 관점으로 봐도 감사하는 마음이 건강수명에 미치는 깊은 영향은 다양한 연구로 명백히 드러난다.

- **정신 건강 개선**: 연구에 따르면 명상을 통해 감사를 실천할 경우, 전반적인 건강과 행복감을 끌어올릴 수 있다.《심리학의 최전선Frontiers in Psychology》에 발표된 2019년 연구는 감사 명상을 수행할 때 삶의 만족도가 의미 있게 올라가고 우울 증상은 줄어든다는 사실을 밝혀냈다.[14] 규칙적으로 감사 명상을 수행한 참가자들은 희망찬 기분을 느끼며 더 큰 충만함을 경험했다.

- **스트레스 및 불안 감소**: 감사 명상은 스트레스와 불안 감소로 이어진다.《국제 응용 긍정 심리학 저널International Journal of Applied Positive Psychology》에 발표된 2019년 연구에 따르면, 감사 명상을 수행한 참가자들의 경우 스트레스가 줄어들고 정서적 회복력이 높아졌음이 확인되었다.[15] 이렇게 감사에 집중하는 행위를 통해 걱정과 부정적인 생각에서 주의를 돌려 마음을 진정시키고 이완을 촉진할 수 있다.

- **정서 조절 능력 향상**: 감사 명상을 통해 긍정적인 감정을 기르고 부정적 정서 반응을 줄여 정서 조절 능력을 끌어올릴

수도 있다.《사이언티픽 리포트Scientific Reports》의 2017년 연구는 감사 명상을 수행할 경우, 긍정적 감정과 연관된 신경 회로가 강화되어 부정적 정서 반응을 유발하는 뇌 영역의 활동을 낮춤으로써 더욱 효율적으로 감정을 다룰 수 있다는 사실을 입증했다.[16]

- **통증 완화:** 그렇다. 감사하는 마음이 통증마저 줄인다는 과학적 근거도 있다.《성격과 개인차Personality and Individual Differences》에 발표된 2012년의 한 중요한 연구에 따르면 규칙적으로 감사를 실천하는 사람들의 경우 비교적 적은 신체 고통을 느꼈으며, 전반적인 행복을 뒷받침하는 건강 활동에 한층 적극적으로 참여하려는 경향을 보였다. 이 연구는 사람들이 감사를 통해 심리적 관점을 개선함으로써 고통을 인지하고 다루는 방법에 변화를 줄 수 있음을 시사한다.[17]

이에 더해,《심리과학Psychological Science》에 실린 2015년의 또 다른 연구는 감사하는 마음 뒤에 숨겨진 신경학적 구조를 탐구했다. 연구에 따르면, 감사를 실천한 참가자들의 경우 공감 및 통증 조절과 연관된 뇌 영역의 활동이 증가했으며, 이는 감사하는 마음이 정서적·심리적 회복력을 높임으로써 통증을 다루는 데 도움을 줄 수 있음을 의미한다.[18]

이러한 연구들은 감사를 실천했을 때 정서적 건강이 향상

될 뿐만 아니라 정서적 고통도 함께 줄어들 수 있음을 보여
준다.[19]

침묵의 시간을 보내며 감사를 실천하는 일은 정신적·신체
적 건강을 증진하고 다가올 하루를 위해 긍정적인 분위기를
형성하는 강력한 방법이다. **침묵**의 시간 동안 감사를 실천하
는 다양한 방법이 있지만, 우리가 특히 효과적이라고 느낀 다
섯 가지를 소개한다.

1. 감사 명상: 감사 명상은 존중과 고마움을 느끼는 데 집중하
는 명상법이다. 다른 대부분의 명상과 마찬가지로 편안한
자리를 마련하고 호흡에 집중해 마음을 차분히 하는 것부
터 시작한다. 다음은 주변 관계나 경험, 건강, 신, 혹은 당
신이 현재 경험하고 있는 순간들처럼 감사히 여기는 것들
에 대해 한 번에 하나씩 의식적으로 떠올려 본다. 이 연습
을 통해 위와 같은 요소들을 감사의 렌즈로 바라보며 시각
화하고 마음 깊이 감사함으로써 스트레스와 비관으로부터
주의를 돌릴 수 있다. 할은 이 명상을 수행할 때 가슴에 손
을 얹어 두길 좋아한다. 그렇게 하면 자신이 감사히 여기는
것들을 감정 없이 늘어놓는 이성적 감사로부터 삶의 각 요
소를 향한 깊은 사랑과 존중을 느끼는 진심 어린 감사로 옮

겨 가는 데 도움을 받을 수 있기 때문이다.

2. **감사 산책**: 아침 산책을 하며 자연과 삶에서 감사히 여기는 것들을 떠올린다. 걷는 동안 감사 명상의 요소를 접목할 수도 있고, 14장에서 다룰 새벽빛과 맨발 걷기를 추가할 수도 있다. 얼마나 효율적인가?

3. **감사 호흡 운동**: 감사히 여기는 것들을 떠올리며 들이마시고, 내쉬면서 부정적인 생각들을 털어 낸다.

4. **거울 속에 감사하기**: 하루를 준비하는 가운데 거울을 들여다보며 자기 자신에게 감사하는 것들을 표현한다.

5. **감사 기도**: 아침 기도에 감사를 담아 당신이 받은 축복에 대해 신께 감사드린다.

이러한 실천을 통해 삶의 긍정적인 부분을 인식하고 감사하는 습관을 길러 내 정서적 건강을 의미 있는 수준으로 끌어올려 더 행복하고 건강하게 장수하는 삶에 이바지할 수 있다. 어느 하나의 실천에만 제한을 둘 필요는 없으며, 그중 일부, 혹은 전부를 실천해도 괜찮다. 우리가 아는 한 더 많이 감사할수록 더 좋은 법이다!

심호흡과 호흡요법

호흡은 삶에 필수적이다. 하지만 우리 대부분은 심호흡과

       1부　50세 이후 당신의 진정한 잠재력을 깨우다

호흡요법의 이점을 활용하는 건 고사하고 호흡을 크게 의식하지도 않는다.

심호흡은 일반적으로 횡격막을 이용해 의도적으로 천천히 깊게 호흡하는 것을 말한다. 이는 마음을 가라앉히고 긴장을 완화하거나 집중력을 개선하기 위해 사용하는 간단한 방법으로, 특별한 기술 없이 다양한 환경에 맞춰 사용할 수 있다.

반면 **호흡요법**은 우리가 간단히 다뤄 볼 여러 가지 체계화된 호흡 기법이나 연습을 아우르는 폭넓은 용어로, 감정의 배출이나 치유, 고조된 인식 상태와 같은 좀 더 구체적인 목표를 위해 사용되곤 한다. 호흡요법은 다양한 리듬에 맞춰 호흡하거나 숨을 참기도 하고, 패턴을 달리하며 호흡하는 식으로 진행되며, 보통 요가나 명상, 전인 치유*에서 찾아볼 수 있다.

심호흡

당신의 삶에 심호흡을 접목했을 경우, 연구가 뒷받침하는 주요 이점은 다음과 같다.

• **스트레스 및 불안 완화**: 심호흡을 하게 되면 부교감 신경계

---

* 환자의 신체적 증상은 물론 영적·심리적 상태와 주위 환경까지 아우르는 치료 접근 방식.

가 활성화돼 코르티솔과 같은 스트레스 호르몬이 줄어든다. 《사이언티픽 리포트》에 발표된 한 연구에 따르면, 느린 호흡 운동을 실천한 참가자들에게서 스트레스와 불안 수치가 유의미하게 줄어드는 것으로 나타났다.[20]

- **정신 건강 개선 및 집중력·주의력 강화**: 심호흡을 진행할 경우, 우울 증상이 눈에 띄게 줄어들고,[21] 뇌로 향하는 산소 공급이 증가해 인지 능력을 강화하는 것으로 나타났다. 2018년 《의식과 인지Consciousness and Cognition》에 실린 한 연구에 따르면, 호흡에 집중하는 연습을 수행한 참가자들에게서 주의력과 인지 수행 능력이 개선된 것으로 확인되었다.[22]

- **혈압 안정과 심장 건강 개선**: 규칙적으로 심호흡을 연습하면 혈압을 낮추고 심혈관 건강을 개선할 수 있다. 《심리학의 최전선》에 발표된 2017년 보고서는 특히 고혈압 환자의 경우 호흡요법으로 혈압을 유의미하게 낮출 수 있다는 점을 강조했다.[23]

- **세포 기능 개선**: 심호흡을 행할 경우, 체내 산소포화도가 높아지고 호흡 효율이 개선되어 전반적인 활력이 증가하는 것으로 나타났다.[24]

- **근육 이완 및 혈류 개선**: 심호흡은 근육을 이완하고 혈액순환을 개선하며, 독소를 배출하는 데 도움이 된다. 깊게 호흡하

며 스트레스가 사라져 가는 걸 느껴 보자!

- **폐활량 증가**: 규칙적인 심호흡은 폐 기능 유지와 개선에 도움을 주어 전반적인 호흡기 건강을 지탱한다.

- **림프계 자극**: 심호흡은 신체 해독에 도움을 주고 면역 반응을 개선한다. 그 결과 한층 높아진 회복력을 느끼며 어떤 공격에라도 맞설 수 있게 된다.

- **산화 스트레스 감소**: 심호흡을 할 경우, 스트레스 수준이 낮아지고 산소 공급이 개선되어 노화와 만성 질병 발병의 주요 원인인 산화 스트레스를 줄일 수 있다.

- **수면의 질 향상**: 심호흡을 하게 되면, 이완이 촉진돼 좀 더 쉽게 잠들 수 있고, 이는 깊은 회복성 수면으로 이어진다. 호흡을 통한 수면의 질 개선과 불면 증상 감소는《수면 의학Sleep Medicine》의 한 연구에서도 확인되었다.[25]

호흡요법

호흡요법을 해 보고 싶지만 어디서부터 시작해야 할지 모르겠다면, 세 가지 대중적인 방법을 따라 해 보자. 이 세 가지 방법이 아니더라도 기본적으로 편안한 자세로 앉거나 눕는 편이 좋다. 천천히 들이쉬고 길게 내쉬며 호흡에 집중하자. 그리고 규칙적으로, 가능하다면 매일 연습하자! 매일 아침 잠깐씩 하는 것을 목표로 하고, 저녁에도 반복하면 이상적이다.

좀 더 익숙해지면 점차 시간을 늘려 가자.

횡격막 호흡(복식 호흡)

횡격막 호흡은 횡격막을 온전히 활용해 폐 효율을 높이는 심호흡 훈련이다. 이 호흡을 거쳐 차분하게 마음을 가라앉히고 스트레스를 완화하며 불안을 낮출 수 있다. 가슴으로 하는 얕은 호흡이 불안을 남기고 기운을 빼놓는 것과 달리, 횡격막 호흡은 폐를 가득 채워 신체에 활력을 불어넣는다.

횡격막 호흡을 연습해 보자.

1. **편안한 자세를 취한다:** 편안하게 앉거나 누워 한 손은 가슴에, 한 손은 배 위에 둔다.
2. **깊이 들이쉰다:** 코로 깊게 들이쉬며 배를 부풀려 보자. 이때 가슴은 최대한 움직이지 않도록 한다.
3. **잠시 멈췄다가 내쉰다:** 잠시 멈췄다가 입으로 천천히 내쉰다.
4. **반복한다:** 복부 움직임에 집중하며, 호흡을 여러 차례 반복한다.

박스 호흡(사각 호흡)

박스 호흡은 네 박자 리듬을 따라 몸과 마음을 차분한 상

　　　　1부　50세 이후 당신의 진정한 잠재력을 깨우다

태로 가져가는 규칙적 호흡 기법이다. 이 기법은 스트레스를 줄이고 마음을 비우며 자연스러운 호흡 리듬을 회복하는 데 특히 효과적이다.

박스 호흡을 연습해 보자.

1. **편안한 자세를 취한다**: 눈을 감고 편한 자세로 앉거나 눕는다.

2. **들이쉰다**: 4초간 코로 천천히 들이쉰다.

3. **숨을 참는다**: 4초간 호흡을 참는다.

4. **내쉰다**: 4초에 걸쳐 입으로 숨을 내쉰다.

5. **다시 멈춘다**: 다시 4초간 호흡을 참는다.

6. **반복한다**: 가슴이 아닌 배로 호흡하는 데 집중하며 여러 차례 호흡을 이어 간다.

빔 호프 메소드: 상급 접근법

'아이스맨The Iceman'이라고도 알려진 네덜란드의 모험가이자 동기 부여 연설가인 빔 호프Wim Hof가 개발한 '빔 호프 메소드'는 건강과 행복을 증진하는 색다른 길을 제시한다. 이 방법은 류머티즘 관절염, 다발성 경화증, 파킨슨병, 사르코이드증을 포함한 다양한 질병의 증상을 완화한다고 알려져 있다.

빔 호프 메소드는 심호흡, 냉요법, 마음가짐, 세 축으로 작동한다. 빔 호프 메소드를 연습해 보자.

1. **편안한 자세를 취한다:** 복부가 조이지 않도록 여유 있는 옷을 입고 편하게 자리에 앉거나 눕는다.

2. **30초간 심호흡한다:** 눈을 감고 마음을 비운다. 코나 입으로 깊게 숨을 들이쉬며 복부를 밀어낸다. 폐가 가득 채워지면, 입으로 자연스럽게 호흡을 내보낸다.

3. **숨을 참는다:** 마지막 숨을 내보내고, 다시 호흡하고 싶어질 때까지 숨을 참는다.

4. **호흡을 회복한다:** 숨을 크게 들이쉬며 배를 최대한 부풀려 본다. 그 상태를 15초간 유지한 후 내쉰다. 이렇게 한 회가 끝난다.

5. **반복한다:** 이 과정을 세 차례에서 네 차례 진행하며, 호흡 횟수와 속도, 반복 횟수를 조절해 자신에게 가장 적합한 방식을 찾는다.

를 시도하는 건 자연스러운 과정이었죠. 그리고 놀라운 효과를 경험했습니다. 폐활량이 증가했고, 불안도 줄어든 데다가 더 편하게 잠들 수 있었어요. 좋은 의미에서 심박수도 줄어들었습니다.

빔 호프 메소드에는 더 많은 것이 있지만, 호흡법만으로도 충분히 효과적이다. 조금 더 모험을 해 보고 싶다면, 최소 1분의 찬물 샤워나 얼음 목욕을 통해 추위 노출을 시도해 보자! 일단 한번 해 보는 거다!

추위 노출이나 호흡 훈련의 강도는 자신의 신체적 역량에 맞춰 조절하면 된다. 신체 반응에 주의를 기울이며 적당하게 조정하자. 냉요법에 대해서는 7장에서 다시 다룰 것이다. 주의할 점이 있다. 빔 호프 메소드를 시작하기 전, 특히 기저 질환이 있는 경우라면 의료 전문가에게 상담부터 받도록 하자.

횡격막 호흡이 마음에 들 수도, 박스 호흡이나 빔 호프 메소드 호흡, 혹은 다른 호흡법들이 마음에 들 수도 있다. 어느 호흡법이 됐든 이 연습들은 스트레스를 줄여 생기 있는 삶을 살아가는 데 도움을 주는 유력한 이점들을 제공할 수 있으며, 세이버스 습관의 귀중한 요소가 되어 줄 것이다.

자신만의 침묵 의식 만들기

침묵이 주는 이점을 누릴 수 있도록 다음의 몇 가지 간단한 단계에 따라 시작해 보자.

- **자신만의 활동을 선택한다**: 명상, 기도, 심호흡, 혹은 기타 활동들 가운데 마음에 드는 침묵 활동을 골라 보자. 그리고 세이버스 습관의 일부로 삼아 규칙적으로 실천하자.

- **조용한 장소를 찾는다**: 세이버스를 완수할 수 있도록 방해받지 않을 만한 편안한 장소를 찾자.

- **적절한 기대치를 설정한다**: 시간을 정해 놓고 침묵을 실천하는 일이 익숙지 않더라도, 새로운 실천을 시작할 때면 언제나 뒤따라오는 불편한 지점이 생기기 마련이라는 것을 마음에 새기자. 아이러니하게도 마음이 분주하고 침묵 속에서 보내는 시간이 힘겹게 느껴질수록 꾸준히 침묵을 실천할 때 얻을 수 있는 이점이 더욱 커질 것이다.

기억하자. 우리의 목적은 마음을 비우거나 아무 생각도 하지 않으려는 것이 아니라 떠오르는 생각을 있는 그대로 지켜보려는 것이다. 다시 말하지만, 침묵 속에서 시간을 보내는 데 잘못된 방식이란 건 없다. 그러니 스스로 짊어진 부담을 털어 내고, 떠오르는 생각을 편안히 받아들이며 순간순간을 즐겨 보자.

- **시간을 정한다**: 60초라는 짧은 침묵의 시간만으로도 어느 정

도 이점을 경험할 수 있지만, 마음을 가라앉히고 침묵에 잠길 수 있도록 최소 5분을 목표로 하기를 권한다. 미라클 모닝을 실천하는 많은 이의 경우, 주말에는 세이버스를 더 길게 가져가기도 한다.

- **규칙적으로 실천한다**: 이 연습에 지속해서 몰두하고, 매일 같은 시간에 실천하면 더욱 좋다. 꾸준히 거듭할수록 실천은 더욱 수월해지며, 당신의 몸과 마음 그리고 영혼에 침묵의 깊은 힘에서 오는 더 큰 이점을 경험할 수 있다.

침묵에 관한 마지막 고찰

침묵 속에서 시간을 보내면 신경계를 안정시켜 평온한 상태에 이를 수 있고, 감사한 마음을 느끼며 정신이 맑아지는 가운데, 하루하루의 스트레스와 걱정에서 벗어나게 된다.

처음에는 마음을 가라앉히기가 쉽지 않더라도 낙담하지 말자. 자연스러운 일이다. 우리가 능숙하기를 바라는 여느 일들과 마찬가지로, 침묵을 실천하는 일은 연습과 꾸준함, 인내, 시간이 필요하다. 포기하지 않는다면 당신의 삶에 값진 혜택이 찾아올 것이다.

중년 이후의 신체적·정신적 건강은 지금껏 그 모습이 달라져 왔다. 암을 포함한 많은 질병이 치료가 가능해졌고, 때로 노년까지 함께하는 만성 질환이 되기도 했다. 그럼에도 우리는 어딘가 조금만 이상하다 싶으면, 당연하다는 듯 약에 손을 뻗는 일이 너무나 잦다. 그러다 보면 우리 몸의 자연 치유력을 속이게 되고, 상태를 회복하기 위해 인공적인 수단에 의존하는 일이 잦아진다. 물론 약이 필요한 순간들도 있으니, 의료진과 상의 없이 약부터 중단해서는 안 된다. 다만 아무런 부작용을 동반하지 않는 자연적인 해결책에도 눈을 돌리고 탐색해 보자는 것이다.

이번 장에서 우리는 **침묵**의 시간 동안 실천할 수 있는 활동의 선택지로서 명상과 기도, 성찰, 감사, 심호흡의 깊은 이점을 살펴봤다. 각각의 실천들은 정신을 맑게 하고, 정서적·신체적 건강을 끌어올리는 저마다의 고유한 이점을 제공하며, 그 이점들이 모여 건강하게 장수하는 삶으로 이어진다. 다양한 방법들을 시도하며 자신에게 가장 적합한 방법을 찾아 건강수명을 늘리고 장수를 다지는 여정을 누려 보자.

기 전 침묵 속에서 10분의 시간을 보내는 것만으로 이렇게 달라질 수 있다니 너무나 놀라웠습니다. 저는 더 차분해졌고, 균형을 잃지 않게 되었어요. 그리고 무엇보다 **집중력**이 높아졌죠.

- 마리아 로페즈Maria Lopez
62세

5장

확언Affirmation의 A
성공을 향한 잠재의식에 힘을 실어라

우리가 말하거나 생각하는 모든 단어에는 확신이 담겨 있다.
우리가 하는 모든 생각이 우리의 미래를 형성한다.

- 작가·강연자·출판인, 루이스 헤이Louise Hay

1990년대를 강타했던 TV 프로그램 〈새터데이 나이트 라이브Saturday Night Live〉를 본 적이 있다면, 코미디언 앨 프랭큰Al Franken이 자조적 개그로 인기를 끌었던 '스튜어트 스몰리와 함께하는 일일 확언Daily Affirmation with Stuart Smalley'이라는 코너를 기억할 것이다. 프랭큰은 매 회차마다 기다란 구식 거울에 비친 자기 모습을 바라보며 열정적으로 이렇게 말하곤 했다. "난 충분히 괜찮아… 난 똑똑해…, 젠장 게다가 사람들은 날 좋아해!" 많은 이가 프랭큰의 연기를 통해 확언의 실천을 처음 접하게 되었다.

　다소 유머러스하게 묘사되긴 했지만 확언은 그저 우스갯소리가 아니다. 만약 당신이 이 실천을 시작하는 단계라면, 심오한 발견의 문턱에 서 있는 셈이다. 스스로 계속해서 되뇌는 이야기는 당신의 생각과 믿음, 감정, 행동을 결정하는 강력한 요인으로 작용하며, 궁극적으로 삶에서 드러나는 결과물마저도 그 이야기에 따라 좌우된다. 다시 말해, 스스로 반복해서 건네는 확언이 우리의 진짜 현실이 되는 것이다.

확언의 힘에 대한 이해

　우리 모두의 마음속에는 독백 또는 자기 대화라고 불리곤 하는 내면의 대화가 끊임없이 흘러간다. 문제는 그런 대화의 대부분을 의식하지 못한다는 것이다. 우리는 어떤 의도를 가지고서 주도적으로 생각을 고르기보다 과거의 경험이나 자신을 깎아내리는 생각, 미래에 대한 두려움, 스스로 세운 한계들이 머릿속을 흘러가도록 내버려 둔다. 이를 방치할 경우 부정적인 감정이나 두려움, 불안감, 한정된 믿음을 재차 확인하는 과정에서 그 상태가 굳어져 우리의 과거 모습이나 우리가 한 행동(혹은 하지 않은 행동)을 토대로 현재 우리의 모습과 경험을 제한하고 만다. 이런 현상은 '당연하다'고 여겨지지만, 삶을 즐기고 잠재력을 발휘하는 데 있어 엄청난 악영향을 끼칠 수 있다.

감사하게도 우리는 글을 이용해 자기 대화를 한 단계 발전시켜 훨씬 의도적으로 생각에 임할 수 있다. 그리고 그 생각에 따라 우리가 느끼는 감정이 달라지고, 나아가 우리의 행동까지도 결정된다. 이번 장에서 우리는 오랫동안 이어진 확언의 교육 방식에 담긴 근본적인 두 가지 결함을 살펴본다. 사람들은 이 결함들로 인해 확언을 기껏해야 유치하고 쓸모없는 것으로, 더 나쁘게는 완전한 시간 낭비로 여기게 되었다. 그 이후 우리는 세 단계의 구체적인 과정을 밟고 행동으로 옮겨 의미 있는 성과를 낳을 수 있도록 고안된 강력한 확언을, 진실에 기반해 글로 작성해 볼 것이다.

할이 전하는 말

확언을 처음 접했을 때 저도 그런 건 그냥 유치하고 쓸모없는 거라고 여기는 사람 중 하나였습니다. 근거 하나 없이 기분이나 좋아지라고 하는 말쯤으로 보였어요. 금전적으로 허덕이면서 '나는 부유해'라고 말하거나, 우울한 기분으로 '나는 행복해'라고 되뇌는 건 망상에 가깝게 느껴졌죠.

개인적인 성장을 위해 공부를 시작하면서, 저는 자기 변화를 위한 합리적인 도구로써 확언을 다시 접하게 되었

    1부 50세 이후 당신의 진정한 잠재력을 깨우다

고, 확언의 목적을 이해하기 위해 더 깊이 파고들었습니다. 그리고 깨달았어요. 확언 자체에 문제가 있는 것이 아니라, 확언이 학습되어 온 방식에 주요한 두 가지 결점이 있다는 사실을요. 이 사실을 깨닫고 나자 저는 완전히 다르게 접근할 수 있었습니다. 진실에 뿌리를 두고 실용적으로 실천할 수 있는 확언을 설계해, 스스로 세워 둔 한계를 극복하고 주목할 만한 값진 성과를 내는 데 지속해서 도움을 얻을 수 있었죠.

이제 세이버스 가운데 어느 것을 '가장 좋아하느냐'는 질문을 받을 때면, 저는 망설임 없이 **확언**이라고 답합니다. 왜냐고요? 저의 확언에는 삶의 각 영역(건강·신체 단련·행복·주변 관계·재정·결혼·육아·여가 등)에서 성취를 얻기 위해 제가 최선을 다하는 것들과, 이러한 노력이 왜 절대적으로 필요한지가 명확하게 적혀 있기 때문이죠. 그 말들을 보면 제가 그리는 이상적인 삶을 위해 어떤 부분에서 꾸준하게 노력해야 하는지도 분명해집니다. 저의 확언은 제가 원하는 삶을 고안하고 만들어 가기 위한 설계도와 같아요. 저는 매일 아침 몇 분간 시간을 내어 저의 확언을 되짚으며, 정확히 내가 무엇을 원하는지, 왜 그것이 중요한지, 내가 원하는 그 삶을 만들고 살아 내기 위해 하루하루 무엇을 해야 하는지를 떠올립니다. 그저 확언에 부합하는 나날을 살았을 뿐인데, 제가 바랐던 삶을 일으킬 수 있었습니다. 여러분도 할 수 있어요.

확언은 효과가 없을까?

확언의 역사는 수천 년 전으로 거슬러 올라간다. 고대 힌두교와 불교에서는 마음을 가라앉히고 한층 높은 차원의 진리를 추구하고자 만트라 명상이라고 알려진 종류의 확언을 활용했다. 처음 확언이 쓰인 기록은 이집트 철학자 프타호텝Ptahhotep이 『프타호텝의 교훈The Maxims of Ptahhotep』을 썼던 기원전 3200년으로 거슬러 올라간다. 이 고대 서적에는 사람들이 더 나은 삶을 사는 데 도움을 주려는 목적으로 쓰인 여러 금언과 격언이 담겨 있다. 프타호텝의 확언은 오늘날 우리가 쓰는 확언과 다르지만, 한 가지 중요한 유사점이 있다. 두 가지 모두 자기 생각과 감정을 바꾸기 위해 긍정적인 문구를 반복한다는 점이다.

확언이 개인적 성장을 위해 사용되기 시작한 건 19세기가 지나서였다. 1800년대 미국에서 시작된 신사상 운동은 긍정적으로 생각할 때 삶에 긍정적인 결과가 찾아온다는 믿음에 기반하고 있었다.

나폴레온 힐Napoleon Hill은 20세기 초반, 사업과 인생의 성공을 성취하기 위한 도구로써 확언을 대중에게 전파했다. 힐은 자신의 대표작『생각하라 그리고 부자가 되어라Think and Grow Rich』에서 긍정적인 생각이 지닌 힘에 관해 이야기하며, 삶의 어느 영역에서라도 성공을 위해 활용할 수 있는 다양한 확언을 소개했다. 그때 이후로 전 세계 수백만 명의 사람들이 자신의 삶을 개선하기 위해 확언을 사용해 왔다. 오늘날 확언은 다이어트에서부터 영혼의 동반자를 찾는 일을 넘어 부자 되기에 이르기까지 모든 곳에서 찾아볼 수 있다.

하지만 기나긴 역사 속에서 확언의 효과가 입증되었음에도, 많은 이가 확언을 시도했다가 실망만을 경험했다. 우리가 봤을 때 오랫동안 이어진 확언의 '잘못된' 교육 방식에 근본적인 두 가지 결함이 있다.

첫 번째 결함: 스스로 건넨 거짓은 효과가 없다

어쩌면 확언이 대부분 사람들에게서 효과를 발휘하지 못하는 가장 큰 이유는 '아직' 성취하거나 극복하거나 이뤄 내지 못한 일을 이미 해낸 것처럼 말하는 탓일지 모른다. '나는 부자야', '나는 행복해', 혹은 '나는 모든 목표를 이뤘어'와 같은 말을 아직 현실로 실현되지 않은 상태에서 반복하다 보면, 그 말들이 억지스럽게 느껴지며 지금의 고민거리로는 부족하다는 양, 마음속에 갈등 하나를 더해 주고 만다. 자신에게 진실로 와닿지 않는 확언을 읊을 때마다 당신의 잠재의식은 그 말들을 거부하고 밀어낸다. 망상에 빠지지 않은 이성적인 사람이라면 스스로 되뇌는 거짓을 최고의 전략으로 세울 리 없다. 진실은 결국 드러나게 마련이다.

두 번째 결함:
수동적인 언어만으로는 의미 있는 결과를 낼 수 없다

이와 비슷하게, '나는 돈을 끌어당기는 자석이다', '내가 애쓰지 않아도 돈은 풍족하게 흘러 들어온다'와 같은 확언으로는 잠깐의 좋은 기분이나 거짓된 안도감까진 얻을 수 있을지 몰라도, 실질적인 삶의 변화를 불러오지 못한다. 부자들이 가만히 앉아서 삶 속에 돈이 나타날 거라는 주문을 되뇌며 재정적 풍요를 이룬 것은 아니다. 몸매가 탄탄한 사람들이 확신에 찬 목소리로 '나는 건강하고 탄탄해'라고 말하며 몸매를 유지하는 것도 아니다. 그들은 자신들이 원하는 것이 무엇이며 왜 그것을 원하는지를 분명히 하고, 필요한 행동에 최선을 다하며 자신이 원하는 바를 적극적으로 이뤄 냈다. 우리는 바로 이런 식으로 결과지향형 미라클 모닝 확언을 구성하려 한다.

만약 당신이 시간을 들여 확언을 기획하고, 작성하고, 읊어 보려 한다면, 그저 잠시 기분만 내며 자신을 속이는 게 아니라 의미 있는 결과를 내고 싶기 때문일 것이다. 예를 들어, 재

　　　　　　1부　50세 이후 당신의 진정한 잠재력을 깨우다

정 상황을 개선하겠다는 확언을 읊는 건 실제로 수입이나 은행 잔고가 늘어나는 모습을 보고 싶기 때문이다. 체중 감량에 관한 확언을 되뇌는 건 체중계에 올라설 때마다 확언이 가져온 결실을 보고 싶기 때문이다. 결혼 생활을 개선하고자 확언을 활용하는 건 배우자가 당신의 변화를 체감하고, 이상적으로 그에 화답하기를 바라기 때문이다. 따라서, 의미 있는 결과를 얻고자 한다면 확언을 통해 사고방식뿐만 아니라 행동의 변화까지 이끌어야 한다.

과학이 지지하는 확언

심리학과 신경과학, 심장학 연구가 그 효과를 뒷받침하는 확언은 정신적·정서적·신체적 건강에 긍정적인 영향을 미치는 것으로 밝혀졌다. 이 이점들은 건강수명을 늘려 장수를 다지는 데 이바지한다.

- **심신의 연결**: 긍정적인 자기 대화와 확언을 통해 스트레스를 줄이고 정서적 건강을 개선할 수 있다는 사실이 연구로 드러난다. 《심리과학》에 보고된 한 연구는 자기 확언이 코르티솔 수치를 낮춘다는 사실을 발견했다.[1]

- **대응 기제 강화**: 확언은 회복력을 키워 대응 기제를 강화한다. 《플로스 원PLOS ONE》에 실린 카네기 멜런 대학의 연구는 스트레스가 문제 해결 능력에 미치는 유해한 영향을 자기 확언을 통해 막을 수 있다는 근거를 제시했다.[2]

- **건강 활동 촉진**: 확언은 건강을 위한 행동을 한층 더 불러일으킨다. 《스포츠와 운동 심리학Journal of Sport & Exercise Psychology》의 한 연구에 따르면, 자기 확언은 신체 활동 수준을 높여 건강을 유지하고 노화 관련 질병을 예방하는 데 중요한 역할을 한다.[3]

- **꾸준한 동기 부여**: 확언을 통해 장기적인 건강을 위한 동기를 유지함으로써, 다이어트나 운동과 같은 건강 관련 활동을 고집스레 이어 갈 수 있다.

- **신경 가소성**: 확언은 새로운 신경연결을 형성하는 뇌의 능력에 영향을 미친다. 《사회 인지 및 정서 신경과학Social Cognitive and Affective Neuroscience》에 실린 한 연구는 자기 확언이 뇌의 보상 중추를 활성화한다는 사실을 밝혀냈다.[4]

- **인지 저하 예방**: 확신의 말을 통해 긍정적인 마음가짐을 유지하면 인지 저하를 늦출 수 있다. 《플로스 원》에 발표된 한 연구는 노화를 긍정적으로 바라볼 때 치매 위험이 줄어든다는 사실을 확인했다.[5]

- **심장 건강**: 긍정적 확언에서 긍정적인 마음가짐이 생겨나고, 이는 심장 건강 개선으로 이어진다. 《미국 의사협회지 네트워크 오픈JAMA Network Open》은 낙관주의가 심장병 위험을 낮춘다는 사실을 언급한 보고서를 발표했다.[6]

결과지향형 확언을 위한 간단한 세 가지 단계

이제 당신의 첫 번째 결과지향형 미라클 모닝 확언을 작성

1부   50세 이후 당신의 진정한 잠재력을 깨우다

하기 위한 심층적인 단계별 지침을 살펴보려 한다. 확언은 **글로** 작성하는 것이 중요하다. 시간에 따라 내용을 조정하고, 고치고, 덧붙이며 매일 읽어 볼 수 있도록 하기 위함이다. 다이어리나 종이에 수기로 적을 수도 있지만, 컴퓨터의 문서 작업 프로그램이나 스마트폰의 노트 앱, 혹은 이제부터 배울 세 단계를 그대로 따라 확언을 작성할 수 있는 기능이 내장된 미라클 모닝 앱과 같은 전자기기 사용을 권한다. 당신이 배우고 성장하고 변화해 가는 과정에 맞춰 확언도 발전을 거듭해야 하므로, 전자기기를 사용할 경우 필요할 때마다 다시 돌아가 새롭게 고칠 수 있다는 장점을 활용할 수 있다.

당신은 이렇게 하루하루를 반복하며 더욱 새롭고 효율적인 사고방식에 자연스레 익숙해지고, 새로운 현실을 향한 가능성을 받아들이게 된다. 확언을 꾸준히 반복하면 당신의 삶 속 의미 있는 발전을 만들고 이어 가는 데 필수가 되는 생각과 감정, 행동 들이 촉발된다.

그러니 계속 진행하기 전에, 당신의 결과지향형 미라클 모닝 확언을 곧바로 작성할 수 있도록 펜과 종이를 들거나 컴퓨터 문서 프로그램, 혹은 스마트폰의 메모를 열어 두자.

이제 이 단계들을 살펴며 실질적인 결과를 자아낼 실용적이고 실천 가능한 맞춤형 확언의 초안을 작성해 보자.

1단계: 자신이 헌신하는 것을 확언에 담아라

삶에서 개선하고 싶은 것, 만들거나 성취하고 싶은 것, 혹은 경험하고자 하는 것은 무엇인가? 우리 모두는 무언가를 원하지만, 원한다는 이유만으로 원하는 것을 얻지 못한다. 그보다 보통 최선을 다하는 것을 손에 넣게 된다. 누군가는 어떤 목표에 닿거나 의미 있는 변화를 만드는 데 가장 결정적인 요인으로, 무언가에 온전히 전념하며 시간이 얼마나 걸리든 끊임없이 몰두하는 능력을 꼽기도 한다. 언제나 최선을 다할 때 길이 열리기 마련이다.

자신이 하루하루 어디에 헌신하는지 확언을 통해 되짚을수록, 그러한 노력이 의식의 제일 앞자리에 놓이게 되고 시간이 지남에 따라 그 수준도 높아진다. 따라서 확언은 당신이 헌신하는 목표(성과·결과·개선점 등)나 활동(행동·습관·실천 등)을 명확히 하는 데서 시작해야 한다. 목표와 활동 사이의 차이점을 따지기 위해 예시로 살펴보자면, '5킬로그램 감량'은 목표가 될 것이고, '주 5회 운동'은 활동이 될 것이다.

1단계 확언을 간단하게 적어 보면 다음과 같다.

나는 무슨 일이 있어도 ________에 헌신한다. 타협은 없다!

자신의 다짐에 대해 확신을 지니고서 꾸준히 확언을 반복

      1부   50세 이후 당신의 진정한 잠재력을 깨우다

한다면, 그 다짐을 끝까지 지키고 실현하기 위해 더욱 전념하게 된다.

예시로 제시한 확언의 마지막에 붙은 느낌표(!)를 알아차렸을 것이다. 이 느낌표는 의도적인 것으로, 감정과 확신을 담아 문장을 읽으며 가슴에 새기라는 뜻이다. 되는대로 행하는 일은 진정한 헌신이 아니다. 감정과 확신을 담아낼수록 확언의 효과는 더욱 커진다.

이제 직접 1단계를 적용해 볼 차례다. 삶의 한 영역을 골라 보자. 건강이나 재정, 정서적 안녕, 중요한 관계도 좋고, 개선하고 싶은 부분이 있다면 무엇이든 괜찮다. 당신이 헌신할 삶의 영역에서 이루거나 변화를 주고 싶은 것은 무엇인가? 미뤄 왔던 중요한 목표가 있는가? 좌절이나 고통을 안겨 주는 부분은 없는가? 변화를 위해 시도했지만 성공하지 못한 것이 있는가?

아직은 정확히 어찌해야 할지 모르겠거나 실패할까 두렵더라도, 우선 삶을 개선하기 위해 헌신할 준비가 되어 있는 의미 있는 목표나 활동을 구체적으로 적어 보자.

일단 의미 있는 목표나 활동을 하나 정했다면, 그것을 실현하기 위해 최선을 다해야 한다. 다음 제시문의 빈칸에 원하는 목표를 글로 적거나 타자로 입력해 자신만의 문장을 작성해 보자. 개선하고 싶은 삶의 한 부분을 찾아 지금 바로 작성해 보기를 권한다. 무엇이든 괜찮다.

무엇에 헌신하고 싶은지 확신이 서지 않거나 망설여진다면, 끝까지 해낼 수 있다는 자신감이나 확신이 부족한 탓에 스스로를 검열하는 것인지도 모른다. 자연스러운 일이다. 하지만 확언을 시작하기에 앞서 모든 것을 이해해야 할 필요는 없다. 때로 어딘가에 헌신하고 나서야 '방법'이 모습을 드러내기도 한다. 그렇게 알아 가면 된다.

확언을 글로 적어 두는 것은 스스로 한 다짐을 확고히 하는 첫걸음이 될 수 있으며, 적어 둔 확언을 매일 되짚으면 그 다짐이 의식의 제일 앞자리에 놓이게 되고 시간이 지남에 따라 그 수준도 높아진다. 기억하자. 언제나 최선을 다할 때 길이 열리기 마련이다.

2단계: 왜 꼭 그것이어야 하는지를 확언에 담아라

이제 다음은 왜 꼭 그것이어야 하는지 이유를 덧붙임으로써 당신의 다짐에 힘을 실어 단단하게 다질 차례다. 다짐을 이뤄 낼 때까지 끊임없이 헌신하며 필요한 일들을 행동에 옮길 수 있도록 연료 삼을 만한 가장 의미 있고 설득력 있는 이유를 담아내면 된다. 그 이유가 더 뚜렷하고 절실할수록 끝까지 해낼 가능성도 올라간다.

당신의 미라클 모닝 확언을 계속해서 작성해 보자. 1단계에서 적은 다짐 아래, 그 다짐을 끝까지 이뤄 내는 일이 당신에게 왜 그렇게 중요한지 적어 보자. 왜 그것이 당신에게 뜻깊은 일인가? 왜 꼭 그것이어야 하는가? 그 다짐으로 당신의 삶과 당신이 아끼는 사람들의 인생은 어떻게 나아질 것인가? 당신이 무슨 일이든 해낼 수 있게끔 북돋워 주는 가장 강렬한 이유나 중요한 이점은 무엇인가?

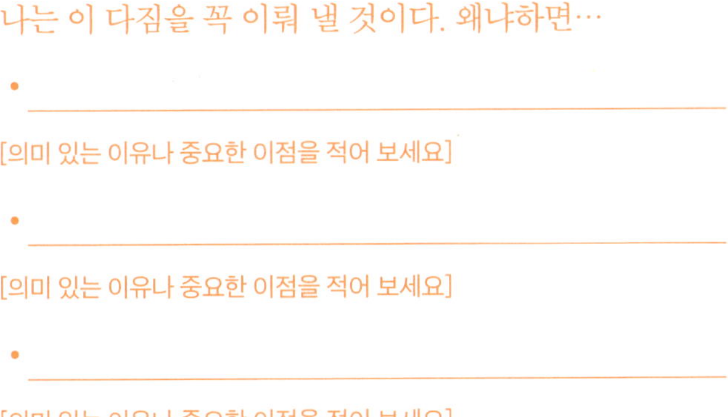

이 이유들은 전적으로 개인적인 것이며, 원치 않는다면 누구와도 공유할 필요 없다. 또 이 확언은 개략적인 초안일 뿐이다. 언제든 수정할 수 있으니, 완벽하게 쓰려고 애쓰지 않

아도 된다. 서툴게 쓰인 확언일지언정 없는 것보다 효과적이다.

3단계: 언제, 어떻게 행동할 것인지를 확언에 담아라

이 세 번째 단계를 빼먹은 채 첫 두 단계만을 따라 확언을 작성할 경우, 기분이 약간 좋아지거나 얼마간의 동기 부여를 받을 수 있을지 모른다. 하지만 성과를 내고 싶다면 어떤 행동이 필요한지를 명확히 해야 한다. 어떠한 노력도 하지 않고 결과가 자연스레 따라올 거라는 생각으로 잠재의식을 속이려 한다면 오히려 역효과를 낳을 수 있다.

세 번째이자 마지막인 이번 단계에서 우리는 이상적인 목표나 정해 둔 활동에 다가서기 위해 어떤 행동을 어느 시점에 해야 할 것인지 스스로 묻게 된다. 이 단계는 너무 자명하여 빠르게 손에 잡힐 수 있다. 우리는 더 나아지기 위해 무엇을 해야 하는지 이미 아는 경우가 많다. 다만 실천을 위해 헌신하지 않을 뿐이다. 3단계를 예로 들면 이런 식이다. '원치 않는 체지방 5킬로그램을 감량해 건강을 챙기겠다는 목표를 반드시 이뤄 낼 수 있도록 월요일부터 금요일까지 아침 7시에서 8시 사이에 헬스장을 찾아 30분간 운동할 것이다.'

그러나 때로는 훨씬 복잡할지도 모른다. 당신이 원하는 목표에 따라, 어디서부터 시작해야 할지 모르는 경우가 생길 수 있다. 이런 경우에 당신은 우선, 어떤 행동을 취해야 할지 알아보는 시간을 가져야 한다. 가령, 은퇴를 위한 계획을 짠다거나 결혼 생활을 개선하고 싶다거나 100세까지 살고 싶다고 했을 때, 어디서부터 시작해야 할지 판단이 서지 않을 경우 다음 단계를 탐색하기 위한 계획을 짜는 것이 우선이다. 구글에서 간단하게 '은퇴 계획 세우는 법', '결혼 생활 개선법', '100세까지 사는 법'을 찾아보는 데서 출발할 수 있다.

물론 거의 모든 주제에 관해 신문 기사나 유튜브 영상, 팟캐스트 등 끝없이 많은 자료에 접근할 수 있다. 더 깊이 파고들고 싶다면, 당신이 이루고자 하는 바에 관한 경험을 가진 전문가들이 쓴 책도 무수히 많다.

다음은 당신이 참고할 수 있는 다양한 목표와, 그 목표를 향해 의미 있는 진전을 이뤄 내기 위해 취할 수 있는 구체적인 행동들의 사례다.

안정적인 은퇴의 발판을 마련하겠다는 목표를 이루기 위해 나는 다음과 같은 계획을 세울 것이다.

• 실용적인 전략을 세울 수 있도록 수즈 오먼Suze Orman의 『돈 걱정 없는 은퇴를 준비하라』나 패트릭 켈리Patric Kelly의 『은퇴의 기적The Retirement Miracle』, 또는 에밀리 가이 버켄Emily Guy

Birken의 『은퇴 전 마지막 5년The 5 Years Before You Retire』과 같은 은퇴 관련 서적을 매일 10장씩 읽는다.
• 날마다 적당한 시간을 마련해 읽은 내용을 실천한다.
• 친구들에게 훌륭하다는 은퇴 자문가를 추천받아 그들 중 몇몇을 만나 보며 내게 가장 적합한 사람을 찾는다.

결혼 생활을 개선하겠다는 목표를 이루기 위해 나는 다음과 같은 계획을 세울 것이다.

• 매일 아침, 다른 책을 읽기에 앞서 결혼에 관한 책을 읽으며 어떻게 하면 최고의 배우자가 될 수 있을지 공부한다.
• 매일 아침, 아내가 한결 편안하게 더 나은 인생을 보낼 수 있도록 적어도 한 가지씩 내가 할 수 있는 일을 찾아본다.
• 주말의 혼잡을 피하기 위해 한 달에 두 번 수요일 저녁 데이트 계획을 세워 관계의 유대감을 회복하고 사랑을 불어넣는다.

건강하게 100세까지 살겠다는 목표를 이루기 위해 나는 다음과 같은 계획을 세울 것이다.

• 댄 뷰트너Dan Buettner의 『블루존The Blue Zones』을 읽는다.

   1부   50세 이후 당신의 진정한 잠재력을 깨우다

- 매일 아침 세이버스를 실천하며 10분씩 운동한다. 날씨가 괜찮다면 매일 저녁 식사를 마친 후 10분씩 산책한다.
- 매 끼니 신선한 유기농 과일과 채소를 챙겨 먹는다.

어떤 행동들은 매일 산책하기·매주 하룻밤 저녁 아내와 데이트하기처럼 반복적으로 되풀이될 수도 있고, 어떤 행동들은 글쓰기·은퇴 계획 세우기처럼 1, 2, 3단계를 순차적으로 밟아 나가야 할 수도 있다. 세 번째이자 마지막인 이 단계를 실행할 때는 이와 같은 사실을 마음에 새기며 자신이 취하려는 행동을 분명하게 하자. 행동은 구체적일수록 좋다. 그 행동을 얼마나 자주 행할지 그 빈도와, 언제 시작하고 언제 끝낼 것인지 정확한 시간대를 명확하게 설정하자. 어떤 행동을 해야 할지 확실하지 않다면 그 행동이 무엇이 될지 탐색하고 결정하기 위한 계획을 세우는 것부터 시작하면 된다. 시작하기 위해 모든 걸 알아야 할 필요는 없다. 우리는 종종 잘못된 믿음 탓에 첫걸음조차 내딛지 못한다.

가능한 한 단순하게 생각하고, 자신을 몰아세우지 말자. 삶의 한 영역을 선택하고, 주어진 세 단계에 따라 선택한 삶을 위한 확언을 작성하자. 건강이라는 영역에서 확언을 작성해봤다면 다음은 재정, 결혼 등 다른 영역에서 같은 과정을 반복하면 된다.

나의 다짐을 실현하기 위해 다음과 같은 행동을 계획할 것이다.

-
-
-

어떤 목표를 이루거나 삶의 한 부분을 개선하려면, 마음이 내키지 않는 순간에서조차 할 수 있는 최선을 다하는 것이 너무나 중요하다. 결과지향형 미라클 모닝 확언은 당신이 이 핵심을 따를 수 있도록 고안되었다. 자신이 헌신하는 것에 계속해서 초점을 맞추고, 왜 꼭 그 약속이어야 하는지를 되새기며, 어떤 행동을 어느 시점에 해야 할지를 명확히 함으로써 목표한 바를 끝까지 이뤄 내도록 도움을 주는 것이다. 기억하자. 언제나 최선을 다할 때 길이 열리기 마련이다.

할이 전하는 말

2016년, 저는 급성 림프구성 백혈병이라는 희귀하고 침습적인 암을 진단받았습니다. 생존 가능성이 20~30%라는 의사의 말과 함께요. 병원에 입원했을 때 저는 이

　　　1부　50세 이후 당신의 진정한 잠재력을 깨우다

미 죽음의 문턱에 있었어요. 심장과 폐, 신장이 제 기능을 잃어 가고 있었죠. 삶에 대한 두려움 속에서, 저는 암을 이겨 내겠다는 한 가지 목표를 가지고 여섯 가지 세이버스 모두를 쏟아부었습니다. 저는 확언을 활용해 치유 여정의 기반으로 삼았고, 그것이 제 생명을 구하는 데 중요한 역할을 했다고 믿습니다. 앞서 설명한 세 단계 공식에 따라 작성한 제 확언은 다음과 같습니다.

1. 나의 다짐: 나는 무슨 일이 있어도 암으로부터 몸을 회복해 우르줄라와 아이들과 함께 100세를 넘어서까지 건강하게 살기 위해 헌신할 것이다. 타협은 없다!

2. 이유: 나는 암을 이겨 내기 위해 최선을 다할 것이다.

• 평생을 함께하겠다고 약속한 우르줄라를 위해서.

• 아빠의 사랑이 필요할 소피아와 할스턴을 위해서.

• 이미 한 아이를 잃었고, 또 다른 이별을 감당할 이유가 없는 어머니와 아버지를 위해서.

• 행복하고 건강한 삶을 오래도록 누려 마땅한 나 자신을 위해서.

• 암을 비롯한 다른 질병과 싸우고 있지만, 내가 가진 지식과 마음가짐, 자원을 갖지 못한 사람들을 위해서. 그들의 치유 여정을 도울 수 있도록, 나는 온 힘을 다해

책임감을 지니고 암을 이겨 낼 것이다.

3. 나의 행동: 반드시 암을 이겨 내기 위해 나는

- 치유를 이뤄 낸다는 100%의 책임감을 지니고서, 몸을 회복하기 위해 모든 일에 최선을 다한다.

- 서양 의학의 최고 장점과 가장 효과적인 전인 치유 계획안을 결합해, 끊임없이 연구하며 치료를 수행한다.

- 몸을 회복하기 위해 매일 미라클 모닝에 헌신한다. 명상과 기도를 수행하고 확언과 시각화를 활용하며 운동을 실천함과 동시에 암을 이겨 낸 사람들과 그들이 사용한 방법들에 관한 책과 글을 읽으며 기록으로 남긴다.

- 흔들림 없는 믿음을 견지하며, 무슨 일이 있어도 암으로부터 몸을 회복하기 위해 엄청난 노력을 기울인다. 타협은 없다!

저는 이 확언을 매일 되뇌었습니다. 두렵거나, 동기를 잃거나 포기하고 싶을 때는 특히나요. 제 경험에 비추어 보면, 자기계발적인 측면에서 확언은 이 3단계 공식에 따라 접근했을 때 가장 효과적인 모습을 보였습니다. 자기 자신에게 맞춰 확언을 작성하면, 본인에게 가장 중요한 가치에 집중하면서 현재와 미래를 정교하게 설계해 나갈 수 있기 때문입니다. 원하면 언제든 수정하고 갱

  1부 50세 이후 당신의 진정한 잠재력을 깨우다

신하며 원하는 것들을 추가할 수도 있고요. 아직 확언을 작성하지 않았다면, 여러분이 개선을 이루고 싶은 삶의 영역이나 중요한 인생의 목표를 골라, 이 세 단계를 따라 확언을 작성해 보세요. 중요하다고 여기는 것들에 집중할 수 있을 거예요. 만약 삶의 한 부분, 가령 건강에 대해 확언을 작성했다면 삶의 다른 부분에서도 반복하면 됩니다.

드웨인이 전하는 말

저는 여러 가지 측면에서 **혀가 우리 몸에서 가장 강력한 근육이라고 생각합니다. 혀에는 우리의 삶을, 혹은 죽음을 좌우할 힘이 담겨 있기에, 무엇을 입에 담느냐가 중요해집니다.** 확언은 우리 삶에서 긍정적인 변화, 때로는 획기적인 변화를 만드는 데 중요한 역할을 합니다. 그래서 저는 『미라클 모닝』을 처음 읽었을 때 이 확언을 제 미라클 모닝 습관의 일부로 담아내야 한다는 사실을 단번에 깨달았습니다. 할의 방법에 따라 개인 맞춤형 확언을 작성하면 그 효과를 끌어올릴 수 있어요. 창의성이나 영성, 의지, 끈기, 또는 스스로 좋아하는 자기 모습과 같이 여러분이 스스로 중요하다고 느끼는 주제들에 관해서

도 확언을 써 보시기를 권합니다. 자신에게 확신을 가짐
으로써 더욱 건강해질 거예요!

또 여러분의 뇌는 여러분이 말하는 것을 믿는다는 사실
을 기억하세요. 뇌는 슈퍼컴퓨터와 같아서 들어오는 정
보에 따라 기능합니다. 여러분의 삶, 목표, 믿음 등 자신
에 관해 긍정적으로 이야기하면 뇌는 그것을 그대로 믿
고 그 말을 실현하는 데 도움을 줍니다. 안타깝게도 그
반대도 마찬가지예요. 만약 여러분이 자기 자신이나 자
신이 처한 상황을 두고 끊임없이 부정적인 이야기만 늘
어놓는다면 나아지는 건 없습니다. 그러니 말하는 데 주
의를 기울이세요. 뇌가 듣고 있으니까요!

확언을 처음 접해 봤대도, 주저하지 말자. 처음에는 어색하
고 불편하게 느껴질지 모르지만, 익숙한 영역에서 벗어난 활
동들은 보통 그런 법이다. 하지만 꾸준히 연습하다 보면 점점
자연스러워지고, 당신과 주변 사람들 모두 시간이 흐름에 따
라 당신의 개인적 성장을 깨달으며 긍정적인 변화를 느끼게
될 것이다.

확언에 접근하는 또 다른 방법

확언에 접근하는 방법은 무수히 많다. 확언을 작성하는 데

    1부　50세 이후 당신의 진정한 잠재력을 깨우다

있어 분명 비효율적이고 '잘못된' 방법들이 있긴 하지만, 하나의 '올바른' 방법은 존재하지 않는다.

여기서 확실히 이해해야 할 부분은 확언이란 근본적인 관점에서 당신이 중요하게 여기며 삶에 녹여 내고자 하는 것들을 떠올리게 하는 신호일 뿐이라는 사실이다. 그것은 당신이 구현하고 싶은 생각이나 관점, 믿음, 정체성 같은 것이 될 수도 있고, 실천에 옮기고 싶은 행위나 습관, 행동이 될 수도 있다. 적어 둔 확언을 매일 읽는 것만으로도 내적으로든 외적으로든 당신이 이루고자 하는 중요한 변화를 의식의 가장 높은 곳에 둘 수 있다.

예를 들어 자존감이나 자기 의심, 혹은 행복감에 관해 어려움을 겪고 있다면 '**나는 이 세상 누구와도 마찬가지로 행복할 자격이 있으며 그럴 만한 가치와 능력을 지닌 사람이다**'와 같은 확언을 통해 그 고유한 진실을 스스로 되새길 수 있다. 이 확언을 매일 반복하면 점차 잠재의식이 새롭게 쓰이는 가운데 제한적인 믿음을 힘을 실어 주는 믿음으로 대체해, 새로운 내적 현실을 형성할 수 있게 된다. 만약 건강 증진을 목표로 한다면 '**건강한 음식을 내 몸의 자양분으로 삼으며 매일 20분씩 운동하는 데 전념한다**'는 확언을 적을 수 있다. 매일 아침 이러한 확언을 읽으면 잠재의식이 점차 새롭게 조정되며, 당신이 확언하는 바에 걸맞은 행동을 의식적으로 끌어내게 된다.

나이를 먹어 가며 겪는 흔한 어려움에 맞춰 본보기 삼도록 작성할 수 있는 확언들도 있다. 인생의 다음 장으로 향하거나 이정표로 삼을 만한 나이에 접어들고 있다면, 노화에 관한 두려움을 마주하게 된다. '**나는 나이와 함께 찾아오는 지혜와 기회를 끌어안는다**'와 같은 확언은 긍정적인 마음가짐을 끌어안는 데 도움을 준다. 건강 문제를 다루고자 한다면, '**나는 활력을 끌어올려 장수를 다질 수 있도록 건강을 위한 선택을 하기 위해 최선을 다한다**'와 같은 확언을 통해 건강을 뒷받침하는 행동을 끌어낼 수 있다.

어쩌면 은퇴를 고민하고 있거나, 이제 막 직장을 떠났을지도 모른다. 은퇴가 축하할 일은 맞지만 은퇴자들은 종종 체계가 잡힌 일상이 사라져 힘들어하거나 정체성의 혼란을 겪기도 한다. 확언을 이용하면 새로운 일상을 만들고 목적의식을 이어 가는 데 도움을 받을 수 있다. 예를 들어, '**나는 매일매일 새로운 취미와 활동을 탐색하는 일을 즐긴다**'는 확언을 통해 활동적이고 적극적인 자세를 유지하려는 동기를 얻을 수 있다. '**나는 모든 상황에 값진 경험과 지혜를 더한다**'와 같은 확언을 적음으로써 자신이 여전히 어딘가에 기여하고 있음을 깨닫는 가운데 자존감을 지킬 수도 있다.

당신 본인, 혹은 주변의 누군가가 도움을 받을 수 있는 요양시설에 이미 거주하거나 그곳으로 옮겨 가려 고민하는 중

　　　　　1부　50세 이후 당신의 진정한 잠재력을 깨우다

일지도 모른다. 이런 시설에 거주하는 노년층은 누군가에게 의존해야 한다는 느낌을 받는 동시에 고립감을 느끼게 된다. '나는 일상에 필요한 일들을 품위 있고 수월하게 해낸다'와 같은 확언은 노년층이 삶 전반의 주도권을 회복하는 데 도움을 준다. '나는 의미 있는 대화를 즐기며 사람들과 관계를 맺는다'와 같은 확언을 통해 사회적 관계를 북돋워 정서 건강을 개선할 수 있다.

확언에 관한 마지막 고찰

우리가 스스로 이야기를 건네는 내면의 대화는 자기 자신과 타인, 삶에 대한 감정에 영향을 미친다. 반복적으로 되풀이하는 확신의 말이 우리의 내면 세계가 되는 것이다. 나날의 일상에 확언을 녹여 내면 정신적·정서적·신체적 건강 전반에 걸쳐 깊은 변화를 경험하게 되고, 이는 더욱 건강한 장수로 이어진다.

다음 장으로 넘어가기 전에, 아직 확언을 작성하지 않았다면 당신의 첫 번째 결과지향형 미라클 모닝 확언을 작성해 보기를 강력히 권한다. 다이어리나 종이를 들고, 혹은 스마트폰이나 컴퓨터의 빈 문서를 열고 건강·행복·주변 관계·경력·은퇴 등 나아졌으면 하는 삶의 영역을 선택해, 앞서 자세하게 다룬 3단계 공식을 따라 확언을 작성해 보자. 당신이 작성한 확언을 6장 시각화의 재료로 사용할 것이기에, 다음으로 넘어가기 전 적어도 개략적인 초안을 작성해 보는 것이 좋다.

시각화Visualization의 V
당신이 원하는 최고의 모습을 머릿속에 그려라

당신의 삶에서 그릴 수 있는 한 가장 높고 웅대한 미래를 그리세요.
우리는 믿는 대로 살게 됩니다.

- 방송 진행자·프로듀서·배우·작가·미디어 경영자, 오프라 윈프리Oprah Winfrey

1954년 5월 6일, 로저 배니스터Roger Bannister는 1마일 달리기에서 3분 59초 4를 기록하며 4분대 이내로 들어온 첫 번째 사람으로 역사에 남겨졌다. 사람들은 배니스터가 성과를 내기 전까지 1마일 달리기에서 4분의 벽을 깨기란 불가능하다고 믿고 있었다. 성공 비결을 묻자, 배니스터는 자신의 철저한 시각화 훈련 덕분이라고 답했다. 그 훈련 덕분에 자기 몸과 마음에 깊은 확신을 가질 수 있었고, 그래서 이 역사적 성취에 도달했다는 것이었다.

심적 시연이라고도 알려진 시각화는 보통 엘리트 운동선수나 연기자 사이에서 활용되지만, 올림픽 선수나 브로드웨이 스타만을 위한 것은 아니다. 마음속으로 자신이 바라는 성과를 그리고, 그 성과를 내기 위한 단계들을 연습하는 사람이라면 누구나 이 연습을 활용해 실제로 행동하는 순간에 힘을 발휘할 가장 효과적인 정신적·정서적 상태를 길러 낼 수 있다. 시각화는 잠재력을 일깨우고 삶에 변화를 주기 위해 필요한 행동들을 시작할 수 있게끔 힘을 실어 주는 도구다.

드웨인이 설립한 이지스 리빙에 거주하는 75세의 헬렌을 보자. 요양시설에 처음 들어왔을 때 헬렌은 거동 문제로 힘겨워하며 예전의 활동적인 생활에서 멀어진 듯한 느낌에 사로잡히곤 했다. 그러던 중, 물리치료사에게서 재활의 일부로 시각화 기법을 소개받았다. 헬렌은 매일 아침 눈을 감고, 얼굴로 쏟아지는 햇살 속에서 다리에 흐르는 힘을 느끼며 정원을 가로질러 기운차게 걸어가는 자기 모습을 마음속에 그렸다.

이 연습을 실천한 지 몇 주가 지나자, 헬렌의 마음가짐이 달라졌다. 헬렌은 더욱 긍정적으로 의욕을 느끼기 시작했다. 물리치료사는 그녀의 걸음걸이와 균형감이 좋아졌음을 알아차렸다. 헬렌은 되찾은 자신감과 좋아진 몸 상태 덕분에 이지스 리빙의 다양한 활동에 참여하며, 교류를 넓히고 전반적인 행복감을 끌어올릴 수 있었다. 시각화는 헬렌의 일상에 핵심

   1부   50세 이후 당신의 진정한 잠재력을 깨우다

으로 자리 잡아 건강수명을 늘리고 삶의 질을 개선하는 데 크게 기여했다.

시각화는 로저 배니스터 같은 운동선수에서부터 헬렌과 같은 평범한 사람들에 이르기까지, 전반적인 행복을 끌어올리고자 하는 사람이라면 누구나 활용할 수 있는 강력한 도구다. 활기찬 건강을 눈에 담고, 긍정적인 선택을 이어 가며 그를 위한 행동들을 마음속으로 연습한다면, 현실에서도 그와 같은 결정을 내릴 준비를 갖추게 된다.

누구나 시각화를 이용해 장애물을 넘어설 수 있다

우리는 시각화의 도움으로 우리와 목표 사이에 놓인 거대한 장애물을 극복할 수 있다. 기분이 내키지 않는 순간조차도 필요한 일들을 해낼 수 있도록 우리를 이끌 수 있는 것이다. 시각화라는 도구는 다방면에 쓰일 수 있어, 개인적 성장과 발전을 추구하는 사람이라면 누구나 살펴볼 만하다.

우리는 종종 열정이나 동기가 부족하다는 이유로, 혹은 몸에 힘이 없다는 이유로 해야 할 일들을 외면하곤 한다. 감정에 휘둘려 행동하는 탓에 습관적으로 일을 미루게 된다. 하지만 행동을 만드는 데 필요한 분명한 동기가 있다면, 앞서 말한 거대한 장애물을 넘을 수 있을 것이다.

할이 전하는 말

기분이 내키든 내키지 않든 여러분이 해야 할 일들을 해야 할 때 어떻게 하면 시각화를 이용해 명료함과 동기를 불러일으킬 수 있는지를 명확하게 보여 주는 제 개인적인 이야기를 들려드릴게요.

2장에서 말씀드린 것처럼, 저는 거의 평생을 달리기라면 질색해 왔습니다. '질색'이라는 단어가 너무 강렬하다는 것도 알고 평소에 잘 쓰지도 않지만, 제 기억이 닿는 한 저는 달리기를 경멸하다시피 하며 멀리해 왔어요. 고등학교 체육 시간에 억지로 해야 했던 1마일 달리기를 너무도 싫어했던 게 지금도 생생히 기억나네요. 그런데 2009년 초, 대략 6개월 정도 미라클 모닝을 실천하고 나서 저는 스스로 물었습니다. 신체 건강이 10단계 수준에 들어선다면, 나는 어떤 모습일까? 제겐 52마일 울트라마라톤을 완주한 친구가 두 명 있었는데, 그 친구들이 해냈다면 나도 할 수 있지 않을까 하는 생각이 들었습니다. 저는 1마일 이상은 달려 본 적도 없었고 그것도 고등학교 시절 제 의지에 반해서였으니, 52마일을 멈추지 않고 달리려면 정신적·신체적으로 지금까지보다 더 나은 모습으로 발전해야 했죠.

울트라마라톤을 완주하는 사람으로 거듭난다는 건 어

   1부   50세 이후 당신의 진정한 잠재력을 깨우다

쩐지 설레는 일이었지만, 그보다는 걱정이 앞섰습니다. 당시 제가 이사로 참여하고 있던 자선단체 프런트 로우 재단Front Row Foundation에서 10월에 열릴 애틀랜틱시티 연례 자선기금 마라톤을 주최할 예정이었어요. 제게 6개월의 훈련 기간이 주어진 셈이었죠. 저는 기금을 마련하기 위해 울트라마라톤을 완주하겠다는 프런트 로우 재단과의 약속을 공개적으로 발표했습니다. 그리고 즉시 시각화를 이용해 달리기에 대한 거부감을 극복하기 시작했어요.

먼저, 매일 1, 2분 정도를 들여 자랑스럽게 애틀랜틱시티 마라톤 결승선을 통과하며 성취감에 젖어 있는 제 모습을 그려 봤습니다. 이 연습을 통해 목표를 분명히 하고 그 목표를 이뤄 내려는 동기에 불을 붙였죠.

그리고 이것이 핵심인데, 두 번째로는 이후 몇 분 동안 제가 원하는 성과를 향해 나아갈 수 있도록 그날 무엇을 해야 하는지를 구체적으로 시각화했습니다. 그러는 동시에 행동으로 이어 갈 수 있도록 최적의 감정 상태를 일궈 냈죠. 저는 눈을 감고 생생하게 그려 봤습니다. 탁자 위에는 오전 7시를 알리는 핸드폰 화면에서 달리러 갈 시간이라며 알람이 울리고 있습니다. 저는 손을 뻗어 알람을 끄고 일어나, 침대를 빠져나와 옷장으로 향하죠.

운동복을 입고 거실을 지나 문 앞에 서요. 그리곤 문을 열고 거리를 바라보며 확신과 열정에 가득 차 이렇게 말합니다. **오늘 달릴 생각에 설레는걸. 이게 내 최고의 모습으로 나아가는 길일 테니까!** 저는 이 장면들을 시각화하는 동안 위와 같은 확언을 되뇌었고, 그렇게 스스로 다짐하며 달리기를 위한 기대감을 불러일으킴으로써 신체적 언어와 정신적·정서적 상태가 하나가 되는 생리적 합일의 상태를 만들었습니다.

저는 달리고 싶게끔 만드는 감정을 **바라거나 원하거나 희망하지** 않았습니다. 저는 그 감정을 **불러일으켰어요.** 불과 몇 분 만에, 목표를 이루기 위한 행동들을 마음속으로 연습하며, 정해 둔 시간에 필요한 행동을 실천할 수 있는 최적의 마음 상태에 들어선 것이었죠.

이 시각화의 힘으로 아침 7시 핸드폰 알람이 울렸을 때, 저는 달리기를 건너뛰고 싶은 유혹에 굴복하지 않았습니다. 그런 일은 일어나지 않았어요. 그건 제가 연습한 일이 아니었으니까요. 대신, 알람이 울리자마자 정확히 시각화한 대로 거의 아무런 저항감 없이 자연스럽게 아침을 맞이했습니다. 자리에서 일어나 옷장으로 향했고, 옷을 입고 거실을 가로질러 현관으로 다가가 문을 열었죠. 거리를 보자마자 그날 아침 일으켰던 긍정적인 감정

건강수명을 늘려 장수로 이어 주는 시각화

시각화가 어떻게 정신과 신체 건강을 끌어올려 장수를 다지는지 탐구한 다양한 실험을 통해 흥미로운 결과가 드러났다.

- **스트레스 감소 및 면역 기능 개선**: 조용한 공간에 앉아 눈을 감고, 완전히 이완된 자신을 시각화한다고 해 보자. 《정신신체의학Psychosomatic Medicine》에 발표된 한 연구는 매일 시각화를 연습할 경우, 스트레스 수치를 낮춰 면역 기능이 향상될 수 있다는 사실을 밝혀냈다.[1] 낮은 스트레스 수치는 우리 몸이 자연살해세포NK세포, Natural killer cell 생산을 늘려 바이러스와 암과 싸울 수 있음을 뜻한다.

- **만성 통증 조절**: 《행동의학저널Journal of Behavioral Medicine》의 한 연구는 시각화를 연습했을 때 만성 통증이 눈에 띄게 가라앉아 삶의 질이 향상된다는 사실을 보여 준다.[2] 통증을 조절할 수 있는 형태로 시각화한 환자들은 통증 강도가 줄어들었다고 전해 왔다.

- **암 치료 효과**: 클리블랜드 클리닉 재단Cleveland Clinic Foundation에서 진행한 한 연구에 따르면, 의학적 치료와 함께 시각화를 진행한 암 환

자들의 경우 더욱 효과적인 종양 감소를 경험한 것으로 나타났다.[3] 암세포를 공격하는 면역 체계를 시각화한 환자들은 종양 크기가 줄어든 것을 확인했다.

- **수술 회복:** 시각화는 수술 회복에도 도움을 줄 수 있다. 예를 들어, 성공적인 회복 과정에 관해 유도된 이미지를 떠올린 심장병 환자들은 통증이 줄며 빠른 회복 속도를 보였고, 향후 전망도 긍정적이었다.[4]

- **심장 질환 관리:** 한 사례 연구에 따르면, 의학적 치료와 함께 건강한 심장과 깨끗한 동맥을 시각화한 심장병 환자들의 경우 심혈관 건강이 눈에 띄게 개선된 것으로 나타났다.[5]

- **노년층에게 보이는 효과:** 스스로 건강하고 활동적이며, 전반적으로 즐거운 삶을 보내고 있다고 시각화한 노년층은 정신 건강과 체력이 좋아졌고, 노화에 대한 태도도 개선되었다. 이런 요인들 덕분에 삶의 질이 올라가고 이는 장수로 이어진다.

미라클 모닝 시각화를 위한 간단한 세 가지 단계

당신의 확언에 일치하게끔 자신을 시각화하는 데 가장 완벽한 시간은 그 확언을 읽은 직후이다. 당신은 확언을 통해 당신이 무엇을 원하며 어디에 최선을 다해야 하는지, 왜 꼭 그것이어야 하는지, 그것을 해내기 위해 무엇을 해야 하는지를 명확히 파악했을 것이다. 그리고 나서 시각화를 이용해 목표를 성취했을 때의 기분을 떠올리고, 앞으로 취해야 할 행동을 마음속으로 연습한다면 목표를 끝까지 이뤄 낼 수 있는 정신적·정서적 상태에 들어설 수 있다.

시각화를 실천하는 데 몇 분이면 충분하지만, 특별히 이 과정을 즐기는 많은 이의 경우 15분에서 20분을 투자하기도 한다. 이는 전적으로 당신이 세이버스의 각 요소에 얼마만큼을 할애하느냐에 달려 있다. 이제 구체적인 시각화 단계로 들어가 보자.

1단계: 마음가짐을 갖춰라

어떤 경험이든, 그 경험에서 오는 분위기는 우리의 마음가짐에 따라 결정된다. 기억하자. 시각화의 주된 목적은 확언 안에서 당신이 헌신하는 것을 성취했을 때의 감정을 보고 느끼며, 그 목표를 끝까지 이뤄 낼 수 있도록 당신의 추진력에 연료로 삼을 명료함과 동기를 불러일으키는 것, 원하는 성과를 내기 위해 필요한 행동을 마음속으로 연습하는 것, 그리고 그 과정을 통해 행동하게끔 자신을 몰아넣는 최고의 정서 상태에 들어서는 것이다. 게다가 시각화의 효과는 과학적으로도 입증된다.

시각화를 시도하는 과정에서 정신적·정서적 어려움을 느끼는 사람들은 마리안 윌리엄슨_{Marianne Williamson}의 『사랑으로의 회귀A Return to Love』 속에 담긴 유명한 구절이 와닿을 수 있다.

우리는 스스로 충분치 못하다는 데서 두려움을 느끼지 않는다. 우리는 마음속 깊은 곳에서 스스로가 가늠할 수 없이 강력하다는 사실을 두려워한다. 우리를 가장 겁나게 하는 건 어둠이 아니라 빛이다. 우리는 스스로 묻는다. '나는 어떤 사람이기에 이렇게 눈부시고 아름다우며 재능이 넘치는 훌륭함을 지녔는가?' 하지만, 그러지 못할 이유는 무엇인가? 우리는 신의 자식들이다. 자신을 낮추는 건 세상에 도움이 되지 않는다. 주변 이들 불편하지 말라고 스스로 움츠러든다면 무엇도 깨달을 수 없다. 어린아이들이 그러하듯, 우리도 빛나야 한다. 우리는 내면에 주어진 신의 영광을 드러내기 위해 이 세상에 태어났다. 몇몇 사람들만 그런 게 아니다. 우리 모두가 그렇다. 스스로 빛을 내는 순간 우리는 의식하지 못한 채, 다른 사람들도 빛날 수 있음을 전하는 셈이다. 자신이 지닌 두려움에서 해방될 때 우리는 우리의 존재로서 자연스럽게 다른 이들을 해방시킨다.

이렇게 생각해 보자. 당신이 사랑하는 사람들, 당신이 이끄

     1부   50세 이후 당신의 진정한 잠재력을 깨우다

는 사람들에게 줄 수 있는 가장 큰 선물은 어쩌면 당신이 지닌 잠재력을 온전히 실현하는 것일지도 모른다. 그런 당신을 본보기 삼아 그들도 그들만의 성취를 이뤄 낼 수 있을 테니까. 당신이 바라는 앞으로의 삶은 어떤 모습인가? 당신은 다른 누구만큼이나 훌륭하고 자격이 있으며 행복해질 수 있다.

이제 그 모습을 시각화해 보자. 편안히 앉아 깊게 호흡하며 눈을 감고 마음을 비우자. 시각화를 위한 준비가 되었는가?

2단계: 확언에 담은 다짐을 시각화하라

우선 당신의 다짐이 실현되면 어떤 모습일지 상상해 보자. 삶의 어떤 영역을 개선하고 싶은가? 어떤 목표를 달성하고 싶은가? 눈을 감고 그 경험이 가져올 긍정적인 감정을 생생하게 그려 보자. 할의 경우, 애틀랜틱시티 마라톤 결승점을 통과하는 모습을 떠올렸다. 당신이라면 건강 증진이나 사업의 성장, 또는 사랑하는 사람과의 한층 더 깊어진 연결감을 떠올릴 수도 있다.

원하는 바를 시각화할 때는 가능한 한 생생하게 그리도록 하자. 시각화의 효율성을 극대화하기 위해 여러 감각을 함께 사용해도 괜찮다. 당신의 미래에 담긴 세세한 감각들을 하나하나 보고, 듣고, 만지고, 냄새를 맡으며 느껴 보자. 핵심은 이루고자 하는 목표를 즐기고 있는 자기 모습을 상상하고, 그 목표를 끝까지 이뤄 내 미래가 실현됐을 때 느껴질 벅찬 감정을 경험하는 것이다. 미래를 더욱 생생하게 그릴수록, 그 감정이 더 또렷하게 느껴지고 목표를 이루기 위한 행동으로 자신을 더욱 밀어 넣게 된다.

드웨인이 전하는 말

제 욕실에는 저의 미래를 적는 코르크판이 하나 있습니다. 거기에는 제가 이루고자 하는 것들이 적힌 메모뿐만 아니라, 매일 아침 다시 들여다보는 확언들이 겹겹이 붙어 있습니다. 게다가 앞서 2장에서 언급한 것처럼 포스트잇을 활용해 그날 느끼고 싶은 감정이나 이루고자 하는 바에 집중할 수 있는 동기 부여 메시지를 적어 두기도 하죠. 좀 더 구체적인 성과를 내고 의욕적으로 집중하기 위해 매일의 확언과 시각화 훈련에 제 꿈과 목표를 반영하는 시각 자료들을 결합하기도 합니다.

3단계: 최적의 정서 상태에서 행동하는 자신을 시각화하라

이제 원하는 성과를 내기 위해 해야 할 행동을 결정한 다음, 그 행동을 마음속으로 연습해 보자. 운동이나 업무, 조사, 글쓰기, 전화 통화, 다른 사람들과의 긍정적 교류 등 그날 해야 할 행동들에 몰두하며 그 과정을 즐기는 가운데 긍정적인 감정을 느끼는 자기 모습을 그려 보는 것이다. 러닝머신 위를 달리며 자기 절제력을 발휘해 끝까지 해냈다는 자부심으로 가득 차 웃는 모습을 그려 보자. 전화 통화를 끝내거나 미뤄 왔던 보고서와 작업에 착수하는 모습, 여행을 떠나거나 새로운 취미를 시작하는 모습, 제2의 직업을 찾아 나서는 결단력 있는 표정을 상상해 보자. 가족들을 맞이하는 장면을 떠올리며 명랑한 사랑의 감정을 느껴 보자. 최고조에 달한 정신적·정서적 상태에서 원하는 성과에 다가가기 위한 일들이라면 무엇이든 해내는 자신의 모습을 시각화해 보자.

시각화에 대한 마지막 고찰

매일 아침 확언을 읽는 일에 시각화를 결합하면, 성공을 향한 잠재의식을 더욱 빠르게 마음에 새길 수 있다. 더불어 시각화를 통해 자기 생각과 감정, 행동을 자신이 그리는 미래와 일치시킨다면, 동기를 잃지 않고 자신을 절제하는 가운데 필요한 행동을 좀 더 수월하게 해내게 된다.

꾸준하게 인내심을 가지고서 시각화를 연습하자. 명상이나 확언, 운동을 비롯한 여타 자기 관리법들처럼 이 기법이 진정한 효과를 보기 위해서는 오랫동안 꾸준히 실천해야 한다. 당신이 추구하는 것이 동기 부여이든, 자신감 회복이나 스트레스 완화, 혹은 내면의 평화나 개인적 성장이든 시각화는 목표를 이루고 더욱 충만한 삶을 살아가도록 이끄는 강력한 도구가 되어 줄 것이다.

『미라클 모닝』에 대해서는 제가 나가던 리더십 모임에서 익히 들어 왔었습니다. 그러다가 마침내 읽게 되었죠. 그리고 너무나 마음에 들어서 바로 실천하기 시작했어요. 미라클 모닝을 시작한 지 얼마 지나지 않아 친구들과 가족들은 제가 더 활기차 보이고, 한편으로 차분해지기도 했다는 사실을 알아챘습니다. 더 많은 일을 더 쉽게 해내는 것처럼 보였다고 하더군요. 저는 사람들과 『미라클 모닝』에 대한 이야기를 나누며, 많은 이들에게 이 책을 추천하기도 했습니다.

저는 원래도 아침형 인간이었지만, 『미라클 모닝』과 함께한 뒤로는 새벽 4시 30분에서 5시 사이에 일어나 하루를 시작하게 되었습니다. 제 삶을 완전히 뒤바꾼 방식이었어요. 저는 언제나 아침의 고요한 시간을 좋아했습니다. 세이버스 가운데 가장 좋아하는 건 시각화이고 그다음이 침묵입니다. 왜냐고요? 미라클 모닝을 실천하기 전에는 스스로를 돌보며 미래를 그려 볼 만큼 천천히 지내 본 적이 거의 없었거든요. 항상 이리저리 뛰어다니며 모든 일을 끝마치는 데 급급해서는, 정작 자신을 돌보거나 균형을 찾는 일에는 소홀했어요. 이제 더욱 차분하고 평화로운 상태에서 한층 더 효율적으로 많은 일

을 해내는 중입니다. 이렇게 하루를 시작한다는 건 정말 놀라운 일
이에요.

- 켈리 게르하르트 Kelly Gerhardt

62세

7장

운동Exercise의 E

신체적·정신적·정서적 활력을 끌어올려라

몸을 단련하세요. 그리고 기억하세요. 매일의 운동은 필수입니다.
계획을 세우고 실천하세요. 그에 걸맞은 보상이 주어질 겁니다.

- 미국 피트니스 및 영양 전문가·동기 부여 연설가, 잭 라랜Jack LaLanne

82세 베티는 이지스 리빙에 거주하고 있었다. 거동이 불편했던 그녀는 넘어질까 두려워 거의 움직이려 하지 않았다. 그런 베티에게 한 요양사가 앉아서도 할 수 있는 의자 운동과 함께 팔다리 움직임을 원활하게 할 목적으로 만들어진 노년층 대상의 젠틀 요가를 권했다. 베티는 회의적이었지만 일단 한번 해 보기로 했다.

몇 주가 지나자 베티는 자신의 유연성과 근력이 눈에 띄게 개선되었다는 사실을 알아차렸다. 주변을 돌아다니는 데 더욱 자신감이 붙었고, 다시 모임 활동에 참여하기 시작했다.

기력도 상승해 하루하루가 더욱 즐거워졌다. 이렇게 가볍고 규칙적인 운동을 일상에 녹여 내자, 삶의 활력과 자립심을 되찾을 수 있었다.

어쩌면 당신은 베티의 나이가 되어 보지 못한 탓에 그녀와 같은 상황에 놓일 거라고 상상하기 어려울 수도 있다. 하지만 10년을 건강하게 늙어 가려면 나날의 일상에 운동을 포함해야 한다는 사실을 중요하게 여겨야 한다. 건강과 원활한 거동의 측면에서 '쓰지 않으면 잃는 법'이라는 원칙은 정확하게 맞아떨어진다. 나이가 들수록 우리의 근력은 약해지고 거동은 힘들어지고, 뼈가 약해지는 가운데 신진대사는 느려진다. 이런 상황이 발생하는 것을 막으려면 활동적으로 움직이는 수밖에 없다. 신체의 활력을 유지하기 위해서는 끊임없이 몸을 움직여야 하며, 만약 움직임이 둔화하고 있다면 활동을 재개하는 것이 반드시 필요하다. 다행히 나이나 신체적 상황과 관계없이 근력을 기르거나 거동 능력을 키우고 유지하는 방법은 얼마든지 있다. 게다가 세이버스에 이미 **운동**이 포함되어 있으므로, 당신은 활기차게 움직이며 하루를 시작하게 될 것이다.

경고음이 울릴 때까지 기다리지 마세요. 어릴 적 저는

열심히도 건강을 좇았습니다. 그런데 시간이 흐르며 그런 열정을 잃어버렸어요. 온종일 일하고, 당과 지방이 가득한 음식으로 끼니를 때우고, 잠을 줄이며 밤늦게까지 파티를 즐겼죠. 운동이요? 뭐, '시간이 있으면' 한 번씩 했달까요. 100세를 넘긴 어르신들을 돌봐드리며 너무나 많은 걸 배웠지만 아이러니하게도 그런 배움을 저 자신에게 써 봐야겠다는 생각은 하지 못했습니다. 이지스 리빙에 거주하는 분들의 건강과 장수에 관해 매일같이 고민했으면서도, 정작 제 자신은 그런 배움과 동떨어져 있었어요.

결국 그 모든 건 아내와 함께 노동절 연휴를 보내던 중 인생에서 가장 고통스러웠던 복통으로 찾아왔습니다. 너무 상태가 나빠 결국 병원에 가게 되었고, 급성 위염을 진단받았죠. 밤새 병원에 누워 있는 동안 저는 다짐을 달리했습니다.

저는 다시 찾아온 건강과 장수를 향한 집착으로, 더욱 활기차고 건강하며 충만하게 살 수 있는 가능한 모든 방법을 찾기 위해 탐구의 길로 들어섰습니다. '건강 사냥꾼'이 되어 80개가 넘는 국가를 돌아다니며, '80대, 90대, 100세를 넘어서까지 건강하게 나이 든다는 건 어떤 의미인가?'에 관해 수백 명의 사람들과 이야기를 나

　　　　　1부　50세 이후 당신의 진정한 잠재력을 깨우다

넀고, 그 이야기들은 저의 책『앞으로 서른 번의 여름을30 Summers More』을 쓰는 데 영감을 주기도 했죠. 간단하게 들리겠지만, 장수 방정식의 가장 큰 변수는 바로 움직임입니다. 100세를 넘긴 어르신들에게서 거듭해서 들었던 건 장수의 비결이라곤 그저 매일매일 움직이는 것이라는 이야기뿐이었어요. 힘든 운동을 반복하거나 미친 듯이 움직이는 게 능사가 아니었던 거죠. 중요한 건 엘리베이터 대신 계단을 오르고, 5분 만이라도 요가를 하고, 마트에서 조금 떨어진 곳에 주차하고, 스트레칭은 가능한 한 자주 하라는 것들이었습니다. 뭐가 됐든, 일단 움직이세요!

아침 운동의 힘

운동은 당신의 미라클 모닝의 귀중한 요소로, 유연하게 조정할 수 있다. 아침에 일어나자마자 바로 헬스장에 갈 필요는 없다. 운동이 처음이거나 운동을 오래 쉬었다가 다시 시작하는 사람들이라면 특히 그렇다(이번 장 후반부에서 운동을 시작하는 몇 가지 방법을 제안할 것이다). 여기서 우리는 아침에 잠깐이라도 몸을 움직이며 온종일 활력과 집중력을 이어 가는 데 도움을 주는 신체적·인지적 이점을 경험하고자 한다. 특히 50세를 넘어선 사람들은 이 과정을 거쳐 건강수명을 늘려 장수를 다질 수 있게 될 것이다. 품위 있게 늙어 가기 위해서는 긍정적인 마음가짐과 건강한 습관만으로 부족하다. 일상적인 일들을 해내며 자립심을 유지하는 데 핵심적인 기능적 근력을 유지하는 것이 중요하다.

기능적 근력은 의자에서 일어서기, 식료품 운반, 계단 오르기처럼 일상적인 활동을 혼자서도 수행할 수 있도록 해 주는 힘이다. 이 근력은 나이 드는 과정에서 자립을 유지하는 데 중요한 역할을 한다. 의자에서 일어서기가 힘들다는 건 노화로 인해 근육량과 근력이 줄어드는 근감소증의 신호로 볼 수 있다. 근감소증은 거동 능력과 균형감을 비롯해 전반적인 신체 기능에 영향을 미친다. 이는 50세 전후로 시작되어 시간이 지날수록 진행이 빨라지며, 낙상과 골절의 위험성을 높여 삶의 질을 크게 떨어뜨릴 수 있다.

근력 운동을 하면 포도당 대사가 개선되어 제2형 당뇨병의 위험성이 줄어든다. 미국당뇨병협회ADA, The American Diabetes Association는 근력 운동이 인슐린 민감성을 높이고 근육의 포도당 흡수를 높여, 특히 노년층의 대사 건강 관리에 도움이 된다는 점을 강조한다.[1]

근력이 높을수록 심혈관 질환과 골다공증, 암을 포함한 모든 요인으로부터 오는 사망 위험이 줄어들기 때문에[2] 근력 운동은 장수와도 밀접하게 연관된다. 또 운동은 심혈관 건

    1부   50세 이후 당신의 진정한 잠재력을 깨우다

강을 개선하고 근력을 높여 전반적인 체력을 증진함으로써 50세 이후 노년층의 활력 수준을 눈에 띄게 끌어올린다. 신체 활동을 꾸준히 이어 가면 심장이 튼튼해지고 폐활량이 향상되어 근육과 조직으로 향하는 산소와 영양분이 더욱 효율적으로 전달된다. 이렇게 개선된 혈액순환의 힘으로 하루 종일 활력을 이어 갈 수 있다.[3]

앞서 말한 모든 신체적 이점에 더해, 뇌도 운동의 혜택을 받는다. **운동을 하면 인지 기능이 향상되고 정신 건강과 기억력이 좋아진다.** 또 치매와 같은 특정 신경 질환의 발병을 막을 수 있다.[4] 운동은 여러 흥미로운 방식으로 우리의 정신을 보호한다.[5] 먼저, 운동을 하게 되면 뇌에 더 많은 산소가 공급되고, 이성적 생각이나 사회적·신체적·지적 수행 능력과 연관된 뇌 영역의 혈관이 발달한다. 게다가 '뉴로트로핀'이라 불리는 단백질이 늘어나는데, 이 단백질은 뉴런들을 보호해 제 기능을 유지할 수 있도록 한다.

특히나 아침 운동은 하루 동안 이어지는 활력 수준에 상당한 영향을 미치는 것으로 밝혀졌다. 운동을 하면 몸 전반에 걸쳐 산소와 영양소 공급이 늘어나고, 심장과 폐의 경우에는 특히 더 그렇다. 이런 현상을 거쳐 심혈관계 기능과 지구력, 전반적인 체력이 향상된다. 아울러 운동은 우리 세포의 에너지 공급을 책임지는 발전소인 미토콘드리아 생성을 촉진한다. 미토콘드리아 개체수가 늘어나면 신체의 에너지 생산 능력이 향상되어 피로가 줄어든다.[6] 이른 시간에 운동을 마칠 경우, 더욱 활기찬 기분으로 하루를 보낼 기반을 마련하게 되는 것이다.

마지막으로 덧붙이자면, 신체 활동이야말로 스트레스에 대한 자연 치유제다. 운동을 하는 동안 우리의 뇌는 더 많은 엔도르핀을 생산한다. 우리를 기분 좋게 해 주어, 이른바 러너스 하이*를 끌어내는 신경전달물질이 바로 이 엔도르핀이다(세로토닌이나 노르에피네프린과 같은 신경전달물질은 뇌의 정보처리를 가속하는 것으로도 알려져 있다). 아침 시간에 이러한 신경 전달 물질의 분비를 자극한다는 건 하루 동안 작동하는 감정 조절 장치를 설정하는 것과 다름없다.

우리는 아침 운동으로 건강을 지키고 활력을 채울 뿐만 아니라, 스스로 해냈다는 성취감으로 다가올 하루를 긍정적으로 바라보는 시각까지도 길러 낼 수 있다.

자신에게 맞는 운동을 선택하라

50세가 넘어가면 기능적 건강을 우선에 두고, 기존의 건강

---

* 일정 강도 이상으로 달리기와 같은 유산소 운동을 할 때 나타나는 강렬한 행복감·평온함·통증 감소 상태.

상태나 신체적 한계를 고려하여 근력과 유연성, 균형감, 심혈관 건강을 고루 개선할 수 있는 운동에 집중하는 편이 좋다. 다음은 이러한 조건을 충족하면서 미라클 모닝 동안 실천할 수 있는 운동들이다.

- **걷기 혹은 하이킹**: 이는 충격이 적은 운동으로 개인의 건강 수준에 맞춰 쉽게 조정할 수 있다. 집 밖에서 햇볕을 쬐고 신선한 공기를 마시며 걷는 것도 좋고, 혹은 그저 집안을 오가며 걸음 수를 늘림으로써 거동 능력을 유지하는 방법도 있다. 하이킹을 하며 근력과 균형감을 개선하는 부가적인 이점을 누릴 수도 있다. 건강을 위해서는 하루 최소 4,700보를 걷는 것이 좋고 7,000에서 8,000보면 더할 나위 없다. 더 많이 걸을수록 효과는 더욱 좋아진다.

- **자전거 타기**: 자전거는 대부분 관절에 거의 무리를 주지 않으며, 균형감을 높이고 근력을 키우는 데도 이상적이다. 할은 일주일에 3~4번 자전거로 동네를 한 바퀴씩 돌고, 날씨로 인해 외부에서 자전거를 타기 힘들 때를 대비해 실내 자전거도 마련해 두었다.

- **수영**: 자전거와 마찬가지로 관절에 걸리는 부하가 거의 없다. 수영은 전신 운동으로, 폐활량을 늘리고 신체 균형감을 높일 뿐만 아니라 유연성을 기르고 운동 범위를 넓히며 호

흡계를 발달시킨다.

- **근력 운동:** 저항 밴드나 가벼운 아령을 활용해 근육을 키워 거동 능력을 유지하고 낙상을 예방할 수 있다. 저항 운동을 하면 기능적 움직임에 핵심적인 근육량과 근력을 유지하는 데 큰 도움이 된다.

- **의자 운동:** 앉아서 하는 의자 운동도 있고, 의자를 붙잡고 보조를 받으며 하는 운동도 있다. 앉은 상태로 다리 올리기, 가벼운 아령 들기, 앉아서 무릎 들기, 빠르게 다리 구르기와 같은 운동을 예시로 들 수 있으며, 이런 운동으로 하반신을 강화하고 심박수를 높여 관절에 무리 없이 심혈관 건강을 개선할 수 있다.

- **요가:** 요가는 유연성, 근력, 균형감을 길러 준다. 요가가 처음이라 지도가 필요하다면, 유튜브 사이트에서 '50대를 위한 요가'처럼 연령대에 맞춘 영상을 찾아 시작할 수도 있고, 노년층을 대상으로 한 요가나 거동이 불편한 사람들을 위한 요가처럼 나이와 건강 수준에 맞춰 짜 놓은 요가 수업을 들을 수도 있다. 온라인에서 활용할 수 있는 방법도 많으니, 세이버스의 일환으로 요가를 실천하는 것도 충분히 가능하다.

- **태극권이나 기공:** 느리고 신중한 움직임으로 구성된 이 가벼운 무술 형태의 운동은 균형감과 유연성을 기르고 정신 건

　　　　　1부　50세 이후 당신의 진정한 잠재력을 깨우다

강을 개선해 준다. 활용할 수 있는 교육 영상도 많아 집에서 실천할 수 있다. 《공중 보건 프론티어스Frontiers in Public Health》의 한 연구는 나이 들어 갈 때, 태극권을 하면서 균형감을 높여 낙상의 위험을 낮출 수 있다는 사실을 밝혀냈다.[7]

- **균형 훈련:** 싱크대나 의자처럼 지지대로 삼을 만한 튼튼한 무언가의 옆에 서서, 뒤꿈치 들고 걷기, 외발 서기, 눈 감고 외다리 서기와 같은 운동을 하며 균형감을 길러 안정성을 높일 수 있다.

- **계단 오르기:** 노년층에게 계단만 있다면 관절에 무리가 가지 않는 심혈관 운동으로 활용할 수 있다. 처음에는 몇 계단으로 시작해 체력이 향상됨에 따라 점진적으로 강도를 늘리면 된다.

- **춤추기:** 거실에서 음악을 틀고 춤을 춰 보자! 춤을 추면 심혈관의 이점을 얻는 동시에, 균형감과 협응력을 키울 수 있으며, 기분도 좋아진다.

- **스트레칭:** 주요 근육을 가볍게 늘려 주는 스트레칭 운동으로 유연성을 기르고 운동 범위를 넓혀 보자. 앞서 2장에서 자세히 살펴본 것처럼 침대에 누워 있는 상태에서 하는 가벼운 스트레칭으로 하루를 시작할 수도 있다. 각 부위를 늘릴 때마다 반동 없이 집중해서 15초에서 30초를 유지하자. 스트레칭을 통해 하루를 보낼 몸 상태를 갖추게 될 것이다.

- **정원 가꾸기**: 정원 가꾸기나 가벼운 마당 손질 같은 활동도 운동이 될 수 있으며, 야외에서 자연과 교감하는 즐거움까지 얻을 수 있다.

세이버스를 실천하는 동안 최소 10분 이상은 운동에 쓰기를 권한다. 어떤 운동(들)을 택하든 만성 질환이나 건강이 우려된다면, 우선 의료 전문가와 상담을 진행하자. 상담을 거쳐서 운동을 선택한다면 자신의 필요에 맞춘 활동을 찾을 수 있으며, 좀 더 편안한 마음으로 건강을 향해 나아가게 된다.

운동(E)은 분명 당신의 세이버스(S.A.V.E.R.S.)를 구성하는 핵심 요소지만, 만약 원한다면 세이버스의 다른 활동을 실천하는 동안에도 운동이나 기능적 근력을 염두에 두는 것이 가능하다. 예를 들어, **침묵**을 실천하는 동안 몸을 자각하고 이완하는 데 집중하는 마음챙김이나 명상을 통해 스트레스를 줄이고 정신적 명료함을 키울 수 있다. **확언**의 단계에서 '**나는 건강하고 유능하다**', 혹은 '**나는 매일매일 기능적 근력을 유지한다**'처럼 신체 건강이나 근력과 관련된 긍정의 확언을 활용할 수 있다. 편안하게 자신감을 가지고 일상의 활동을 수행하는 자기 모습을 **시각화**해 근력과 거동 능력의 중요성을 마음에 새길 수도 있다. 또 **독서**를 통해 50세 이상을 대상으로 한 건강 서적이나 건강한 노화를 다룬 글들을 읽으며 신체 건강이나

    1부 50세 이후 당신의 진정한 잠재력을 깨우다

근력 유지에 관한 통찰이나 정보를 얻는 것도 가능하다. 마지막 기록 단계에서는 기능적 근력을 유지하는 과정을 **기록**으로 남기며 나날의 목표를 정하고, 활동적인 삶을 지키며 얻은 이점을 돌아볼 수도 있다.

아침을 넘어서:
일상의 움직임을 의식적인 습관으로 만들기

식료품 배달에서부터 은행 업무에 이르기까지, 모든 일을 손가락 하나로 처리할 수 있게 되면서 우리는 점점 앉아서 생활하는 일상으로 접어들고 있다. 그렇다면 어떻게 이 좌식 생활의 함정에서 벗어나 다시 움직일 수 있을까? 세이버스를 진행하는 아침부터 시작해 하루 종일 움직임을 이어 갈 수 있도록 몇 가지 팁을 준비했다.

1. 활동량 추적하기: 일어나는 순간부터 걸음 수를 추적해 보자. 하루에 몇 보씩 걷는가? 몸에 착용할 수 있는 장비나 스마트폰을 활용해 정보를 얻을 수도 있지만, 구식 만보기만으로도 충분하다. 앉아 있는 시간을 줄이고 점진적으로 걸음 수를 늘리는 걸 목표로 하자. 앉아서 보내는 시간이 얼마나 되는지, 너무 오랫동안 화면을 들여다보고 있지 않은지 주의를 기울여 보자.

2. 걸음 수 늘리기: 거의 온종일 앉아서 보낸다면 하루 2,000보를 걷는 것이 고작일 것이다. 처음에는 4,000보를 목표로 하자. 하루 1만 보가 이상적이지만, 앉아서 하는 생활에 익숙해졌다면 그 숫자에 도달하기가 에베레스트 등반처럼 느껴질 수 있다. 그 대신 5,000보에

서 7,500보를 목표하는 것만으로도 이전 생활 방식과 비교해 상당한 건강 개선 효과를 볼 수 있을 것이다.

3. 규칙적으로 일어서기: 만약 책상 앞에 얽매여 있다면 30분마다 자리에서 일어나 가볍게 걷는 습관을 들이도록 하자. 필요하다면 스마트폰 반복 알람을 설정해 두는 것도 도움이 된다.

4. 일상에 움직임을 끼워 넣기: 통화하는 시간을 활용해 걷거나 엘리베이터 대신 계단을 이용하고, 좀 더 멀리 떨어진 장소에 주차해 걸음 수를 늘려 보자.

드웨인이 전하는 말

자신의 생활 방식과 건강 상태에 맞춰 슬기롭게 운동해야 합니다. 우리가 일상에서 하는 운동은 나이와 직업, 가정에서 맡은 역할에 따라 달라지니 유연하게 접근하는 것이 중요합니다. 예를 들어 저희 부부의 경우 저항 밴드를 가지고 다니다 보니, 집에서 멀어졌다는 이유로 운동을 빼먹을 일이 없습니다. 우리는 밴드를 이용해 스트레칭을 하며 근육 긴장을 풀어 주죠. 몸이 굳어 있는 사람들에게 안성맞춤이에요. '에그'라고 부르는 손 운동 기구도 가지고 다닙니다. 손에 쥐는 고무 달걀처럼 생겼는데, 손과 손가락을 단련하고 전완근을 기르는 데 제격이에요. TV 볼 때나 책 읽을 때, 혹은 걸을 때 간단하게

1부 50세 이후 당신의 진정한 잠재력을 깨우다

사용할 수 있어요. 주머니나 가방에 넣어 다니기에도 그만이라, 어디에 있든 운동을 못한다고 핑계를 댈 수가 없죠. 휠체어에 의존하시는 이지스 리빙 거주자분도 계시는데, 저항 밴드와 에그를 이용해서 근력을 유지하고 계시고 움직임도 좋으세요. 체력 수준에 상관없이 모두에게 적합합니다.

한 가지 정보를 더 드리자면, 저는 물리치료사의 권유로 다양한 전동 마사지 기구를 사용하고 있습니다. 아침에 일어났는데 무릎이나 등이 결린다 싶으면, 이 마사지 기구를 들고서 진동으로 가볍게 근육을 풀어 줍니다. '피넛' 이라는 땅콩처럼 생긴 마사지볼도 있는데, 처음에는 몸이 결리더라도 이 녀석을 사용하면 움직이고 싶은 마음이 생겨나죠(사실 벌써 네 개나 있습니다. 아내는 그만 좀 사라고 성화예요). 적외선 기능이 달린 마사지기도 있습니다. 진동을 이용할 수 있을 뿐만 아니라 상처 회복과 염증 감소에 도움이 되는 적외선도 활용할 수 있는 거죠.

중요한 건, 아픔이나 통증 때문에 움직임을 멈추지 마시라는 겁니다. 그게 핵심이에요.

냉요법을 통한 운동 효과 증진

우리가 앞서 4장에서 다룬 빔 호프 메소드에서 짐작했겠지만, 드웨인은 냉요법의 열렬한 지지자다. 추위에 노출되었을 경우, 염증을 완화하고 세포 건강을 뒷받침하는 호르몬인 노르에피네프린 분비가 증가한다는 사실이 여러 연구로 드러났다. 이는 노화 관련 질병을 물리치고 장수를 촉진하는 데 특별한 혜택을 가져올 수 있다.[8] 또 추위 노출은 면역 체계를 강화하고, 노화와 염증의 원인이 되는 노화 세포(좀비 세포)를 제거하는 데 도움을 준다.[9] 주기적인 추위 노출로 몸을 단련하면 신체적·정신적 모든 측면에서 스트레스 관리 능력이 향상돼, 전반적인 회복력이 올라간다.

추위를 끌어안고, 당신의 미라클 모닝에 깃들 활기 넘치는 혜택을 누려 보자! 다음은 이를 효과적이고 안전하게 실천할 방법들이다.

먼저 평소 하던 운동으로 시작하자. 경보나 요가, 근력 운동, 혈액순환을 돕는 신체 활동이라면 무엇이든 괜찮다. 운동으로 몸을 덥히면, 한결 수월하게 냉요법으로 넘어갈 수 있다(냉요법은 근육통과 염증을 줄여 운동 후 빠른 회복에 도움을 주므로, 운동이 끝난 뒤 냉요법을 진행하는 것이 특히 효과적이다).

그러고 나서 냉요법으로 넘어가자. 냉수욕을 할 수 있는 욕조나 전용 통이 있다면, 노래를 흥얼거리거나 가벼운 스트레칭을 하며 마음의 준비를 해 보자(드웨인은 정말로 30초에서 1분 동안 좋아하는 노래를 크게 부른다. 그렇게 하면 주의를 분산시

     1부   50세 이후 당신의 진정한 잠재력을 깨우다

킬 수 있을 뿐만 아니라 욕조에 들어갈 때 매우 중요한 호흡 조절에도 도움이 된다). 처음 시작한다면 1분에서 2분 정도 냉수에 몸을 담그는 걸 목표로 하자. 몸이 냉기에 적응하려면 그 정도 시간이 필요하다. 처음에는 힘들 수 있으나 조금만 견뎌 보자. 익숙해짐에 따라 3분에서 5분으로 차츰 시간을 늘려 가면 된다. 몸이 적응할 수 있도록 호흡에 집중하자. 드웨인의 말을 빌리자면, 그렇게 긴 시간을 견뎌 냈을 때, 마치 슈퍼히어로가 된 듯한 기분이 느껴질 것이다.

냉수 욕조를 쓸 수 없다면, 냉수 샤워도 괜찮다. 미지근한 물로 시작해 서서히 온도를 낮춰 보자. 우선 30초로 시작해, 몸이 적응하면 1분 이상으로 시간을 늘려 가자(언제나처럼 냉요법을 시작하기 전에 우선 의료 전문가와 상의를 거치는 것이 좋다).

이제 중요한 부분이다. 찬물에서 나오자마자 몸을 덥히고 싶은 욕구를 참아 내야 한다. 이는 몇 분간 몸이 적응할 시간을 주는 것으로, 차가운 혈액이 심장으로 몰리며 찾아오는 충격을 완화할 수 있다(따뜻한 욕조에 들어가거나 따뜻한 물로 샤워하려면 몸이 놀라지 않도록 잠시 기다린 후에 진행하는 것이 좋다).

자, 이제 한번 해 보자. 힘차게 노래하며 냉기에 맞서, 그 떨림 하나하나가 더욱 건강하고 탄탄한 회복력을 향한 발걸음이란 사실을 깨우쳐 보자. 누가 알겠는가? 당신이 냉기를 끌어안는 순간을 고대하게 될지.

운동에 대한 마지막 고찰

우리 모두는 일상의 운동이 건강을 최적화하는 데 얼마나 도움을 주는지 알지만, 너무나 쉽게 운동을 미루거나 하지 못하는 이유를 만들어 낸다. 가장 흔한 핑계는 두 가지다. '시간이 없어', 혹은 '너무 피곤해'. 당신도 이 중 한 가지 핑계를 대며 운동을 거른 적이 있지 않은가? 세이버스 습관의 힘을 이용한다면, 운동을 안 할 핑계를 찾거나 다른 일에 에너지를 쓸 시간에, 이미 우리는 운동을 말끔히 마칠 수 있을 것이다.

미라클 모닝 공동체 회원에게서 온 편지

『미라클 모닝』을 발견할 수 있도록 도와주신 아버지께 감사드립니다. 2022년 2월에 돌아가신 탓에 직접 만나 뵙고 마음을 전달할 수는 없으나, 세이버스를 실천하며 침묵의 시간을 보내는 동안 감사를 전하곤 합니다. 92세의 나이로 돌아가시긴 했지만 삶의 마지막 10년 동안은 건강이 나빠지셔서 아버지 본인은 물론이고, 가족 모두에게도 힘든 시간이었습니다. 제가 아버지의 상실로 이렇게 슬프고 비통해하며 분노를 겪을 줄은 몰랐습니다. 이리저리 버둥거렸지만 헤쳐 나갈 길이 보이지 않았어요! 그러다가 시누이가 건네준 『미라클 모닝』을 만나게 됐죠. 책을 읽기 시작하자 내려놓을 수 없었어요. 완전히 제 마음을 울렸습니다. 이제 쉬지 않고 미라클 모닝을 실천한지 294일째가 됐네요. 24년째 함께 살고 있는 남편과 20살 된 쌍둥이 딸들이 제게 나타난 변화를 알아채고 말해 줄 정도예요. 제 삶은 긍정적인 마음가짐과 『미라클 모닝』을 통해 개선된 정신적·신체적 변화 덕분에 크게 나아졌습니다. 이제 저는 엄청난 양의 책을 읽으며 매일 요가를 하고, 반려견 웨스턴과 함께 걷고 뛰고 있어요. 제게 2022년은 너무나 힘든 한 해였지만, 최고의 한 해이기도 했습니다!

– 재키 데이비Jackie Davey
50대

독서Reading 의 R
지식을 습득해 변화에 속도를 붙여라

마음에 있어 독서는 몸에게 운동과 같다.

- 영국의 수필가·시인·극작가·정치가, 조지프 애디슨Joseph Addison

경험은 위대한 스승이라는 말이 있다. 누가 한 얘기인지 모르지만, 그 경험이 우리가 직접 겪은 것이어야 하는지, 혹은 다른 사람의 경험을 지름길 삼아 배워도 되는지는 명확하지 않다. 다른 사람의 경험도 괜찮다고 한다면, 그 사실은 세이버스의 다섯 번째 실천인 독서가 왜 당신의 삶을 바꾸고, 개선하고, 최적화하는 데 필요한 지식과 시각, 전략을 얻는 가장 효율적이고 효과적인 방법인지를 자연스럽게 설명해 준다.

더 행복하고, 더 건강하고, 더 풍요로워지고 싶은가? 사업을 시작하거나, 결혼 생활을 개선하거나, 은퇴를 계획하거나, 손주와 편하게 이야기를 나눠 보고 싶은가? 앞서 그런 일들을 해낸 사람들이 작성한 책과 글이 무수히 많다. 이러한 책과 글을 통해 당신도 같은 일을 해낼 방법을 배울 수 있으며, 그렇게 시행착오를 줄임으로써 성공에 속도가 붙게 된다.

미국 국립노화연구소에 따르면, 책과 잡지를 읽을 경우 사고를 활발하게 유지하고 사고력을 기민하게 유지하는 데 도움이 된다.[1] 자, 이제 노년에 이르러서도 활력 넘치는 즐거운 삶을 살아가는 데 독서가 어떻게 도움을 주는지 파고들어 보자(아이러니하게도 독서를 다루는 이번 장이 이 책에서 가장 짧지만, 독서에 관해 길게 설명할 것도 없다).

과학은 말한다

독서를 하면 뇌 기능이 향상되고 공감력이 상승하며 스트레스가 줄어든다는 사실은 여러 연구를 통해 드러났다.《신경학Neurology》에 실린 한 연구는 독서와 같이 정신을 자극하는 활동에 몰두하면 인지 저하 발현을 늦출 수 있다는 점을 보여준다.[2]

게다가, 예일대학교 공중보건대학Yale University School of Public Health의 연구는 독서가 수명 연장에 도움을 준다는 사실을 밝혀냈다. 연구진은 건강 조사에 참여한 전국 50세 이상의 참가자 3,635명의 자료를 살폈다. 그리고 '지난 한 주 동안 몇 시간 정도 책을 읽었습니까?'라는 질문에 대한 답변을 토대로 책을 전혀 읽지 않은 집단, 주당 독서 시간이 3시간 30분 이내인 집단, 주당 독서 시간이 3시간 30분 이상인 집단, 세 그룹으로 참가자들을 나눴다. 책을 좋아하는 사람들은 연구 결과에 고무되었다. 12년에 걸친 추적 관찰 결과, 책을 읽지 않는 사람들과 비교했을 때, 주당 3시간 30분 이내로 책을 읽은 사람들은 17% 낮은 사망 확률을 보였고, 3시간 30분 이상 책을 읽는 사람들의 경우엔 무려 23%나 낮았다. 책을 읽는 사람들의 경우 전혀 책을 읽지 않는 사람들에 비해 평균 수명이 23개월가량 긴 것으로 나타났다.[3]

또 긍정적인 생각과 회복 탄력성을 촉진하는 문학에 몰두하면 부정적인 생각의 영향력을 낮춰 낙관적인 시각을 키울 수 있다. 익히 알다시피 나이가 들수록 우울과 불안 증세가 더욱 흔해지는데, 2018년 발표된 연구는 자기계발서를 읽을 경우, 이런 증세가 눈에 띄게 줄어든다는 사실을 확인했다.[4]

얼마나 읽을 것인가

이는 당신이 미라클 모닝에서 독서에 얼마나 할애할 것인가에 달려 있다(각 세이버스를 어느 정도 시간을 두고 실행할 것인가에 관해서는 10장에서 다룰 예정이다). 할은 미라클 모닝을 실

　　1부　50세 이후 당신의 진정한 잠재력을 깨우다

천하는 동안 적어도 10분 동안 책을 읽으라고 권한다. 물론 더 오래 읽어도 좋고, 원한다면 하루 중에 짬을 내어 좀 더 읽어도 된다. 대부분의 경우 하루 5쪽에서 10쪽은 어렵지 않게 읽을 수 있다.

그리 많은 분량은 아닌 듯하지만 한번 계산해 보자. 하루 10쪽을 읽는다면 365일 동안 3,650쪽을 읽게 되고, 이는 대략 200쪽 분량의 책 18권에 해당한다. 다음 12개월 동안 18권의 자기계발서를 읽는다면, 혹은 하루 5쪽씩 9권의 자기계발서를 읽는다면, 마음가짐의 성장을 기대하며, 괄목할 만한 삶의 발전을 위한 전략들을 배울 수 있지 않을까? 너무나 자명하다! 매일 5쪽에서 10쪽씩 책을 읽는 일이 힘에 부칠 수도 있지만, 그 독서가 당신을 빚어낼 것이다. 독서란 삶의 본질을 뿌리부터 뒤흔들 개인적 성장의 여정이다.

무엇을 읽을 것인가

분명히 말하자면 미라클 모닝의 경우 비소설 분야의 자기계발 및 건강 관련 내용을 읽는 것을 의미한다. 소설이 줄 수 있는 가치보다, 여기서는 더 건강한 삶을 위해 필요한 지식과 도구를 얻는 데 목표를 두고 있다. 당신이 지향하는 결과를 앞서 이뤄 낸 사람들이 쓴 글을 찾아 시간을 아껴 보자. 당신보다 먼저 목표를 성취한 사람들을 본보기 삼아, 원하는 바를 더욱 빠르게 이뤄 낼 수 있을 것이다. 거의 모든 분야에서 활용할 수 있는 책들이 무수한 만큼, 매일의 독서로 얻을 수 있는 지식에는 끝이 없다.

할이 전하는 말

제 삶을 극적으로 바꾸어 놓았고, 심지어는 생명을 구했다고도 할 수 있는 몇몇 조언들은 제가 읽었던 책들에서 얻었다고 말하고 싶네요. 2008년 세계 금융 위기로 수입이 반토막 났을 때, 마이클 포트Micheal Port의 『배짱으로 서비스하라Book Yourself Solid』를 읽고, 그 전략을 적용한 덕분에 저는 2달 만에 수입을 두 배로 늘릴 수 있었습니다. 울트라마라톤에 뛰어들고 싶었지만 어디서부터 시작해야 할지 감을 잡을 수 없었을 때는 『달리지 않는 자의 마라톤 코칭The Non-Runner's Marathon Trainer』이라는 책이 제게 길을 열어 주었어요. 암을 진단받고 생존 확률이 30%에 불과하다는 말을 들었을 땐 크리스 워크Chris Wark의 『크리스 암을 이기다Chris Beat Cancer』와 켈리 터너Kelly A. Tuner의 『왜 불치병은 호전되는가Radical Remission』와 같은 책들을 읽으며 너무나 절실했던 영감과 암을 이겨 내고 회복하는 데 필요한 구체적인 가르침을 얻었습니다. 제가 개선하고 싶은 삶의 영역에 집중한 비소설 서적들을 읽는 단 한 번의 구글 검색만으로도 어떠한 어려움이든 극복하는 법이나 더 나은 삶을 만드는 법, 기술 습득 요령, 목표 달성 비법 등에 관한 무한한 자료를 얻을 수 있다. 이런 자료들과 더불어, 사실상 모든 분야를 다루는 책을 통해 한층 깊이 파고들어 더 많은 배움을 얻는 것도 가능하다. 다소 논쟁의 여지는 있지만 놀라운 힘을 지닌 인공지능을 활용해 특정 주제에 관한 구체적인 조언을 얻고자 한다면, 챗GPT와 같은 도구도 활용할 수 있다. 이런 인공지능은 광범위한 주제를 아우르고 즉각적인 맞춤형 정보와 지원을 제공한다.

하지만 기사를 읽거나 챗GPT와 즉각적인 질의응답을 나누는 것과는 달리, 책을 읽는다는 건 하나의 주제를 집중적으로 파고들며 상당한 시간을 들인다는 데 이점이 있다. 한 주제에 관해 더 많이 읽고 더 많이 생각할수록 더욱 풍부한 지식과 시각과 통찰을 얻게 된다. 금방 잊힐 기사를 5분 동안 읽는 것과 몇 주, 심지어는 몇 달 동안 하나의 주제에 관해 책을 읽는 것의 가치를 비교해 보면 명확하다. 책의 내용에서 더 많이 배울 수 있을 뿐만 아니라, 어떻게 하면 그 내용을 삶에 적용할 수 있을지 매일매일 고민하는 과정에서 값진 통찰을 얻게 되고 자기 인식도 깊어진다.

도서관을 찾아가든, 동네 서점이나 온라인 서점을 방문하든, 어느 분야가 됐건 더 나은 삶을 만드는 데 도움이 되는 책들이 평생 읽어도 모자랄 만큼 많다는 사실을 알게 된다. 당신이 원하는 것이 정신적·신체적 건강이나 더 나은 결혼 생활, 재정, 아이들과의 관계 개선에 관한 것이건, 새로운 취미 습득이나 은퇴 후 즐기는 삶에 관한 것이건, 폭넓은 선택지가 부족한 분야를 찾는 일이 더욱 어려울 것이다. 이 책은 특별히 50대 이상 독자를 위해 쓰였으므로, 장수와 노화의 지혜를 다루는 책을 찾는 데 도움이 되도록 높은 평가를 받은 도서 목록을 간단히 소개한다.

- 『앞으로 서른 번의 여름을』, 드웨인 J. 클라크Dwayne J. Clark
- 『노화의 종말』, 데이비드 싱클레어David Sinclair
- 『질병 해방』, 피터 아티아Peter Attia
- 『중년의 삶을 사랑하는 법Learning to Love Midlife』, 칩 콘리Chip Conley
- 『장수 식단The Longevity Diet』, 발테르 롱고Valter Longo
- 『죽음을 속이는 법Cheating Death』, 랜드 맥클린Rand McClain
- 『의식만이 전부다Consciousness Is All There Is』, 토니 네이더Tony Nader

드웨인이 전하는 말

저는 이지스 리빙에서 75세의 은퇴자 제인을 만나는 기쁨을 누렸습니다. 제인은 남편이 세상을 떠난 후, 집과 정원, 살림을 돌보는 것보다 단출한 삶을 원해서 이지스 리빙 요양원으로 옮겨 왔어요. 도움이 필요해서가 아니라요. 그녀는 단체 활동을 즐기는 멋진 여성이었죠. 그러다 하루는 보호사에게 많은 공동체 활동에 참여하고 있는데도 종종 지루함을 느낀다고 털어놓았습니다. 보호사가 제인에게 물었죠. "최근에 재밌게 읽은 책 있으세요?"

제인은 이렇게 답했어요. "나는 살면서 열심히 책을 읽어 본 적이 없어요." 이후 제인은 보호사의 권유로 가볍게 하루에 몇 분씩 책을 읽기 시작했고, 마음에 와닿는 책을 접할 때마다 차츰 독서 시간을 늘렸습니다. 영양과 운동, 마음챙김에 관한 책을 읽으며 그 실천들을 그녀의 일상에 녹여 냈죠. 심지어 지역 독서 모임에 가입해 새로운 친구들을 만나 활발히 토론을 나누기도 했습니다. 제인은 새롭게 찾은 독서를 향한 애정 덕분에 정신을 기민하게 유지했을 뿐만 아니라 사회적 교류를 넓혀 삶 전반에 걸쳐 더욱 행복해졌습니다. 제인은 이제 활발하고 생기 넘치는 85세의 여인으로, 인생의 새로운 장을 시작하기에 결코 늦은 때란 없다는 사실을 몸소 증명하고 있습니다.

독서에 관한 마지막 고찰

기억하자. 중요한 건 단순히 무엇을 얼마나 자주 읽느냐가 아니라 배운 것을 어떻게 적용하느냐다. 매일 아침 책을 읽고, 읽는 동안 얻은 통찰을 실천으로 옮길 계획을 세워 보자. 유용하게 읽었던 내용을 별도의 공책에 적어 두거나 매일 아침 작성하는 확언 문구에 추가하여 곱씹어 보는 것도 좋다. 그렇게 다시금 되새김으로써 읽은 내용을 삶에 녹여 낼 수 있게 된다. 나날의 미라클 모닝 습관에 이 단순하지만 강력한 습관을 접목한다면, 정신적 자극을 촉진하고 끊임없이 지식을 쌓아 변화에 속도를 붙여 삶의 질을 끌어올릴 수 있을 것이다.

미라클 모닝 공동체 회원에게서 온 편지

대략 12년 전쯤 『미라클 모닝』에 관해 들었을 때만 해도 저는 아침형 인간과 거리가 멀었습니다. 10년 전, 오토바이와 정면으로 충돌하는 사고를 겪고 나서야 본격적으로 실천하게 되었죠. 할의 이야기가 제 마음에 와닿았어요. 비슷한 경험 때문이었겠죠. 저는 병원에 있는 동안 미라클 모닝을 시작했고 집에서 회복하는 동안에도 꾸준히 이

　　　　1부　50세 이후 당신의 진정한 잠재력을 깨우다

어 갔습니다. 미라클 모닝을 실천하고 저는 완전히 달라졌어요. 미라클 모닝 덕분에 삶이 다시 궤도에 올랐고, 새벽 5시에 일어나 저 자신을 위해 쓰는 시간을 정말 사랑하게 되었습니다. 저는 매달 1권씩 꾸준히 책을 읽었고, 올해는 20권을 넘기려는 목표를 향해 나아가는 중이에요. 건강을 지키기 위해 규칙적으로 운동도 하고 있습니다. 할에게 영감을 받아, 성공한 사람들은 그들의 하루를 어떻게 시작하는지 이야기를 나누는 팟캐스트를 만들기도 했습니다.

- 알베르트 벨로Albert Belo
50대

9장

기록Scribing의 S
글 속에서 단단해지는 생각의 힘을 경험하라

사람들은 글쓰기를 통해 삶을 변화시키고, 믿음을 향해 도약하며,
새로운 통찰과 뜻깊은 결정에 다다른다.

— 작가·웰니스 코치·사회복지사, 린다 몽크Lynda Monk

1789년, 벤저민 프랭클린Benjamin Franklin이 쓴 편지에서 이런 말이 유명하게 인용된다. "이 세상에서 확실한 건 죽음과 세금뿐이다." 벤저민의 이 말은 새로 제정된 헌법에 관한 얘기였지만, 아마 한 가지가 빠진 듯하다. 바로 **생각**이다.

우리가 날마다 무수한 생각들을 끊임없이 떠올린다는 사실만큼 확실한 것도 드물다. 잠에서 깨어나 의식이 돌아오는 순간부터 눈을 감고 잠드는 순간까지, 우리는 대체로 **무언가**를 생각한다.

문제는 많은 생각 가운데 대부분이 무의식 속을 흘러가며 스트레스와 무력감을 주고, 비생산적이다 못해 역효과를 낳을 수도 있다는 것이다. 게다가 그런 생각들은 감정과 정서를 불러일으켜 어떤 결과로 이어질 행동을 취하게끔, 혹은 취하지 못하게끔 유도한다. 그렇기 때문에 어떤 것을 떠올리고 어떤 감정을 느끼는지를 관리하고 방향을 이끌어 갈 수단을 마련하여 삶의 주도권을 쥐는 것이 매우 중요하다.

확언이 그렇게 효과적인 수단인 것도 우리가 생각을 의식적으로 다뤄야 하는 이유와 맞닿는다. 우리는 확언을 작성하는 과정에서, 어떤 생각이 자신에게 가장 도움이 될지를 신중하게 고르고 글로 적어 그 생각을 굳힘으로써 확실하게 마음에 새길 수 있다. 이런 의도성을 통해 삶의 운전대를 잡게 되고, 자신이 원하는 삶을 향한 청사진을 그릴 확언을 설계하게 되는 것이다.

마찬가지로, 계속해서 밀려드는 생각을 정리하는 연습을 반복하는 것도 그만큼 도움이 된다. 바로 이 부분에서 기록이 미라클 모닝에 중요한 측면으로 자리 잡는다.

기록Scribing이라고 하면 복잡하게 들릴 수 있지만, 실제로는 그저 글쓰기Journaling의 세련된 표현일 뿐이다. 솔직히 말하자면 할은 세이버스(S.A.V.E.R.S.)에 끼워 맞출 S가 필요했다. 마지막에 J가 들어가면 다소 어색할 테니까. 고맙다, 유의어 사전! 우리가 하나 빚졌네.

우리는 기록을 남김으로써 실시간으로 흘러가는 생각들을 들여다보게 되며 어떤 생각을 적으면 좋을지 분간하게 된다. 이는 긍정적인 생각과 부정적인 생각 모두에 적용된다. 긍정적인 생각을 강화한다는 측면에서 보면, 우리는 기록 안에서 자신의 성취와 교훈, 경험, 감사히 여기는 삶의 측면과 아울러 자기 생각과 깨달음, 돌파구, 성찰을 포착한다. 이 과정을 통해 기록하지 않았다면 놓쳤을 새로운 시각을 얻게 되고, 이런 시각은 한층 높아진 명료함과 자기 인식, 통찰로 이어진다. 이러한 이점을 활용하면 기분은 한결 좋아지고, 더 나은 삶을 위한 긍정적인 선택을 이어 갈 수 있게 된다.

부정적인 생각의 해로운 영향을 관리하고 억제하는 도구로 보자면, 우리는 기록을 통해 두려움이나 문제점, 혹은 스트레스와 압박감을 유발하는 온갖 것들을 글로 남길 수 있다. 마음속에서 우리를 힘들게 하는 생각들을 꺼내 글로 포착함으로써, 모든 것을 끊임없이 기억해야 한다는 부담에서 벗어나게 되는 것이다. 할 일 목록을 작성하는 이점과 비슷하게, 일단 무엇이든 적고 나면 그에 관해 잊으면 안 된다거나 걱정해야 한다는 부담에서 벗어나 정말 필요한 순간에만 기록을 확인하는 식으로 최선의 도움을 받을 수 있다.

이제 이러한 이점을 하나씩 뜯어 보자.

기록의 이점

규칙적으로 글쓰기 연습에 매진하면, 아침 **기록**의 시간을 통해 다음과 같은 이점을 얻을 수 있다.

- **맑은 정신**: 글을 쓰는 과정을 통해 과거와 현재 상황을 이해할 수 있을 뿐만 아니라 미래에 자신이 무엇을 원하는지 깨닫는 데도 도움이 된다. 글쓰기는 어려움을 헤쳐 나가고, 생각을 떠올리며, 일의 우선순위를 정하고 새로운 가능성을 열어 가는 도구인 셈이다.
- **아이디어 포착**: 떠오르는 생각을 따라가며 기록으로 남기자. 값진 통찰을 놓치는 일 없이, 그 생각들을 정리하고 확장할 수 있게 될 것이다.
- **복습**: 작성해 둔 글은 당신이 배웠던 교훈을 남기고 되새길 수 있는 저장소다. 성공을 축복하고 실패를 반성하는 일은 시간에 따른 성장과 발전을 되짚는 데 도움을 준다.
- **성장의 표식**: 과거의 기록을 살피며 얼마나 멀리까지 왔는지 돌아보자. 엄청난 보람이 느껴지며 동기가 솟아오르는 가운데, 자신감과 성취감을 끌어올릴 수 있다. 기록의 한 줄 한 줄은 당신의 성장과 회복에 관한 증언이자 당신이 걸어온 여정 속 발전 과정을 떠올리게 하는 흔적이다.
- **기억력 강화**: 나이가 들수록 중요해지는 부분이다. 무언가를

적는 행위를 통해 기억은 더 오랫동안 보존된다. 생각과 경험을 기록하면, 그 내용을 기억할 확률이 올라가고, 언제든 다시 살피며 빠르게 되짚어 볼 수 있다.

- **스트레스 놓아주기**: 무언가에 스트레스를 받는다면, 공책을 집어 들고 글로 적어 보자. 이렇게 글로 적는 즉시 안도감이 느껴지며 문제로부터 분리된다. 머릿속에서 살아 숨 쉬던 생각들이 이제 관찰할 수 있는 기록으로 남았기 때문이다. 당신의 마음속을 맴돌며 스트레스를 주던 무언가를 실제로 떠올려 보자. 이제 그 생각을 적은 후 공책을 덮고, 나중에 다시 살펴볼 수 있으니 잠시 걱정을 내려놓아도 괜찮다고 상상해 보는 거다. 모든 이가 살면서 어려움을 겪지만, 그것들에 대해 끊임없이 걱정할 필요는 없다. 삶은 즐기면서 살아야 하는 것이지 스트레스의 원천이 되어서는 안 된다.

- **정서적 건강 개선**: 《JMIR 정신건강 *JMIR Mental Health*》에서도 언급한 것처럼, 글쓰기로 정서적 건강을 개선할 수 있다.[1] 당신이 감사히 여기는 삶에 대해 시간을 들여 글로 적으며 되돌아본다면 효과적으로 정서적 건강을 끌어올릴 수 있다. 게다가 글쓰기는 완전히 무료이며 24시간 내내 언제라도 가능하다. 천천히 글을 써 보고, 잠시 멈추기도 했다가, 생의 축복을 되새기며 우리에게 주어진 이 하나뿐인 삶의 모든 부분에 진심 어린 깊은 감사를 느껴 보도록 하자.

　　　　1부　50세 이후 당신의 진정한 잠재력을 깨우다

더 나아가, 러시대학 메디컬 센터Rush University Medical Center는 글쓰기처럼 정신을 자극하는 활동에 몰두할 경우, 인지 저하를 32% 낮출 수 있다는 사실을 밝혀냈다.[2] 이 효과는 80대 노년층에게서도 뚜렷하게 나타났다. 그러니 나이가 들어서도 기록 활동을 이어 갈 수 있도록 도전해 보자.

기록 시작하기

우선, 글쓰기 방식을 아날로그로 할지 디지털로 할지 정해 보자. 익숙한 종이 공책에 직접 작성하고 싶은지, 컴퓨터·스마트폰·태블릿에 있는 디지털 노트에 기록하고 싶은지를 선택하는 것이다. 잘 모르겠다면, 두 가지 모두 접해 보고 자신에게 맞는 방식을 고르면 된다.

손글씨를 선호한다면, 계속 간직하며 자주 꺼내 볼 수 있게 좋은 다이어리에 투자하는 것도 괜찮다. 정갈한 손글씨를 위해 줄 공책을 고르거나 좀 더 자유로운 표현을 위해 무지 연습장을 고를 수도 있다. 자신만의 기록장을 만들어 보자. 반대로 타이핑을 선호하거나 나중에 작성 기록을 손쉽게 수정하고 싶다면, 컴퓨터의 문서 작성 프로그램이나 스마트폰의 메모 앱을 활용하는 것도 고려할 수 있다.

여기에 더해, 미라클 모닝 실천가들을 위해 특별히 만들어진 두 가지 선택지가 있다. 첫 번째는 아마존에서 구매할 수 있는 **미라클 모닝 다이어리**The Miracle Morning Journal다. 이 다이어리는 줄 공책 형태로, 일주일을 한눈에 볼 수 있고, 매일 짧게 기록을 남길 수 있는 공간도 있으며, 세이버스를 추적할 수 있는 체크박스와 더불어 일일 영감 문구를 비롯한 많은 것들이 있다.

또 다른 선택지는 미라클 모닝 앱에 담긴 디지털 다이어리를 활용하는 것이다. 이 안에는 생각을 풀어낼 수 있도록 도움을 주는 일일 제시문이 들어 있으며, 자유롭게 글을 쓸 수 있는 제한 없는 공간도 준비되어 있다. 이는 기록의 습관을 아침 일상에 녹여 내는 간편한 방법이다.

효과적 글쓰기를 위한 팁

감사히 여기는 것들의 목록을 적거나 그날의 우선순위를 명확히 하는 데서, 혹은 어떠한 것이든 스트레스를 주는 생각들을 끄집어내는 데서 시작해 보자. 정신적·정서적 상태를 최적화할 만한 것이라면 무엇이든 적어도 좋다. 당신의 삶에서 기록으로 남길 수 있는 부분들은 무수히 많고, 감사 일기·꿈 일기·식단 기록·운동 일지 등 그 형태도 굉장히 다양하다. 자신의 목표나 꿈, 계획, 가족, 다짐, 교훈 등 삶에서 집중이 필요하다고 느끼는 것이라면 무엇이든 적으면 된다.

다음은 미라클 모닝 기록을 위한 세 가지 제시문이다.

- 도움이 되지 않는 생각이나, 내려놓거나 받아들여야 할 스트레스·두려움·고통스러운 감정들을 붙들고 있지 않은가?

  참고: 4장에서 다룬 심호흡을 활용하면 당신이 붙드는 부정적인 에너지를 파악해 끄집어내는 데 도움이 된다.

- 오늘 나는 무엇에 감사를 표할 것인가?

  참고: 침묵의 시간 동안 4장에서 배운 감사 명상을 실천했다면, 명상에서 떠올린 감사의 대상을 글로 적어 포착해 두자.

- 오늘 완수하거나 진전을 이뤄 내 성취감을 느끼고 싶은 최우선 과제가 있다면, 한 가지에서 세 가지를 적어 보자.

  참고: 할 일 목록을 적었다면, 당신의 삶에 가장 긍정적인 영향을 미칠 활동을 골라 보자.

문법이나 철자, 문장부호 같은 건 걱정하지 말고 자유롭게 적어 보자. 오직 나만을 위한 기록이다.

드웨인이 전하는 말

지금까지 이야기한 모든 걸 다시 살펴보면 **기록**이 미라클 모닝의 귀중한 일부가 되는 이유를 알 수 있을 것입니다. 기록은 우리가 원하는 삶과 꿈, 소망에 관해 글을 쓰는 일이에요. 하지만 저는 다른 것들도 적습니다. 건강을 위해 기록을 시작했어요. 저는 제 건강 다이어리에 건강에 관해 여러 지표를 적어 둡니다. 몸무게와 혈압, 수면 시간, 복용 중인 약의 변화, 운동량 같은 것들을 기록으로 남기죠. 팔굽혀펴기 35개와 플랭크* 2분이 지금까지 제 최고 기록이네요. 지금 이런 내용을 기록해 두지 않는다면, 1년 뒤, 혹은 5년 뒤에 제가 얼마나 발전했는지 어떻게 알 수 있을까요?

또 저는 65세에 접어들면서 100세 이상 어르신들의 삶을 기록해 보자고 다짐했습니다. 기억에 남는 100세 어르신들 100분을 인터뷰하고, 그분들의 이야기와 삶의 지혜를 글로 남기는 게 제 목표예요. 이 책의 출간 시점에, 저는 감사하게도 이렇게 식견이 넓고 유쾌하신 어르신들을 벌써 서른 명 넘게 만나 기록으로 남길 수 있었습니다.

---

* 팔과 발끝, 또는 팔꿈치와 발끝으로 몸을 지탱해 코어 근육을 강화하는 운동.

기록에 관한 마지막 고찰

자신이 남긴 기록을 주기적으로 돌아보도록 하자. 주에 한 번이든, 1개월이나 1년에 한 번이든, 기록을 되짚으면 값진 통찰과 새로운 시각을 얻게 된다. 가령 1년 치 기록을 훑어보면 자신이 이뤄 낸 일들에서 또 다른 감정이 느껴질 수도 있다. 우리는 감사히 여기는 것들을 적음으로써 삶에 깃든 축복을 온전히 자각하게 되고, 힘든 시기에 그 기록을 꺼내 보며 마음가짐을 달리할 수 있다.

기록과 같은 활동은 잘 늙어 가기 위해 정신적 자극이 매우 중요하다는 이해와도 맞닿아 있다. 우리는 늙어 가는 과정에서 이러한 실천을 핵심 도구로 삼아, 인지 건강과 전반적인 삶의 질을 지킬 수 있고 나이가 들수록 더 나은 사람으로 성장할 수 있다.

미라클 모닝 공동체 회원에게서 온 편지

미라클 모닝 습관은 저와 제 가족 모두에게 엄청난 축복이었습니다. 저는 아내이자 엄마, 할머니이자 부동산업자, 작가이자 자연 애호가로서 여러 역할을 맡고 있습니다. 어린 조카에 이어 제 딸까지 암을 진단받았을 때 모범을 보이기 위해서라도 몸과 마음, 정신을 다잡을 방법을 찾아야 했어요. 이때 이뤄 냈던 성과를 가족들과 나눴고, 지금은 가족들이 저마다 미라클 모닝을 실천하고 있죠. 조카가 세상을 떠난 후, 저는 동생에게 세이버스의 힘을 빌려 새롭게 시작해 보라고 권하기도 했습니다. 세이버스는 말 그대로 우리 가족의 구원자(S.A.V.E.R.S.)였어요. 기록의 습관 덕분에, 이제는 저도 책을 한 권 쓰고 있답니다.

- 안젤라 윌슨Angela Wilson
50대

맞춤형 세이버스
나이대와 생활 방식에 맞춰 세이버스를 설정하라

배움을 멈추면 사람은 늙는다. 20살이든 80살이든 상관없다.
하지만 끊임없이 배우는 사람은 늙지 않는다.

- 미국의 기업가이자 산업계의 거물, 헨리 포드Henry Ford

건강하게 나이 들기 위해서는 세포 건강을 최적화하고 신체적·정신적·정서적 건강을 뒷받침하는 습관을 기르는 데 주의를 기울여야 한다. 더 오래도록 건강하고 행복하고 충만한 삶을 살아가는 데 있어 너무나 중요한 부분이다. 이를테면 내면과 외면을 동시에 살펴보는 일이라고 할 수 있다. 세포 수준에서 보면, 우리 몸속 이 자그마한 구성 요소를 최상의 상태로 유지할 때 염증을 완화하고 질병을 막아 내며 활력 수준을 높일 수 있다. 한편으로 정신적·정서적 건강을 돌봄으로써 긍정적이고 기민한 사고를 유지하며 회복력을 끌어올릴 수 있고, 결과적으로 삶이 던지는 어떠한 과제에도 맞붙을 준비를 마칠 수 있다.

미라클 모닝은 하루를 순조롭게 시작하는 데서 그치지 않는다. 우리는 미라클 모닝을 통해 가장 빛나는 자기 모습으로 거듭날 기틀을 마련할 수 있다. 나날의 일상에 세이버스를 녹여 넘으로써 세포 건강과 마음가짐 모두를 끌어올리는 강력한 원투 펀치를 날리게 되는 것이다. 물론 50살의 미라클 모닝과 80살의 미라클 모닝이 같을 수는 없다. 나이가 들수록 자신의 일정과 활력 수준, 신체적 여건에 맞게 아침 습관을 조정해야 하며, 달라지는 개인적 목표에 따른 수정이 필요할 수도 있다. 하지만 세이버스 습관 자체는 건강한 노화를 위한 수단으로 언제나 그 자리를 지킨다. 나이에 따라 맞춤형 세이버스를 설정한다는 건 변해 가는 당신의 필요에 맞춰 각 요소를 조율해 나간다는 뜻이다.

시간에 맞춰 조정하기

당신의 생활 방식에 맞춰 미라클 모닝의 거의 모든 요소를 조정할 수 있다는 점을 잊지 말자. 최소 60초로 시작해 각 세이버스에 어느 정도 시간을 들일 것인지, **침묵**을 위해 명상이나 심호흡을 한다거나, **독서**를 위해 오디오북을 듣는 것처럼 각 세이버스마다 구체적으로 어떤 활동을 할 것인지, 마음을 일

깨우기 위해 **독서**를 먼저 시작하거나 몸에 활력을 불어넣기 위해 **운동**을 우선하는 것처럼 어떤 순서로 세이버스를 진행할 것인지를 스스로 정할 수 있다. 참고로 세계 각국의 미라클 모닝 공동체 구성원 가운데 대략 72%가 미라클 모닝을 실천하는 데 한 시간 정도를 들인다. 개인적 성장을 위해 하루 60분을 투자할 경우, 느긋한 마음으로 급하지 않게 각 세이버스에 10분 정도를 쓸 수 있다. 물론 다음에서 보게 되겠지만, 각 활동에 꼭 똑같은 시간을 쓸 필요는 없다.

하지만 새로운 습관을 위해 통으로 한 시간을 쏟는다는 건 특히 새로 시작하는 단계에서 부담스러울 수 있다. 그런 경우를 위해 좋은 소식이 있다면, 미라클 모닝 실천가들의 약 20%는 세이버스를 실천하는 데 30분을 할애한다는 것이다. 일단은 **시작**하자. 그러면 추진력이 생기고 앞으로 나아가게 된다. 다음은 당신이 미라클 모닝에 어느 정도 시간을 들이느냐에 따라 참고할 수 있는 맞춤형 제시문이다.

60분 미라클 모닝

다음은 60분을 들였을 때 세이버스의 각 요소에 시간을 어떻게 배분하면 좋을지 보여 주는 한 가지 예시다. 물론 각 실천에 들이는 시간은 당신의 선호와 우선순위에 따라 조절하면 된다.

- **침묵:** 10분(기도, 명상, 호흡 훈련 가운데 필요에 맞춰 수행)
- **확언:** 5분(작성한 확언을 읽으며 마음에 새기기)
- **시각화:** 5분(미래를 그리며 오늘 해야 할 활동을 마음속으로 연습)
- **운동:** 10분(스트레칭과 몸풀기)
- **독서:** 20분(책 읽기)
- **기록:** 10분(다이어리 작성)

만약 30분밖에 없다면, 간단하게 각 세이버스마다 5분씩 배분하면 된다.

6분 미라클 모닝

보통 미라클 모닝을 새롭게 시작하는 사람들은 이미 빡빡한 일상에 무언가를 추가해야 한다는 걱정에 사로잡히곤 한다. 하지만 미라클 모닝을 들였을 때 오히려 삶의 혼잡함이 줄어든다. 더욱 차분하게 집중력을 갖추고서 삶이 던지는 어떠한 과제든 생산적으로 대응할 준비를 갖추기 때문이다. 하지만 그럼에도 미라클 모닝에 전념할 30분에서 60분의 시간조차 낼 수 없는 아침이 존재하기 마련이다.

우리 대다수는 어떤 일을 할 때 얼마만큼의 시간을 들이느냐에 관하여 모 아니면 도라고 생각하는 경향이 있다. 할 역시 처음에는 미라클 모닝을 실천하며 정확히 그런 태도를 보

     1부   50세 이후 당신의 진정한 잠재력을 깨우다

였다. 원하는 만큼의 시간을 확보하지 못할 때면 미라클 모닝을 아예 건너뛰어 버렸다. 초기에 이런 일이 반복되자 할은 자신의 태도가 바람직하지 못하다는 사실을 깨달았다. 개인적 성장과 관련해 한 가지 확실한 게 있다면, 아무것도 하지 않는 것보다 뭐라도 하는 편이 언제나 더 낫다는 것이다. 아침 일찍 일정이 있던 어느 날, 외출 준비를 마치고 나니 할에게는 집을 나서기까지 고작 15분이 남아 있었다. 미라클 모닝을 건너뛰려던 할에게 이런 생각이 들었다. **각 세이버스를 1분씩만 해 보면 어떨까?**

할은 소파에 앉아 핸드폰 알람을 맞추고 생애 첫 6분 미라클 모닝을 시작했다. 만약 당신의 아침을 다음과 같은 6분으로 시작한다면 어떨까?

- **1분간의 침묵**: 처음 1분 동안 고요하게 앉아 평화롭고 목적으로 가득한 침묵의 시간을 누린다고 상상해 보자. 당신은 가만히 앉아 천천히 깊게 호흡하고 있고 그 누구도, 그 무엇도 당신의 주의를 돌리지 않는다. 현재의 순간을 환영하는 마음으로 감사 기도를 드리거나, 당신의 여정에 인도를 구하는 기도를 올린다. 혹은 1분간의 명상을 즐길 수도 있다. 침묵 속에 앉아 있는 동안 당신은 온전히 그 순간 안에 있다. 마음이 차분히 가라앉고 몸에 긴장이 풀리며 스트레스

가 사라져 간다.

- **1분간의 확언:** 첫 1분이 지나고, 당신은 확언으로 옮겨 간다. 확신에 찬 목소리로 오늘 하루 마음에 새기고 싶은 진실을 소리 내어 말한다. '**나는 자신감이 넘치며 무엇이든 할 수 있다**' '**나에게 닥친 역경을 성장의 기회로 끌어안는다**' '**나는 가장 빛나는 자신으로 거듭나기 위해 최선을 다한다**'. 당신의 내면에서 단어 하나하나가 공명하며 끝 모를 잠재력에 대한 믿음이 굳어진다.

- **1분간의 시각화:** 눈을 감고 시각화로 넘어간다. 목표를 품고서 품위 있게 하루를 헤쳐 나가는 자신이 보인다. 성공적인 회의를 마치고 즐거운 만남을 이어 가며, 어렵지 않게 장애물을 극복하는 모습을 그려 본다. 생생한 장면들이 마치 영화처럼 마음속을 흘러가는 가운데 다가올 일들에 대한 설렘과 기대감이 차오른다.

- **1분간의 운동:** 기분이 고무된 당신은 자리에서 벌떡 일어나 운동을 시작한다. 60초간 제자리 뛰기에 몰두한 뒤, 심박수가 올라가고 몸에 피가 돌며 근육이 깨어나는 것을 느낀다. 온몸에 활력이 솟구치며 남아 있던 나른함은 사라지고 깨어난 정신과 발맞춰 당신의 몸도 깨어난다.

- **1분간의 독서:** 호흡을 가다듬고 당신에게 영감을 선사할 책으로 손을 뻗어 1분 동안 책을 읽는다. 새로운 시각과 지혜

    1부   50세 이후 당신의 진정한 잠재력을 깨우다

를 안겨 주는 강렬한 구절을 빨아들인다. 이렇게 짧은 시간에도 단어들 안에서 자극을 느끼며 하루 동안 곱씹을 통찰을 얻는다.

- **1분간의 기록:** 마지막으로, 다이어리를 펼치고서 기록을 시작한다. 당신의 목표와 당신이 감사히 여기는 것들, 침묵하는 동안 떠오른 생각들을 간단히 적는다. 글로 옮기는 과정을 통해 생각은 또렷해지고 다가올 하루를 향한 명확한 계획이 세워진다.

보이는가? 충분히 가능하다! 의도적으로 보낸 단 6분의 시간으로 마음의 균형을 찾고, 신경계를 차분히 가라앉힌 데다가 신체에 기운을 불어넣어 영혼의 불씨를 지폈다. 이제는 자신감과 목표를 품에 안고 당신 앞에 놓인 하루를 온전히 살아낼 채비를 갖추고서 맑은 정신으로 세상을 향해 발걸음을 내디딜 준비를 마쳤다. 그러니 '시간이 없다'라는 말은 하지 말자. 당신은 미라클 모닝을 꾸준히 실천할 수 있다. 꾸준함이야말로 매일의 습관을 만드는 열쇠다.

50대부터 80대, 그리고 그 이후를 위한 연령대별 맞춤형 세이버스 실천법

나이가 들수록 우리의 욕구와 활력 수준, 우선순위, 삶의 상황이 달라진다. 미라클 모닝이 모두에게 똑같이 적용되는 일률적인 습관이 아닌, 삶의 어느 시점에서든 그에 맞춰 조정할 수 있도록 설계된 맞춤형 틀인 것도 바로 그 때문이다. 다음은 당신이 들어서는 고유한 시기에 맞춰 세이버스의 각 요소를 적용해 볼 수 있는 몇 가지 방법들이다.

변화를 통해 새로운 모습을 찾아 다시금 불을 붙이는 50대

많은 이에게 50대는 변화의 시기다. 하는 일이 달라지고, 자식들이 자라나거나 독립을 준비하면 '다음은 무엇일까?' 하는 질문이 고개를 든다.

- **침묵:** 어느 때보다 생각이 많아지는 시기인 만큼 침묵이 안식처가 된다. 명료함이나 새로운 모습의 발견, 혹은 과거의 부담이나 후회를 내려놓는 데 집중하는 마음챙김 명상이나 기도를 실천해 본다. **헤드스페이스나 캄, 미라클 모닝**과 같은 앱을 사용해 안내 명상이나 호흡요법을 수행하는 것도 좋다.
- **확언:** 5장에서 설명한 결과지향형 확언 공식에 따라, 직업·건강·가족·자기계발 등의 측면에서 가장 중요하게 여기는 목표와 다짐에 집중하는 구체적인 확언을 작성한다. **'나는 직업으로 규정되지 않는다' '나는 내가 누구인지, 되어 갈 모**

　　　　1부　50세 이후 당신의 진정한 잠재력을 깨우다

습은 무엇인지에 따라 정의된다'와 같은 확언을 통해 주어진
역할을 뛰어넘는 정체성을 다지고, 이러한 다짐을 매일 되
새겨 본다.

- **시각화:** 눈을 감고서 당신의 확언에 명확히 새긴 삶의 영역
들에서 얻게 될 성공적인 결과를 생생하게 그려 본다. 새로
운 사업을 시작하거나, 책을 집필하거나, 세계 여행을 하는
등 인생의 다음 장을 대범하게 구상해 보자.

- **운동:** 기능적 체력과 스트레스 완화에 초점을 두고, 요가나
경보, 자전거 타기, 골밀도 유지를 위한 근력 운동 등을 실
천한다. 프레드 허친슨 암 연구소The Fred Hutchinson Cancer Center
가 밝히는 바에 따르면, 적당한 강도의 운동으로 건강을 개
선하고 만성 질병의 위험을 낮출 수 있다.[1]

- **독서:** 개인 성장이나 지도력, 중년의 재도약을 다룬 책을 골
라 이 중요한 전환기에 활기를 불어넣는다. 더 건강하고 행
복해지는 법, 결혼 생활 개선법, 더 나은 부모가 되는 법, 수
입을 늘리는 법, 은퇴 계획 세우는 법, 마음가짐이나 기술,
능력을 개발하는 법 등을 배울 수 있다.

- **기록:** '인생 두 번째 막'을 위한 목표나 열정, 우선순위를 기
록한다. 앞으로 무엇이 정말 중요해질지 돌아보는 과정이
다. 이뤄 냈던 성취를 글로 적으며 자신의 역량을 떠올리고
자신감을 끌어올린다. 그렇게 용기를 북돋워 낙관의 자리에

올라 다가올 10년을 위한 목표를 세워 보자.

자유와 충만함을 누리며 삶의 흔적을 남기는 60대

60대는 보통 은퇴를 하거나 근무 시간이 줄면서 더 많은 자유가 찾아와, 손주를 돌보거나 개인적 관심사에 많은 시간을 쏟게 된다.

- **침묵:** 감사 명상이나 호흡 운동을 실천하며 매일의 일상에서 깊어지는 즐거움과 실존의 감각을 느껴 본다.
- **확언:** '나는 주변 사람들을 향한 지혜와 에너지, 사랑의 원천이다' 등의 확언을 통해 건강과 활력, 지혜, 남기고 싶은 삶의 흔적에 초점을 맞춰 본다. '나는 나이가 들며 한층 더 지혜로워졌으며 가장 빛나는 순간은 아직 찾아오지 않았다' 또는 '나는 매일 감사를 일구며 그 어느 때보다 행복한 사람이 되기 위해 최선을 다한다'와 같은 확언을 활용해 노화와 맺은 관계를 새롭게 구성할 수도 있다.
- **시각화:** 은퇴 후의 삶을 즐기며 좋아하는 일을 하는 가운데, 사랑하는 사람들과 시간을 보내는 모습을 마음속으로 생생하게 떠올려 본다. 자원봉사나 상담, 여행을 비롯해 오랫동안 품어 왔던 꿈을 좇으며, 목표를 가지고 하루하루 자유롭게 살아가는 자신을 그려 보는 것이다.

- **운동**: 거동 능력을 유지하며 장수를 다질 수 있도록 꾸준히, 하지만 과격하지 않게 몸을 움직여 본다. 수영장을 이용할 수 있다면 수영이나 수중 에어로빅도 좋고, 태극권이나 필라테스도 괜찮다. 걷기나 자전거 타기도 관절에 무리가 가지 않는 훌륭한 활동들이다.

- **독서**: 회고록이나 마음에 관한 책, 혹은 평생 학습을 향한 도전 욕구를 불어넣는 주제의 책들을 파고들어 본다.

- **기록**: 삶의 흔적을 편지에 적으며, 가족들의 이야기를 담아내고, 다음 세대로 전하고 싶은 교훈을 남겨 본다. 그 내용을 세상에 내보일지 말지와는 상관없이 자신의 이야기를 적는 것은 그 자체로 엄청난 가치가 있으며, 특히 삶의 이 시점이라면 더욱 그렇다.

간소화하고, 음미하고, 공유하는 70대

70대에 접어들면 단순함과 삶의 의미가 주안점이 되는 경우가 많다. 무언가를 많이 하는 것보다 잘하려는 데서 지혜를 찾을 수 있다.

- **침묵**: 침묵을 활용해 영적인 연결감을 찾거나, 간단하게는 마음챙김을 통해 현재에 집중하며 순간을 음미해 본다.

- **확언**: '나는 현재의 내 모습과 살아온 삶에서 평안함을 느낀다'

와 같은 확언을 활용해 평안함과 목적의식, 공헌의 감각에 주안점을 둔다. 신체적 건강을 지키고 건전한 관계를 유지한다는 믿음을 강화할 수도 있다. 이는 '**나는 현재 주어진 건강에 감사한다**' '**내 삶에 함께하는 사람들에게 감사함을 느낀다**'와 같은 확언을 통해 가능하다.

- **시각화:** 시각화를 즐거움 생성기로 활용한다. 가족 모임이나 터져 나오는 웃음, 뜻깊은 여행, 회고록을 집필하는 모습 등을 상상해 본다. 생기 넘치는 건강함, 사랑하는 이와 함께하는 뜻깊은 순간, 소박한 기쁨도 충만하게 즐기는 모습을 그려 보는 것이다. 우리의 뇌는 상상 속 기쁨에도 실제와 유사하게 반응한다!

- **운동:** 관절에 부담이 적은 운동을 우선한다. 스트레칭이나 균형 운동, 짧은 산책으로 유연성을 보존하고 낙상을 예방하며 자립된 생활을 이어 갈 수 있다. 매일 몸을 풀어 주는 것이 핵심이다.

- **독서:** 영혼을 살찌우며 마음을 북돋우는 책을 골라 본다. 경전이나 시도 좋고, 품위 있게 나이 드는 법을 다룬 책들도 괜찮다.

- **기록:** 지난날을 돌아보며 기념할 수 있도록 기록을 활용한다. 삶의 '명장면'을 적어 두거나, 미래의 자신과 자신이 사랑하는 사람들에게 편지를 써 본다. 삶의 경험을 글로 남기

며 되돌아볼 경우, 인지 건강을 개선할 수 있다. 하루 단 몇 줄만으로도 삶은 아름다운 기록으로 남는다.

현존과 평안, 의미로 접어드는 80대

삶의 이 시점에 이르면 미라클 모닝은 좀 더 차분하게 내면을 파고들며 깊은 의미를 지니게 된다.

- **침묵**: 조용한 기도나 사색, 혹은 그저 평온하게 앉아 있는 순간이 하루에서 빼놓을 수 없는 가장 신성한 순간이 된다.
- **확언**: '나는 내 모습 그대로 다른 이에게 축복이 되는 존재다'와 같은 확언을 활용하면 자신의 가치와 영향력, 내면의 평안에 초점을 맞출 수 있다. '하루하루가 선물과 같다'처럼 단순하면서도 힘 있는 문장이 좋다. 스스로를 너그럽게 대하며 오늘이 되기까지의 나 자신을 축복해 보자.
- **시각화**: 손주의 웃음, 피부에 닿는 햇살의 감촉, 귀중한 이야기를 나누는 모습 등 매 순간 느껴질 즐거움을 마음에 그려 본다. 행복한 순간을 떠올리거나 상상함으로써 기분을 끌어 올릴 수 있다.
- **운동**: 부드러운 스트레칭이나 의자 요가처럼 충격이 적은 운동으로 몸을 일깨워 에너지 흐름을 이어 간다. 몸에 부담을 주지 않는 운동을 꾸준히 실천하는 것이 핵심이다.

- **독서**: 길이는 짧지만 마음을 따뜻하게 해 주는 글에서 즐거움을 얻거나, 좋아하는 책을 다시 읽으며 편안한 감정 속에서 기억을 떠올려 본다. 다양한 분야의 다채로운 읽을거리들에 몰두하며 생각을 멈추지 않는다. 오디오북도 괜찮고, 읽은 내용에 관해 친구들과 이야기를 나눈다면 더할 나위 없다.

- **기록**: 삶의 교훈을 되돌아본다. 다음 세대를 위해 선물로 남기고 싶은 삶의 축복이나 기억, 생각을 적는다. 본인의 경험에 감사한 마음을 담아 기록으로 남겨 보자. 연구에 따르면, 이러한 기록 활동을 실천할 경우 면역 기능이 강화되고 우울감이 줄어들며 덤으로 기분까지 좋아진다.

기억하자. 미라클 모닝의 목적은 완벽해지려는 것이 아니라 성장하려는 것이다. 어떤 나이에 접어들었든 자신의 몸 상태를 생각하고 주어진 시간을 고려해 세이버스를 조정함으로써 영혼을 북돋울 수 있다. 이 순간은 당신의 시간이고 당신의 아침이며 당신의 기적이다.

50세를 넘어선 부부들을 위한 맞춤형 세이버스

이 시기에 삶이 이르렀다면 부부관계는 깊게 뿌리내렸을 것이다. 긴 시간 속에서 더욱 많은 지혜가 쌓이며, 서로 한층

     1부   50세 이후 당신의 진정한 잠재력을 깨우다

더 가까워지기에 완벽한 시기가 찾아온 셈이다. 부부가 함께 미라클 모닝을 실천한다면 공동의 목표를 품에 안은 하나의 팀으로 건강을 챙기며 관계를 이어 갈 수 있다.

- **침묵:** 고요 속에서 함께 성찰하고 기도하고 감사드리며, 현재를 느끼는 가운데 평온하게 하루를 시작해 본다. UC버클리 대학 그레이터 굿 사이언스 센터The Greater Good Science Center에 따르면, 함께 명상을 수행한 부부의 경우 관계의 만족도가 높아지는 것으로 나타났다.[2] 서로의 호흡까지 맞춰 본다면 관계의 깊이를 더할 수 있다.

- **확언:** 함께한 여정에 경의를 표하고 다가올 날들을 예우하는 확언을 작성해 본다. 가령, **'우리는 하루하루 조금 더 가까워지고 더욱 단단해지며 서로에게 기쁨이 된다'** 또는 **'나는 배우자가 사랑받아 마땅한 방식으로 사랑받을 수 있도록 최선을 다한다'**와 같은 형태일 수 있다. 욕실 거울이나 냉장고에 부부 확언을 붙여 두고 하루 동안 틈틈이 되새기는 것도 좋다.

- **시각화:** 만들어 가고 싶은 미래를 그려 본다. 여행이나 삶의 흔적 남기기, 손주 돌보기일 수도 있고 그저 나란히 삶을 즐기는 모습일 수도 있다. 함께 목표를 이뤄 낸 순간의 풍경과 소리, 감정을 상상해 보자.

- **운동:** 서로의 건강을 지탱하며 활동적으로 살아갈 수 있도

록, 관절에 부담이 적은 운동을 함께 즐기며 실천해 본다. 가벼운 산책이나 스트레칭도 좋고, 젠틀 요가도 괜찮다. 학술지 《노화와 건강Journal of Aging and Health》은 배우자와 함께할 경우, 더욱 꾸준히 운동을 이어 갈 수 있다는 점을 언급한다.[3]

- **독서:** 마음을 북돋우는 책이나 통찰로 가득한 책을 따로 또 같이 읽고서 아침 식사를 하며, 혹은 커피를 마시며 감상을 나눈다. 결혼이나 건강, 재정에 관한 책일 수도 있고, 회고록이나 소설일 수도 있다. 함께 흥미를 느낄 만한 책이라면 어떠한 주제든 괜찮다. 인상 깊은 문장이나 구절, 깨달음을 매일 아침 서로에게 하나씩 나눠 보자. 함께 읽기를 통해 좀 더 강한 정신적 자극을 받게 되고 관계의 만족감도 올라간다.[4]

- **기록:** 서로의 관계에서 감사히 여기는 것을 적거나, 즐거웠던 기억, 둘만의 농담, 꿈꾸는 미래를 공유할 다이어리를 만든다. 《심리 과학》에서 밝힌 바에 따르면, 감사히 여기는 것들을 글로 적어 공유할 경우, 관계의 만족감을 끌어올리고 정서 건강을 개선할 수 있다.[5]

거동에 제한이 있는 사람들을 위한 맞춤형 세이버스

나이 때문이건, 상해, 질병, 장애 때문이건, 거동에 제한이 있다고 해서 아침이나 삶을 변화시키는 일에 제약이 생기는 것은 아니다. 미라클 모닝은 충분히 조정 가능하며 현재 당신의 상황에 맞춰 완벽하게 적용할 수 있다.

- **침묵:** 의자에 편히 앉거나 침대에 눕는다. 그리고 심호흡이나 안내 명상, 또는 기도를 통해 마음을 가라앉히고 내면과의 연결을 꾀한다.

- **확언:** '나는 힘 있고 유능한 사람이다' '나는 내 삶과 이 삶을 함께 나누는 사람들, 평온하고 행복하기를 택한 나 자신에게 감사함을 느낀다'와 같은 확언을 되뇌며 마음가짐을 다지고 회복력과 자존감을 기른다.

- **시각화:** 눈을 감고서 기쁨으로 가득한 경험과 뜻깊은 목표를 마음에 그려 본다. 움직일 필요 없이 상상만으로도 가능하다.

- **운동:** 가능한 범위 안에서 정해 둔 시간만큼만 몸을 움직인다. 의자 요가나 스트레칭, 팔 들어올리기 등 안전하게 할 수 있는 동작이면 무엇이든 괜찮다. 조금이라도 움직이는 게 중요하다. 할 수 없는 일에 사로잡혀, 할 수 있는 일마저 미리 제한하지 말자.

- **독서:** 영감을 주는 글이나 명언 모음집을 골라, 한 구절이나 한 문장씩 읽는다. 라이언 홀리데이Ryan Holiday의 『데일리 필

로소피』나 마르쿠스 아우렐리우스Marcus Aurelius의 『명상록』
과 같은 책들도 좋은 선택이다. 책을 읽고 난 후 그 구절이
나 문장을 어떻게 하면 삶에 적용할 수 있을지, 그 안에 담
긴 지혜를 당신의 하루에 녹여 낼 방법은 무엇인지 시간을
들여 고민한다. 오디오북도 훌륭한 대안이다.

- **기록:** 자신이 감사히 여기는 것 한 가지를 적고 그 감정을 충
분히 느낀다. '숨 쉴 수 있어 감사하다' '함께 이야기 나눌 친
구가 있어 감사하다'처럼 단순하게 생각하면 된다. 그러고
서 '나는 미라클 모닝을 끝마치겠다'나 '자연 속에서 조금
더 시간을 보내겠다'와 같은 자그마한 목표를 세워 보자. 글
로 적기가 어렵다면, 음성으로 남겨도 좋다. 거창하지 않게
하루 동안 성취할 수 있는 목표부터 세우자. 목표를 적어 두
면 하루 전반에 걸쳐 동기를 잃지 않고 집중력을 유지하는
데 도움이 된다. '오늘 하루 물을 여덟 잔 마시겠다'나 '15분
동안 책을 읽겠다'와 같은 목표도 괜찮다.

세이버스에 관한 마지막 고찰

모든 일은 익숙해지기 전까지 어려운 법이다. 모든 경험은
불편함을 거쳐야만 편안해진다. 실천하면 실천할수록 세이
버스가 더욱 자연스럽고 유익하게 느껴질 것이다. 각 세이버
스 활동은 조율이 가능한 동시에 도움이 되어야 하며, 중장년

　　　　1부　50세 이후 당신의 진정한 잠재력을 깨우다

층의 필요와 능력에 맞아떨어져야 한다.

핵심은 이렇다. 시간이나 나이를 핑계 삼아, 삶의 축복으로 찾아올 매일 아침을 막아서서는 안 된다.

미라클 모닝 삶의 변화 30일 여정

특출난 삶이란 가장 중요하다고 여기는 부분에서
매일매일 꾸준히 나아지는 것이다.

- 작가·강연가·리더십 전문가·인도주의자, 로빈 샤르마

미라클 모닝 삶의 변화 30일 여정에 온 걸 환영한다. 다른 말로는 '내가 이렇게 일찍 일어나다니 믿을 수 없어' 챌린지다. 농담은 제쳐 두고, 앞으로의 30일은 하루하루 맞이하는 아침을 통해 삶의 어느 영역에서든 변화를 불러올 의미 있는 기회가 될 것이다. 변화는 하룻밤 사이에 일어나지 않는다. 하지만 당신이 삶의 어떠한 부분이라도 개선하겠다 다짐하고서, 그 목표를 향해 확실하게 나아갈 수 있는 행동들을 꾸준히 실천하며 최선을 다하는 순간 변화는 시작된다. 당신은 앞으로 30일 동안 미라클 모닝과 세이버스 습관의 힘을 활용해 현재 당신이 가장 중요하다고 여기는 삶의 측면에서 주목할 만한 실질적 변화를 만들게 된다. 그것이 건강이나 재정이나 주변 관계나, 또는 삶의 전반적인 목적의식이나 구체적인 목표라도 상관없다. 당신의 여정 속 의미 있는 첫걸음은 오늘부터 시작된다.

처음 출간되었던 『미라클 모닝』이나 『미라클 모닝』의 개정·확장판을 읽고 미라클 모닝 삶의 변화 30일 여정을 한 번 이상 끝마쳐 본 사람이라면, 앞으로의 30일을 새로운 기회로 삼아 삶의 또 다른 부분을 변화시키는 데 최선을 다하면 된다. 실제로 할은 '30일 도전 과제' 혹은 '30일 여정'이라고 부르는 이 주기를 따른다는 철학으로 살아간다. 30일마다 삶의 한 부분을 정하고, 그 분야에서 배우고 성장하고 한 걸음 더 나아가기 위한 목표를 세우는 것이다.

인간의 잠재력에는 한계가 없으며, 삶을 개선하고자 최선을 다할 때면 언제나 그 보상이 찾아온다. 연구에 따르면, 하나 이상의 뜻깊은 목표를 두고 그 목표를 향해 노력할 때 동기와 목표 의식을 끌어올릴 수 있고, 그에 따른 성과도 향상된다고 한다. 30일마다 삶의 한 부분을 골라 목표를 세우고 개선해 나갈 때 인생이 얼마나 달라질지 상상해 보자. 멈추지 않고 꾸준히 성장한다면 끝을 알 수 없는 충만한 삶을 향한 문이 열릴 것이다.

미라클 모닝을 실천하는 동안 삶의 단 한 가지 영역에만 초점을 맞출 경우, 가장 효과적으로 변화에 속도를 붙일 수 있다. 매일매일 미라클 모닝을 실천한다면, 전반적인 정신적·정서적·신체적 건강이 틀림없이 나아질 테지만, 2008년 할이 미라클 모닝을 만들던 시기를 떠올려 보자. 할은 재정적 추락을 겪으며 막대한 빚을 지고 집을 압류당한 채 간신히 버티는 중이었다. 그러한 상황에서 자신의 재정 상태를 회복하기 위한 목적으로 각 세이버스를 활용함으로써 두 달 만에 상황을 반전시킬 수 있었다. 앞서 언급했던 것처럼, 할은 마이클 포트의 『배짱으로 서비스 하라』를 읽으며 더 많은 고객을 확보하는 법을 배웠다. 풍요로운 상태를 그리며 매일 명상과 기도를 실천했고, 확언을 읊으며 자신이 어디에 헌신해야 하는지, 왜 꼭 그것이어야 하는지, 언제 어떻게 행동해야 하는지를 되새겼다. 그리고 머릿속으로 그에 합당한 행동을 취하는 자신의 모습을 시각화하고, 신체적 활력과 맑은 정신을 끌어내기 위해 운동을 했으며, 감사를 일구는 동시에 해야 할 일들의 우선순위를 정해 생산성을 끌어올릴 수 있도록 매일 기록을 남겼다. 그 결과, 할은 경제 상황이 통제할 수 없을 만큼 점점 악화함에도 더 나은 상황을 만들기 위해 세이버스를 실천하며 자신이 할 수 있는 것들에 집중함으로써 두 달 만에 수입을 두 배로 늘릴 수 있었다.

몇 년 후, 생존 확률이 20%에서 30%에 불과한 침습적인

　　　　1부　50세 이후 당신의 진정한 잠재력을 깨우다

형태의 희귀암을 진단받았을 때도 마찬가지로 세이버스의 힘에 기댔다. 이번에는 모든 힘을 회복에 쏟았다. 각 실천을 활용해 마음가짐과 신념을 굳히고 신체를 단련했다. 그렇게 다시 한번 미라클 모닝의 힘으로 어려움을 극복할 수 있었다. 시대를 초월한 이 실천법은 단순한 습관이 아니다. 이는 의도를 품고서 활용할 때, 극복할 수 없을 듯한 상황마저 타개하고 비범한 성과를 이끌어 낼 수 있는 검증된 도구이다.

그렇다면 당신은 어떠한가? 삶에서 변화를 주고 싶은 부분이 있는가? 그렇다면 앞으로의 30일 동안 세이버스를 활용하여 자신이 선택한 영역에 집중해 뚜렷한 진전을 이뤄 낼 수 있다. 만약 삶이 이미 꽤 만족스럽고 당장 해결해야 할 문제도, 특별한 목표도 떠오르지 않는다면 이 여정은 자기 돌봄을 끌어올리고, 마음가짐을 다지며, 개인적 성장을 한 단계 높일 기회가 될 것이다. 어느 쪽이 되었든, 당신은 지속적인 변화를 이어 갈 추진력을 얻게 된다. 그리고 그것은 하루를 어떻게 시작하느냐에 달렸다.

미라클 모닝 공동체 회원에게서 온 편지

저는 한 명의 아내이자, 성인이 된 딸을 둔 엄마이며, 우리 지역에서 내로라하는 부동산업자입니다. 류머티즘 관절염을 앓던 제게 미라클 모닝은 시선을 돌리는 데 꼭 필요했던 계기가 되어 주었어요.

제게 있어 가장 큰 변화는 나 자신부터여야 한다는 분명한 깨달음이었어요. 세이버스의 각 항목마다 표시를 남기며 성장하는 모습을 눈으로 확인할 수 있었고, 그렇게 결과보다 과정에 집중해야 한다는 사실을 배우게 되었습니다. 결과는 순간이지만, 과정은 평생 이어지니까요. 미라클 모닝 삶의 변화 30일 여정을 반복하는 것도 그런 이유 때문입니다. 결과는 자연스럽게 따라오는 거예요. 과정을 눈으로 확인할 수 있다 보니, 점검표에 빈칸을 남기고 싶지 않아 63일 동안 매일 운동을 이어 갈 수 있었고, 음식이나 책, 팟캐스트 같은 것들을 고를 때도 더욱 공을 들이게 되었어요. 새로운 것에 관한 어린아이 같은 호기심이 느껴지며 삶을 향한 거센 열정에도 불이 붙었습니다! 『부동산 중개인을 위한 미라클 모닝The Miracle Morning for Real Estate Agents』과 『기업가를 위한 미라클 모닝The Miracle Morning for Entrepreneurs』에 더해 『미라클 모닝』까지 세 번이나 읽을 수 있었다니 축복만 같습니다. 미라클 모닝을 통해 전혀 다른 즐거움을 느끼게 되었어요. 정말 감사합니다!

- 캐런 맥린윌슨Karen McLean-Wilson
59세

견디기 힘든 것에서 멈출 수 없는 것으로
어떤 습관이든 30일 안에 성공적으로 익힐 수 있는 3단계 전략

변화의 여정에 착수하려 할 때, 설렘과 불안함이 동시에 느껴지는 가운데 자기 의심이 스며드는 건 자연스러운 일이

　　　　1부　50세 이후 당신의 진정한 잠재력을 깨우다

다. '이 훈련을 끝까지 해낼 수 있을까? 실패하면 어쩌지? 아직 준비가 안 된 것 같은데?' 이러한 내면의 속삭임이 들려오는 순간은 누구에게나 있다. 이런 두려움은 성장에서 오는 불편함으로부터 우리를 지키려는 시도이며, 충분히 예상할 수 있는 반응이다. 하지만 그러한 미지의 세계를 두려워하기보다는 끌어안는다면 어떨까? 만약 삶의 변화 30일 여정의 건너편에 지금보다 나은 한층 더 유능한 자신이 있다는 사실을 알게 된다면?

두려워할 필요 없다. 시작할 만큼의 용기만 있으면 된다. 감사하게도 당신은 혼자가 아니다. 이미 수백만 명의 미라클 모닝 실천가들이 길을 닦아 두었다. 최선을 다해 이 30일을 보내고 나면 스스로 상상한 것보다 훨씬 뛰어난 자신의 모습을 발견하게 될 것이다. 당신이 성공을 위한 발판을 마련할 수 있도록, 어떠한 습관이든 30일 안에 실패 없이 익힐 수 있는 3단계 전략을 제시하려 한다.

새로운 습관을 들이기까지 시간이 얼마나 걸리는가에 관해서 많은 이야기가 있다. 맥스웰 몰츠Maxwell Maltz 박사는 1960년 출간한 자신의 책 『맥스웰 몰츠 성공의 법칙Psycho-Cybernetics』에서 코를 성형하거나 다리를 절단한 환자들의 경우, 자신의 신체적 변화에 적응하는 데 보통 21일이 걸렸다고 적었다. 이 관찰은 습관 형성을 포함한 삶의 다른 영역에서도 일반적으로 통용되었으며, 그 결과 어떠한 것이든 새로운 습관을 들이려면 21일 정도가 걸린다는 믿음이 퍼져 나갔다.

하지만 현대의 연구를 살펴보면, 이와 같은 믿음은 사실이 아니며 일반적으로 습관이 형성되기까지 그보다 긴 시간이 걸린다는 사실을 알 수 있다. 《유럽 사회심리학 저널European Journal of Social Psychology》에 실린 한 연구는 행동이 자연스럽게 나오는 안정기로 접어들기까지, 즉 습관으로 굳어지기까지 평균 66일이 걸렸음을 보여 준다.[1] 그러나 포포라는 친근한 애칭으로 불리던 할의 할아버지는 50년 넘게 담배를 피웠음에도, 단 한 번의 최면 치료로 습관을 바꿔 담배를 끊을 수 있었다.

사실상 습관을 바꾸는 데 필요하다고 정해진 숫자는 없다. 결국 관건은 우리가 얼마나 최선을 다해 변화를 만들어 내고 지속하느냐에 달렸다. 이제 당신은 단 30일 안에 미라클 모닝을 평생의 습관으로 들이는 데 성공적이라고 입증된, 단순하지만 강력한 전략을 배우게 된다. 삶의 변화 30일 여정을 시작하는 과정에서 당신은 다음 3단계 전략으로 현실적인 기대치를 설정하고, 새로운 습관을 이어 갈 수 있는 마음가짐과 접근법을 갖추게 될 것이다.

1단계: 견디기 힘든 시기(1~10일 차)

    1부   50세 이후 당신의 진정한 잠재력을 깨우다

견디기 힘들다는 말이 강렬하게 다가와 의욕이 꺾일 수도 있지만, 습관을 새로 들이거나 바꾸려는 첫 며칠은 종종 그렇게 느껴지곤 한다. 만약 행동에 어떤 커다란 변화를 주려고 시도해 봤다면 두려움이나 저항감 같은 감정을 느껴 봤을 것이다. 이는 지극히 정상적이며 충분히 예상되는 바다.

또 한편으로, 특히 미라클 모닝이 그럴 텐데, 새로운 습관을 실천하는 처음 며칠 동안은 설레기도 하고 심지어 습관을 들이는 일이 수월하게 느껴질 수 있다. 습관 자체가 새로운 데다가 그 습관에 기대하는 바가 분명하기 때문이다. 하지만 결국 점점 새로움이 사라지고 현실이 자리 잡는 순간, 일상을 바꾸려는 시도에 거부감을 느낄 수밖에 없다. 끝내 우리는 미라클 모닝을 실천하지 않던 이전의 삶으로 돌아가고 싶은 유혹에 휩싸이고 만다.

첫 번째 단계는 새로운 활동이 무엇이 됐든 가장 의식적으로 노력해야 하는 시기이며, 세이버스 습관을 익히는 것도 예외는 아니다. 수년 동안 굳어진 기존 습관에 맞서야 한다. 우리 뇌에서 의사결정과 자기 통제를 담당하는 전전두엽 피질은 새로운 습관에 적응하려 할 때 쉽게 피로해진다. 따라서 새로운 습관을 들인다는 건 정신력의 문제이며 얼마나 노력하느냐에 달려 있다. 당신은 무슨 일이든 해낼 수 있다. 그리고 언제나 최선을 다할 때 길이 열리기 마련이다.

다행히도 변화에 대한 저항은 일시적일 뿐, 우리는 새로운 습관과 행동, 일상에 금방 적응한다. 1단계에서 기존의 습관이나 스스로를 제한하는 믿음과 씨름하다 보면, 자신이 어떤 사람이며 무엇을 할 수 있는지를 깨닫게 된다. 물론 처음 며칠 동안은 좀비 영화 오디션이라도 보러 나온 사람처럼 보일지 모르지만, 머지않아 다리에 스프링이라도 달린 듯 침대에서 뛰쳐나와 미소를 지으며 이렇게 말할 것이다. **내가 해냈어!** 그러니 자신이 그리는 미래를 위해 최선을 다해 계속 밀고 나가자. 그리고 조금만 견뎌 보자. 당신은 해낼 수 있다!

2단계: 불편함을 인내하는 시기(11~20일 차)

어쩌면 이런 생각이 들지도 모른다. '잠깐만… 견디기 힘든 **시기를 이겨 냈는데, 그 보상으로 다음 10일 동안 불편함을 인내하라고? 그리 달갑지 않은데.'**

음, 듣고 보니 그런 것 같기도…, 물론 농담이다. 이제 설명으로 들어가 보자.

가장 설레는 동시에 한편으로 가장 힘들었을 첫 번째 시기를 이겨 내고 나면 두 번째 시기가 찾아온다. 전 단계보다 한결 수월하지만, 새로운 습관이 굳어지기도 전에 지나친 자신감이 들어찰 위험이 있다. 이 시기가 되면 새로운 습관에 점점 익숙해지며 미라클 모닝이 가져다주는 이점에도 어느 정도 긍정적인 확신이 생긴다. 2단계에 들어서면 몸과 마음도 이른 기상에 한층 더 적응하기 때문에, 당신은 아침에 일어나는 일이 점차 수월해진다는 사실을 깨닫게 된다. 하지만 아직 지속 가능한 습관으로 자리 잡은 것은 아니다.

『습관의 힘』의 저자 찰스 두히그Charles Duhigg를 포함한 전문가들은 꾸준함이 핵심이라고 말한다. 이 단계에선, 특히 주말이 됐을 때 스스로 보상 삼아 쉬어 가려는 마음이 가장 큰 유혹으로 다가온다. 미라클 모닝 공동체에서 가장 많이 올라오는 질문은 이와 같다. "미라클 모닝을 위해 일주일에 며칠이나 일찍 일어나십니까?" 오랫동안 실천해 온 사람들은 답한다. "매일입니다." 우리는 주말에 느긋해도 된다는 사회적 인식에 길들어 있으나, **미라클 모닝으로 하루를 시작했을 때 매일매일이 더 나아진다는 사실을 알아차리고 나면 주말이라고 다르게 없음을 깨닫게 된다.** 그렇다고 주말에 늦잠을 자거나 미라클 모닝을 조금 늦게 시작하면 안 된다는 뜻은 아니다. 다만 세이버스를 실천했을 때 얻을 수 있는 이점이 주말이라고 해서 주중과 다르지 않다는 사실을 머지않아 느끼게 될 것이라는 의미다.

11~20일 차에 이르는 시기가 더는 견딜 수 없지는 않겠지만, 여전히 불편하게 느껴져 하루쯤 쉬어 가고 싶은 유혹에 휩싸일 수 있다. 이 기간에는 자신을 절제하며 헌신해야 한다. 계속해서 최선을 다하도록 하자. 당신은 벌써 **견디기 힘든** 시기에서 **불편함을 인내하는** 시기로 올라섰고, 이제 **멈출 수 없는** 시기로 한 단계 도약하는 기분을 느껴 볼 차례다.

3단계: 멈출 수 없는 시기(21~30일 차)

세 번째 시기에는 마법이 일어난다. 앞선 두 단계를 거치며, 불과 20일 전에 가능하리라고 생각했던 것보다 한층 더 자기 자신을 잘 제어할 수 있다는 사실이 입증되었다. 당신은 많은 두려움과 스스로 세워 둔 한계의 장벽을 넘어섰다. 미라클 모닝이 당신의 삶 일부로 녹아들었다. 세이버스에도 익숙해졌고, 매일 아침을 통해 배우고 성장해 더 나은 자신으로 나아갈 새로운 기회도 주어졌다.

21일에서 30일에 해당하는 이 마지막 시기는 즐거움을 느끼며 새로운 습관을 확실하게 굳히는 데 중점을 둔다. 빠르게 짚고 넘어가자면, 이 시기에도 2단계에서와 마찬가지로 이제껏 얻은 성과에 만족하고 싶은 유혹이 자연스레 찾아든다. 스스로 등을 토닥이며 이렇게 생각하기 쉽다. **20일 동안이나 해냈으니 하루쯤 쉬어도 되겠지.** 하루 정도 쉬어도 문제가 되지

    1부   50세 이후 당신의 진정한 잠재력을 깨우다

는 않는다. 다만 견디기 힘들고 불편함을 인내해야 하는 앞선 20일이 틀림없이 이 과정에서 가장 힘든 시간이라는 점을 떠올려 보자. 충분한 시간을 들여 확실하게 습관을 다지기 전에 며칠 쉬어 버린다면, 다시 궤도에 오르기가 어려워질 수 있다.

어떤 사람들은 새로운 습관을 들이는 데 21일이면 된다는 대중적인 믿음을 고수하며 자칫 해를 끼칠 수도 있는 실수를 저지르기도 한다. 새로운 습관을 형성하기 위해서 앞선 두 단계에 해당하는 21일만큼의 시간이 필요하다는 사실을 볼 때, 이 주장을 지지하는 전문가들의 이야기가 부분적으로는 맞아떨어질 수 있다. 하지만 습관을 장기적으로 이어 가려면 마지막 10일의 기간이 매우 중요하다. 바로 이 시기에 새로운 습관이 긍정적인 사고방식 및 감정과 연결되며 확실하게 굳어지기 때문이다. 이 시점에서야 비로소 저항의 마음가짐을 뒤집고 새로운 습관에 완벽하게 적응하기 시작해 진정으로 즐길 수 있게 되는 것이다.

기하급수적으로 늘어나는 이점을 경험하며 미라클 모닝을 평생의 습관으로 굳히는 시기가 바로 21~30일 구간이다. 아침에 울리는 알람을 두려워하기보다 세이버스를 시작할 생각에 설레는 마음으로 눈을 뜨게 된다. 20일이 넘는 시간 동안 인생을 바꿀 만한 이점을 글로만 읽은 것이 아니라 몸소 체험한 덕분이다.

세 번째 단계는 새로운 습관이 정체성의 일부로 자리를 잡으며 실제적인 변화가 일어나는 시기이기도 하다. **무언가를 시도하는 단계**를 넘어 **어떤 사람이 되어 가느냐**의 단계에 이른다. 이 시기가 되면 스스로를 어엿한 아침형 인간으로 바라보게 되고, 미라클 모닝 실천가로 인식하는 데도 어색함이 없어진다.

이는 단순히 새로운 유행을 따라가는 차원이 아니다. 이는 평생의 습관을 들여 날마다 최고의 모습으로 하루를 맞이하는 가운데, 내면의 깊은 열망을 실현할 수 있는 사람으로 거듭나는 과정이다. 당신은 세이버스를 통해 신체적·지적·정서적·영적 안녕을 기르고 끝 모를 잠재력을 끌어내, 이전에는 상상할 수 없었던 성과를 끌어안게 될 것이다.

그럼에도 여전히 긴장감이 느껴진다면, 그건 당신이 자신의 하루, 나아가 삶 전체를 책임지고 최선을 다할 준비가 되었다는 신호다. 당신은 할 수 있다. 이 변화의 여정을 시작할 준비를 이미 충분히 끝마쳤다.

4단계에 맞춰 간단하게 시작하라

다음 단계들을 따라 삶의 변화 30일 여정을 시작한다면 도움이 될 것이다.

1단계: 내일을 위한 미라클 모닝을 계획하라

일정표를 사용한다면, 내일부터 진행할 첫 번째 미라클 모닝 일정을 적어 보자. 디지털 일정표를 사용한다면 일일 일정으로 반복 설정하면 된다. 할처럼 빛나는 태양이나 행복한 얼굴 같은 알록달록한 이모티콘을 달력 일정에 더해 즐거움을 불어넣는 것도 좋다. 지금 바로 1분만 투자해서 일정표를 적어 보자(정말이다. 일정표에 계획을 작성하는 건 간단해 보이지만 성공의 발판을 마련하기 위한 중요한 첫걸음이다. 지금 당장 해 보자. 당신이 작성을 마칠 때까지 우리는 여기서 기다릴 수 있다).

다음으로는 미라클 모닝을 수행할 장소를 정하자. 거실이나 조용한 외부 공간, 집 안의 아늑한 한구석 등 마음이 공명하는 곳이면 된다. 방해받지 않고 온전히 몰입할 수 있는 장소를 택하는 것이 중요하다. 또 이불 밑을 파고들어 다시 잠들고 싶은 유혹에 넘어가지 않도록 침대에서 거리를 두는 편이 좋다.

미라클 모닝은 완성이 아니라 과정임을 다시 한번 마음에 새기자! 첫날부터 세이버스를 전부 해야 할 필요는 없다. 이 책의 2부 「50세 이후의 삶을 꽃피우기 위한 숨겨진 자기 돌봄 전략」으로 넘어가 **독서**를 이어 가는 것만으로도 충분하다. 또 여기에 **기록**을 녹여 내, 다음 단계에서 설명할 삶의 변화를 위한 자료집을 채워 볼 수도 있다. 혹은 **미라클 모닝** 앱을 내려받아 세이버스 실천 안내를 활용하는 것도 가능하다. 무엇보다 중요한 건 다음 30일 동안 하나 이상의 세이버스를 수행하며 하루를 시작하는 것이다.

2단계: 50세 이후 삶의 변화를 위한 미라클 모닝 자료집을 구비하라

TMMAfter50.com에서 50세 이후 삶의 변화를 위한 미라클 모닝 자료집을 내려받자. 이 자료집을 통해 삶에서 무엇이 가장 중요한지 명확하게 깨달을 수 있으며, 목표 설정 연습과 확언 참고문뿐만 아니라 맞춤형 예시문, 기록을 위한 질문지, 일일 점검표, 진행 상황 기록지 등 많은 자료를 얻을 수 있다. 자료집의 모든 것이 이 책의 독자들을 위해 특별히 설계되었다. 그 밖에도 삶의 변화 30일 여정을 최대한 수월하게 끝마치는 데 필요한 것들을 두루 갖추게 될 것이다. 이 자료집은 당신이 이루고 싶은 목표나 개선하고자 하는 삶의 영역을 식별하고 장애물을 극복하기 위해 취해야 할 행동들을 명확히 파악한 뒤, 그에 맞춰 매일의 미라클 모닝과 세이버스를 조정함으로써 집중력을 잃지 않고 끝까지 밀고 나갈 수 있도록 도움을 주고자 만들어졌다.

삶의 변화를 위한 자료집을 작성하는 것이 필수는 아니지만, 우리는 이를 강력히 권한다. 삶에서 가치 있는 여느 것들

     1부   50세 이후 당신의 진정한 잠재력을 깨우다

과 마찬가지로, 삶의 변화 30일 여정의 성공적인 발판을 마련하는 일도 어느 정도 준비를 갖추고서 시작하는 편이 가장 도움이 되기 때문이다. 따라서 처음의 연습이 중요하다. 다시 한번 말하지만, 이 작업은 미라클 모닝의 기록 시간에 할당하면 된다.

3단계: 알람을 맞추고 잠자리에서 먼 곳으로 옮겨라

물론 이번 단계는 기상을 위해 알람 시계를 사용하는 경우에만 해당한다. 만약 알람 시계를 사용한다면 평소 일어나던 시각보다 30분에서 1시간 정도 일찍 알람을 설정해, 기본적인 준비를 마치고 미라클 모닝을 시작할 수 있는 충분한 시간을 확보하자.

그런 다음 당신이 다시 알람 버튼을 누르고 도로 잠에 빠져드는 버릇이 있을 경우를 대비해, 눈을 떴을 때 곧바로 움직일 수 있도록 알람 시계를 잠자리에서 먼 곳으로 옮겨 두는 것을 고려해 보자. 2장의 내용을 기억하겠지만, 할이 시계를 욕실 세면대 위에 두는 것처럼 알람 시계를 잠자리에서 먼 곳이나 옆방으로 가져다 두면 알람을 끄기 위해 침대에서 벗어날 수밖에 없고, 몸을 세운 상태라면 침실 탁자로 손만 뻗어 다시 알람 버튼을 누르고 계속 잠들어 있기보다는 깨어나기가 한결 수월해진다.

4단계: 실천을 함께할 협력자를 구하라

서로 지지하며 동기를 부여할 친구나 가족, 동료와 함께하는 것을 생각해 보자. 미라클 모닝 공동체에서 조력자를 찾을 수도 있다. 곁에서 응원하고 격려하며 책임을 다할 수 있도록 잡아 주는 사람이 있다면 끝까지 다짐을 이뤄 낼 가능성이 크게 높아진다. 게다가 새로운 경험은 함께 나눌 때 더욱 즐거운 법이다. 주변의 누군가나 미라클 모닝 공동체 회원에게 손을 내밀어 미라클 모닝에 함께하자고 초대해 보자.

당신은 자격이 있다

만약 당신이 미라클 모닝 삶의 변화 30일 여정을 시작한다면, 그건 단순히 개인적 성장을 위해 매일의 일상에 헌신하는 데서 그치는 것이 아니라 신체 건강을 개선하고 정신적·정서적 안녕을 최적화하기 위해 시간과 에너지를 투자하는 것이다. 또 건강수명을 늘려 장수를 다지기 위해 과학적으로 검증된 도구를 사용하는 것이라고도 말할 수 있다.

인생의 후반부에서 나이나 건강 상태, 과거의 경험과 관계없이 온전한 잠재력을 발휘한다고 상상해 보자. 지금의 개인적 성장 수준 너머에는 무엇이 놓여 있을지, 변화를 기다리는 삶의 영역은 어떤 부분이 있을지 고민해 보자. 어떤 나이에 접어들었든 자신의 가장 빛나는 시기가 아직 찾아오지 않았음을 결정할 권한은 당신에게 있다! 당신은 앞으로의 30일 동안 자신을 절제하고 맑은 정신을 일구며 끊임없는 개인적 성장을 도모함으로써, 한 단계 높은 수준의 즐거움과 활력, 목표를 향해 도약할 열쇠를 쥐게 된다. 스트레스는 줄어들고 하루하루 성장하는 자신을 제어하는 감각이 그 자리를 대신한다. 그렇게 당신은 넘치는 기운과 명료함, 동기를 품에 안고서, 어쩌면 너무 오랫동안 미뤘을지 모를 가장 높은 목표를 향해 나아가게 될 것이다.

첫 번째 과제 독서

이제 미라클 모닝 삶의 변화 30일 여정을 시작할 준비를 마쳤다면, 세이버스의 첫 번째 독서 과제로 2부를 읽어 보자. 이어질 장들에서 우리는 나이 드는 과정에서 자신의 목표를 실현하고 에너지를 최적화하며 자기 돌봄을 끌어안는 가운데 맑은 정신을 끌어올리고 전반적인 건강을 개선할 강력한 전략을 발견하게 된다. 이 부분에서 당신을 꽃피울 실용적인 조언과 과학적 통찰, 매력적인 조언이 한데 어우러진다.

자, 이제 스스로 짊어졌던 한계를 내려놓고 앞으로는 스스로가 되고자 하는 사람으로, 가장 빛나는 자신의 모습으로 거듭나 보자. 그리고 평생에 비교하면 잠깐에 불과한 단 30일만이라도 매일 조금씩 의미 있는 변화를 만들어 내겠다는 약속을 스스로에게 선물하자. 현재를 붙잡고 이 도전을 받아들여 앞으로의 30일을 평생의 성장과 회복, 끝 모를 잠재력을 위한 촉매로 삼아 보자. 두 팔을 벌려 이 여정을 끌어안자. 당신의 삶이 이제껏 가능하리라 상상치도 못했던 방식으로 전개되며 변화를 맞이하는 모습을 보게 될 것이다. 당신의 여정은 이제 시작이다.

2부

50세 이후의 삶을
꽃피우기 위한
숨겨진
자기 돌봄 전략

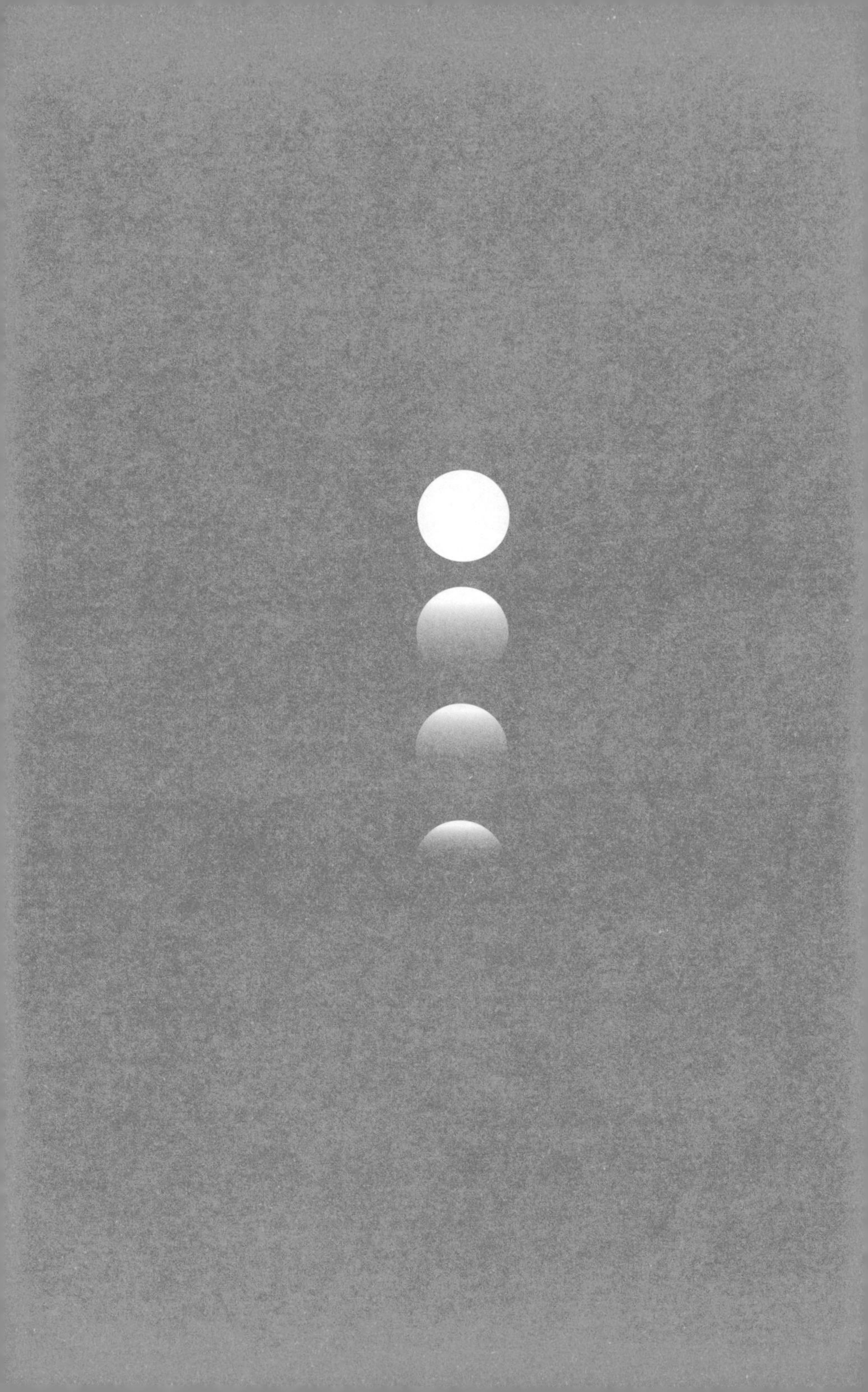

자기 돌봄의 시간
아침 너머로 회복의 의식을 확장하라

누구보다 건강한 사람으로 거듭나기 위해서는
당신 스스로가 책임감을 지니고 주도적으로 나서서 시간을 마련해야 합니다.
그건 누구도 대신해 줄 수가 없습니다.

- 심장 흉부외과 전문의이자 방송인, 메흐메트 오즈Mehmet Oz 박사

기운이 다한 것처럼 느껴진 적이 있는가? 다른 사람들을 챙기느라 정작 자신을 돌볼 여유가 없었던 적은? 혹은 자기 자신을 위해 시간을 내는 게 이기적이라고 생각하거나 죄책감을 느껴 아예 피하고 있진 않은가? 50세를 넘어선 많은 중장년층이 자신의 필요는 조용히 뒷전으로 미룬 채, 타인을 최우선으로 하며 수십 년을 보내 왔다. 이런 이야기가 와닿는다면 분명 당신만의 이야기는 아닐 것이다. 나도 안다. 나 역시 그런 시간을 보냈으니까!

종종 간과되기도 하지만, 자기 돌봄은 나이가 들며 피할

수 없이 찾아오는 변화를 헤쳐 나가는 과정에서 건강을 유지하기 위한 핵심 개념으로 떠올랐다. 우리의 부모님이나 조부모님 세대는 소파에 앉아 즐겨 보던 TV 프로그램을 반복해 시청하며 노년을 보내셨을지 모른다. 적당하다면야 괜찮겠지만, 목적의식으로 가득한 충만한 삶을 위한 최선의 방법이라 보기는 어렵다. 최상의 컨디션을 유지하고 이를 지속하기 위해서는, 젊은 시절보다 훨씬 더 세밀하게 몸과 마음을 살피고 주의를 기울여야 한다. **자기 돌봄이야말로 젊은 활기와 활력을 끌어내는 핵심 열쇠다.** 자기 몸을 보살피고 정신을 벼리며 영혼을 북돋는 과정 속에서 감정을 조율할 때, 우리는 앞으로 다가올 수십 년의 세월을 가장 빛나는 모습으로 살아갈 수 있다.

분명히 짚고 넘어가자면, 미라클 모닝의 핵심인 여섯 가지 '세이버스' 요소 각각은 개인의 성장을 돕는 매우 효율적인 실천법이다. 우리는 이 아침 습관을 통해 하루 전체의 사고와 감정, 행동 방식의 토대를 마련하게 된다. 다만 우리가 아침을 출발점으로 삼는다 해서, 이 습관이 자기 관리의 전부라고 할 수는 없다. 하루 중 다른 시간대에도 자기 돌봄의 활동들을 자연스럽게 녹여 낼 때, 기대 이상의 시너지 효과와 성취를 얻을 수 있다는 사실을 곧 깨닫게 될 것이다.

이번 변화의 장에서 우리는 자기 돌봄의 시간을 꾸준하게

　2부　50세 이후의 삶을 꽃피우기 위한 숨겨진 자기 돌봄 전략

이어 가는 일이 삶의 모든 측면에 얼마나 지대한 영향을 미치는지 깊이 파고든다. 자기 돌봄이 세포 건강에 미치는 영향을 살피고, 미라클 모닝 습관에 더하여 하루 동안 실천할 수 있는 다양한 자기 돌봄 활동을 소개한다. 이제는 당신 인생에서 가장 중요한 사람… 바로 당신 자신에게 더 나은 보살핌을 전할 차례다!

자기 돌봄의 마음가짐

50대는 새로운 40대라거나, 60대는 새로운 50대라는 인식은 오늘날 중장년층 사이에 널리 퍼져 있다. 하지만 누군가는 50대를 굳이 30대나 40대에 빗대기보다, 그 자체로 고유한 '새로운 50대'로 받아들여야 한다고 말한다. 나이와 함께 찾아오는 고유한 경험과 어려움, 이점을 인정해야 한다는 것이다. 여기에는 여성의 완경이나 남성의 테스토스테론 감소와 같은 신체적 변화와 그에 따른 어려움에서부터, 더 많은 휴식이 필요하다는 신호, 그리고 삶의 속도를 늦추는 동시에 매 순간을 음미해야 한다는 현실적인 깨달음까지 모두 포함된다.

노화의 과정을 거부하는 것은 곧 현실을 부정하는 것과 다름없다. 다행스러운 점이라면, 어떠한 나이에 들어섰는지와 관계없이 당신의 삶의 질은 온전히 자신의 마음가짐과 이제껏 살아온 세월과 비교해 자기 자신을 얼마나 잘 돌보느냐에 달려 있다는 것이다. 그러니 생물학적 나이에 사로잡혀 스스로 제한을 두기보다 나이 듦을 있는 그대로 받아들이며 매 순간을 충분히 즐겨 보자.

67세의 나이에도 여전히 청춘처럼 살고 있는 할의 어머니는 운동을 거르는 법이 없다. 정원을 가꾸고 매일 건강한 식단을 직접 챙기면서도, 매주 친구들과 노래방을 찾아 춤과 노래를 즐긴다. 이것이 바로 그녀가 가장 사랑하는 자기 돌봄 루틴이다. 이외에도 자신이 속한 공동체에 정기적으로 자원봉사를 다니고, 호스피스 병동에서 삶의 마지막 순간을 보내는 환자들과 시간을 함께하며 틈날 때마다 헌혈에 참여하기도 한다. 지난해 갑자기 사다리가 무너지는 바람에 왼발과 왼쪽 손목이 부러지는 심각한 사고를 겪었음에도, 그녀의 열정은 멈추지 않았다. 여전히 걸음이 불편하고 왼손도 온전치 않지만, 그녀는 나이나 부상 따위가 빛나는 인생을 향한 의지와 타인을 도우려는 마음을 꺾을 수 없다고 강조한다. 그녀는 타인을 더 잘 돌보기 위해 먼저 자신을 보살핀다. 보통 사람이라면 낙담하여 뒤로 물러났을 상황에서도, 그녀는 오직 자신의 마음가짐을 토대로 삶의 질을 스스로 결정하며 주변에도 긍정적인 에너지를 전하고 있다.

노화를 거부하는 것은 자기 돌봄을 위한 마음가짐의 본질

　　　　2부　50세 이후의 삶을 꽃피우기 위한 숨겨진 자기 돌봄 전략

이 아니다. 그 본질은 노화를 다시금 정의하는 것이며, 새로운 10년을 맞이할 때마다 더욱 현명하고 건강하게 성장하여, 그 시기를 삶을 더욱 의식적으로 가꾸어 나갈 기회로 바라보는 것이다. 가장 빛나는 순간이 여전히 자기 앞에 놓여 있다고 믿을 때, 우리는 비로소 자신을 보살필 가치가 있는 소중한 존재로 여기기 시작한다. 실제로 그렇기 때문이다. 그리고 그 순간부터 **자기 돌봄은 번거로운 일이 아닌 특별한 권리가 되며, 삶의 모든 영역에 생기를 불어넣는 일상적인 자기 존중 행위가 된다.** 그러한 마음가짐은 이와 같다. '**나는 아직 끝나지 않았다. 내 최고의 순간은 이제부터 시작이다.**'

결국 자기 돌봄의 마음가짐을 갖춘다는 것은 나이에 따라 자신의 한계를 규정하지 않겠다는 뜻이며, 너그러운 마음과 용기, 책임감을 지니고 하루하루를 맞이하겠다는 의미다. 이 장의 뒷부분에서 상세히 다루겠지만, 거품 목욕을 하거나 녹즙을 마시는 일이 자기 돌봄에 포함된다고는 하나 단순히 그것들이 자기 돌봄의 전부인 것은 아니다. 진정한 의미의 자기 돌봄이란 내면에서부터 스스로를 다져 나가는 과학적인 삶의 전략이기 때문이다. 이러한 마음가짐과 더불어, 오래도록 생기 넘치는 삶을 영위하기 위해서는 우리 몸의 신체적 메커니즘을 이해하는 것 또한 그에 못지않게 중요하다. 그 핵심이 바로 세포 건강을 유지하는 일이다.

세포의 상태와 마음가짐은 우리 건강에 끊임없이 영향을 미친다. 그 결과는 긍정적일 수도, 혹은 부정적일 수도 있다. 여러 연구에 따르면, 새로운 세포를 생산해 기존 세포를 대체하는 세포 교체 과정은 나이가 들수록 느려지며, 그에 따라 여러 가지 신체 기능이 저하된다. 이러한 기능 저하의 영향을 상쇄하기 위해서는 노화에 대응하는 자기 돌봄 활동을 늘려 가는 것이 무엇보다 중요하다. 의식적인 노력을 기울이지 않는다면, 느려진 세포 재생으로 인해 피로가 유발되고 면역력이 약해지며, 회복이 둔화하는 데다가 인지 기능까지 저하된다. 하지만 이제부터 소개할 세포 회복을 돕는 스물두 가지 자기 돌봄 활동 가운데 몇 가지를 택해 주도적으로 실천한다면, 세월의 흐름 속에서도 신체 기능을 효과적으로 유지할 수 있을 것이다.

드웨인이 전하는 말

저는 한 아내의 남편이자 아버지이며 기운 넘치는 아홉 손주를 둔 할아버지이기도 합니다. 그렇기에 삶이 우리에게 요구하는 수많은 역할과 무게를 누구보다 잘 알고 있습니다. 수천 명의 직원들과 2,700명에 가까운 이지스 리빙 거주자분들에 대한 책임까지 생각하면, 최상의 컨디션을 유지하는 일은 저에게 더 이상 선택이 아닌 필수

    2부   50세 이후의 삶을 꽃피우기 위한 숨겨진 자기 돌봄 전략

입니다. 제가 매일 2~3시간씩, 일주일에 총 18~20시간을 자기 돌봄에 쏟는 이유도 바로 여기에 있습니다. 이 시간 동안 저는 '세이버스'를 실천하고 적외선 치료, 냉수욕, 마사지, 물리치료, 수영, 사우나를 병행하며, 새롭게 입증된 건강 관리법을 끊임없이 탐구합니다. 자칫 지나치게 많은 것처럼 보일 수 있지만, 이는 제 인생에서 시간과 비용, 그리고 에너지 면을 통틀어 가장 값진 투자였습니다.

건강하게 나이 든다는 것의 절반은 마음가짐에 달렸습니다. 미래를 긍정적으로 바라보는 태도를 갖는다면, 나이 드는 과정 자체를 완전히 바꿀 수 있습니다. 삶에 긍정적으로 몰두하며, 다가올 일들을 끌어안을 준비를 하는 것이 그런 일들이죠. 미라클 모닝으로 하루를 시작하면 이러한 변화를 위한 단단한 기틀을 마련할 수 있습니다. 명상과 마음챙김을 통해 정신을 기민하게 유지하고 정서적 균형을 잡는 동시에, 노래를 부르며 샤워하거나 냉수욕을 해 보는 것과 같은 즐거운 활동들로 일상에 소소한 행복을 더할 수도 있고요.

건강하게 나이 드는 것의 나머지 절반은 바로 세포 건강에 달렸습니다. 우리 몸의 구성 요소인 세포를 최상의 상태로 유지하는 것은 매우 중요합니다. 주기적으로 혈액 검사를 받는다면, 건강 지표를 점검하며 올바른 방향으로 나아가고 있는지 확인하는 데 도움이 됩니다. 사실 혈액 검사만큼 신체 변화를 효과적으로 감지할 수 있는 검사도 드뭅니다. 혈액은 계절, 스트레스, 기저질환 등, 주변 환경과 몸 상태에 따라 달라지기 때문에 이상적으로는 두세 달에 한 번씩 혈액 검사를 받으며, 주의를 기울여야 할 경고 신호를 꾸준히 살피는 것이 좋습니다. 숙면 또한 필수입니다. 자는 동안 우리 몸이 회복되니까요. 게다가 성가신 골칫거리인 좀비 세포에도 맞서야 합니다. 이러한 노화 세포는 제 역할을 다한 뒤에도 몸 안에 남아 염증을 유발하고 노화를 가속합니다. 저는 세이버스와 자기 돌봄의 시간 속에서 이러한 문제들을 다루며 수명과 건강수명을 늘림으로써 장수를 다지고 있어요.

세포 건강을 지키는 데 있어 제게 가장 큰 분기점이 된 것은 바로 냉수욕입니다. 냉수욕을 하면 염증이 줄어들고 면역 체계가 튼튼해지는 데다가, 좀비 세포까지 제거할 수 있어요. 냉수에 몸을 담글 때면 세포들이 활력을 얻으며 멋진 하루를 맞이할 준비를 마친다는 게 느껴집니다. 냉요법에 대해 좀 더 알고 싶다면 7장을 다시 살펴보세요.

자기 돌봄을 위해 투자하는 건 절대 이기적인 게 아닙니다. 그것은 삶을 위한 필수 선택입니다. 저는 저 자신을 위해 이런 시간을 들임으로써, 가족과 직장, 공동체 앞에 온전한 모습으로 나서고 있습니다. 자기 돌봄에 딱 30분만 들이더라도 그 효과가 분명하게 느껴지실 겁니다. 기억하세요. 건강하게 나이 들기 위한 핵심은 세포 건강을 지키며 긍정적인 마음가짐을 다지는 일입니다. 저를 믿으세요. 미래의 당신이 오늘의 당신에게 고마워할 테니까요!

자기 돌봄의 시간

어쩌면 당신은 드웨인만큼의 노력을 들일 만한 시간이나 여력이 없다고 느낄 수도 있다. 그래도 괜찮다. 모 아니면 도라는 식으로 자기 돌봄에 접근하면 안 된다. 미라클 모닝을 상황에 따라 6분에서 60분까지 유연하게 조절하듯, 자기 돌봄 활동 역시 일일 계획이나 주간 계획 속에서 자신이 허용하는 한도 내에서 실천하면 그뿐이다. 아침 시간에만 국한되지 않고, 일일 계획이나 주간 계획에 자기 돌봄 활동을 담아내겠다고 의식적으로 다짐함으로써 건강을 관리할 수 있도록 힘을 싣는 것이 중요하다. 이것이 우리가 말하는 자기 돌봄의 시간SCH, Self-Care Hour이다.

한 주에 걸쳐 자기 돌봄에 쏟을 수 있는 시간이 대략 60분 정도라고 가정해 보자. 주어진 시간 안에서 신체적·정신적·정서적·영적·사회적 안녕에 의도적으로 초점을 맞추면 된다. 이는 일정표에 약속을 채워 넣는 일과 비슷하지만, 만남을 위해서라기보다 오직 자신만을 위해서 시간을 쓰는 것이다. 이제 이 시간을 자기 돌봄 활동으로 채워 보자. 운동이나 명상, 글쓰기, 춤추기, 노래하기, 하이킹, 뱃놀이일 수도 있고, 마사지를 받거나 자연 속에서 시간을 보내는 일, 혹은 그저 야외에 앉아 신선한 공기를 들이쉬는 일일 수도 있다. 자기 돌봄의 시간은 재충전을 위해 짜놓은 시간이지만, 자기 돌봄 활동 자체는 스스로를 보살필 수 있는 일들을 정해진 시간이나 하루 전반에 걸쳐 언제 어디서든 실천하면 된다.

일상 속에 자기 돌봄의 시간을 자연스럽게 녹여 낼 때, 스트레스가 줄어들고 기력이 상승하며 정신적·정서적 건강이 개선된다. 특히 50대 이후의 자기 돌봄 실천은 심장병이나 뇌졸중, 암과 같은 중증 질환의 발병 위험도 낮출 수 있다. 영적인 측면에서 보자면, 한 차원 높은 존재와의 연결감을 통해 깊은 감사를 느끼며 축복으로 주어진 한 번뿐인 삶을 누릴 수 있게 된다. 자신을 돌보겠느냐는 질문에 '예'라고 답하는 것은, 지금 이 순간부터 먼 미래에 이르기까지 더 건강하고 행복하

　　2부　50세 이후의 삶을 꽃피우기 위한 숨겨진 자기 돌봄 전략

게, 그리고 한층 더 충만한 삶을 향해 나아가겠다는 선언이다.

자기 돌봄에는 어떤 것들이 있을까?

자기 돌봄이란 지극히 개인적인 영역이기 때문에, 스스로 마음을 채우고 새로운 기운을 불어넣을 수 있는 활동들로 구성되어야 한다. 앞서 살펴본 바와 같이, 세이버스는 그 자체로 자기 돌봄의 형태를 갖췄다. 4장에서 이야기했듯 명상과 같은 마음챙김 활동에 몰두하면 자기 인식이 높아지고 감정을 있는 그대로 바라보게 되어, 스트레스가 줄어들고 정서적 안정감이 향상된다. 또 4장과 9장에서 논의했듯, 삶의 긍정적인 측면을 인식하며 주기적으로 감사를 표할 때 부정적인 경험에서 긍정적인 경험으로 시선을 옮기며 전반적인 행복감을 높일 수 있다.

자신과의 약속을 꾸준히 지켜 나가기 위해서는 무엇보다 본인의 성향에 잘 맞고, 흥미를 유발하며, 건강을 최우선으로 고려한 활동을 선택하는 것이 매우 중요하다. 그래서 다음은 건강한 삶을 위해 지금 당장이라도 일상에서 시작해 볼 수 있는 스물두 가지 자기 돌봄 활동의 예시를 소개하고자 한다.

1. 목욕하기: 마음을 안정시키는 아로마 오일을 추가해 따뜻한

욕조에서 긴장을 풀고 편안히 몸을 담근다.

2. **음악 듣기:** 좋아하는 곡들로 나만의 재생목록을 만들고 음악을 들으며 긴장을 푼다.

3. **자연과 교감하기:** 하이킹을 떠나거나 가까운 공원을 산책한다. 그저 야외에 가만히 앉아 있는 것만으로도 충분하다.

4. **미술 치료:** 그림을 그리거나 물감을 칠하는 등 창의적인 활동에 몰입한다.

5. **디지털 디톡스:** TV·스마트폰 화면에서 벗어나 주변의 풍경과 나에게 집중하는 시간을 갖는다.

6. **요리하기:** 새로운 레시피에 도전하며, 정성껏 만든 집밥으로 내 몸을 챙긴다.

7. **사회적 교류:** 대면, 혹은 온라인으로 친구들이나 사랑하는 사람과 교감한다.

8. **웃기:** 코미디 프로그램이나 유머 영상을을 보며 즐거움을 느껴 본다.

9. **경계 설정:** 스트레스를 유발하는 활동이나 약속에는 '아니요'라고 말한다.

10. **춤추기:** 좋아하는 음악에 맞춰 마음껏 몸을 흔든다.

11. **노래 부르기:** 좋아하는 노래를 따라 부르거나 노래방에서 목청껏 노래를 불러 본다. 합창단 활동을 통해 또 다른 즐거움을 느껴 보는 것도 좋다.

12. **자원봉사:** 공동체에 이바지하며 도움의 손길을 건넨다.

13. **반려동물과 교감하기:** 반려동물과 함께하며 교감을 나눈다.

14. **마사지 받기:** 전문 마사지사에게 몸을 맡기거나 스스로 마사지를 하며 긴장을 완화한다.

15. **전문 상담 받기:** 치료사나 상담가를 찾아 전문적인 도움을 받는다.

16. **팟캐스트 청취:** 배움이나 영감을 주는 팟캐스트를 찾아 듣는다.

17. **일출이나 일몰 감상:** 변화하는 자연의 아름다움을 지켜본다.

18. **별 보기:** 별을 관찰하거나 우주에 대한 사색을 즐기며 저녁 시간을 보낸다.

19. **게임하기:** 여흥 삼아 보드게임이나 퍼즐, 온라인 게임에 빠져 본다.

20. **예배와 영적 회복:** 예배에 참석하거나 신자들과 함께하며 공동체를 경험하고 영적 회복을 느껴 본다.

21. **침술:** 전문가의 침술을 통해 기氣의 흐름을 자극하고 균형감을 회복해 신체적·정서적 건강을 끌어올린다.

22. **자작 활동:** 자작 공예, 정원 손질, 집수리 같은 활동을 통해 창의성을 발휘한다.

부담을 느끼지는 말자. 이 모든 걸 해야 할 필요가 전혀 없다. 그보다는 고를 수 있는 선택지가 풍성하게 차려진 뷔페라고 생각하자. 자기 돌봄은 사람마다 방식이 다르고 늘 같을 수도 없다. 젊은 시절에는 잘 맞았던 활동이 시간이 흘러 나이가 들면 당신의 필요를 채우지 못할 수도 있다. 인생의 새로운 단계로 나아가는 과정에서 자기 돌봄도 그에 맞춰 변화하기 마련이다.

자기 돌봄과 자기 대화의 연결

자기 돌봄의 측면에서 가장 간과되는 요소 가운데 하나는 무엇을 하느냐가 아니라 스스로 어떤 말을 건네느냐이다. 보통 자기 돌봄이라고 하면 운동하고 명상하고 잘 먹는 것처럼 겉으로 드러나는 활동을 떠올리지만, 실제로 자기 돌봄은 매일 스스로에게 건네는 내적 대화에서 시작된다. 생각이나 믿음, 스스로 되뇌는 이야기 같은 자기 대화를 통해 정체성이 형성되고 행동에 영향을 받는다. 결국 이러한 내면의 목소리가 나 자신이 자기 돌봄에 시간과 에너지를 투자할 만한 가치가 있는 소중한 존재인지를 결정짓는 것이다.

만약 당신의 내면에서 '나한테 쓸 만한 시간은 없어'라든가, '그러기엔 너무 늦었어, 좀 더 생산적인 일을 해야지'와 같은 말처럼 비판적이고 부정적이며 죄책감에 뿌리를 두고 있는 목소리가 들려온다면, 의미 있는 자기 돌봄을 꾸준히 실천하기란 거의 불가능해진다. 반대로 친절함과 너그러운 마음, 격려에 뿌리를 두고서 자기 대화를 이어 간다면, 건강을 우선순위에 둘 수 있는 내면의 허락이 떨어진다. 스스로 이야기를 건네는 방식에 따라 자신의 가치는 높아질 수도 낮아질 수도 있다. 결국 자기 돌봄이란, 우리가 스스로를 얼마나 가치 있게 여기는지가 외부로 투영된 결과물이다.

세계적인 연구자이자 작가인 브레네 브라운Brené Brown은 필수적인 자기 돌봄의 실천으로, 자기 자비와 경계 설정을 강조한다. 취약성과 용기를 다룬 그녀의 연구는 정서적·정신적 건강을 개선하고자 하는 많은 이의 공감을 자아낸다. 브라운은 이렇게 말한다. "사랑하는 이에게 말하듯 스스로에게도 그렇게 이야기를 건네세요." 이는 최적의 내적 상태와 긍정적인 마음가짐을 유지하는 데 매우 중요하다.

자기 돌봄과 내적 대화는 여러 가지 면에서 서로 영향을 주고받는 순환 구조처럼 작동한다. 자기 자신을 돌보는 순간 당신은 스스로가 중요하다는 메시지를 잠재의식 속으로 보내게 된다. 역으로, 기운을 북돋는 애정 어린 내면의 대화를 나눌 때 신체적·정신적·정서적 건강을 부양하는 행동을 취할 가능성이 한층 더 높아진다. 이러한 과정이 반복되면서 건강한 자기 대화가 자기 돌봄을 이끌고, 자기 돌봄이 자기 대화를 강화하는 선순환의 고리가 형성된다.

만약 자기 돌봄을 꾸준히 실천하거나 긍정적인 자기 대화를 나누는 데 애를 먹고 있다면, 이런 질문을 던져 볼 수 있다. **"스스로 어떤 말을 건네고 있기에 어려움을 겪는 걸까?"** 우리 내면의 이야기를 한 번에 한 문장씩 새롭게 써 내려가는 과정은, 아침 습관을 만들거나 건강 전략을 세우는 일만큼이나 본질적이고 중요하다. 세상에 비치는 당신의 모습과 자신을 대하는 모든 방식은, 결국 당신이 스스로에게 건네는 내밀한 대화에서 시작되기 때문이다.

이 지점에서 우리에게 가장 필요한 도구가 등장한다. 5장에서 자세히 다뤘던 세이버스S.A.V.E.R.S.의 'A', 바로 확언Affirmation이다. 확언이란, 부정적인 내적 대화를 힘을 북돋는 생각으로 대체해 긍정적인 마음과 정서 상태를 일구는 데 도움을 주는 의도적인 문장이다. **'나는 시간을 들일 만한 사람이다'**라거나, **'몸과 마음을 돌보는 일을 우선하는 건 사치가 아니다'**와 같은 확언을 당신의 미라클 모닝에 녹여 자기 돌봄을 위한 다짐으로 굳힌다면, 사고의 흐름이 바뀌고 스스로를 바라보는 시각 또한 완전히 새롭게 전환될 수 있다. 이 연습을 꾸준히 반복하고 실천하면, 너그러운 마음으로 힘을 북돋는 자기 대화가 머릿속 기본값으로 자리 잡아, 건강과 행복을 뒷받침하고 장수를 다지는 자기 돌봄을 한층 더 쉽고 자연스럽게 실천할 수 있게

     2부   50세 이후의 삶을 꽃피우기 위한 숨겨진 자기 돌봄 전략

된다.

몸과 마음의 연결, 감정은 어떻게 건강을 빚어내는가?

서양에서는 보통 감정과 신체를 분리해, 정서 건강과 신체 건강을 서로 다른 두 개의 범주로 구분한다. 하지만 수천 년 동안 행해져 온 중국전통의학TCM, Traditional Chinese Medicine에서 는 이 둘을 결코 떼어놓을 수 없는 하나의 유기적인 통합체로 간주한다. 중국전통의학에 따르면, 우리 몸의 모든 주요 장기 는 정서 상태의 영향을 받으며, 반대로 몸 상태가 정서에 영 향을 미치기도 한다. 실제로 지나치게 격앙되거나 억압된 감 정은 질병을 일으키는 핵심적인 내적 요인이 된다. 중국전통 의학에서는 우리가 감정을 어떻게 받아들이냐에 따라 생명 에너지를 뜻하는 기氣의 흐름이 원활해질 수도, 방해를 받을 수도 있다고 가르친다.

우리 몸의 각 장기는 감정의 긍정적인 측면과 부정적인 측 면 모두의 영향을 받는다. 예를 들어, 분노와 화를 느낄 때는 간의 기운이 정체되는 반면, 다정한 마음으로 인내할 경우에 는 간 기능이 원활해진다. 두려움을 느끼면 신장이 축나지만, 반대로 차분한 마음과 용기를 품었을 때는 그 기능이 강화된 다. 폐의 경우, 슬픔을 느낄 땐 약해지지만 열린 마음으로 수용적인 자세를 취한다면 균형을 회복할 수 있다.

다음은 우리 몸의 주요 장기와 정서의 유기적인 관계를 정리한 것이다.

구분	해로운 감정	이로운 감정
심장	흥분, 불안	기쁨, 사랑, 자비
간	분노, 좌절	다정함, 용서, 인내
폐	슬픔, 비애	수용, 용기, 열린 마음
비장	걱정, 과도한 생각	신뢰, 감사, 안정감
신장	두려움, 불안정	평화, 의지, 지혜

결국 핵심은 무엇일까? 감정은 단지 뇌 속의 관념으로만 존재하는 것이 아니라 온몸을 통해 느껴진다는 것이다. 우리는 고대의 지혜를 통해 진정한 치유란 파편화된 증상을 고치는 것이 아니라, 존재 전체를 보듬는 전일적인 회복의 과정임을 다시금 깨닫게 된다. 몸과 마음과 영혼은 모두 연결되어 있다. 긍정적인 감정이 자유롭게 흐를 때 당신의 신체, 나아가 당신의 존재 전체가 최상의 기능을 발휘한다. 반대로 고통스러운 감정을 너무 오랫동안 붙들 경우 에너지 흐름이나 혈류, 전반적인 건강의 불균형으로 이어질 수 있다. 만약 우리가 감정을 돌보지 않는다면 질병이나 질환에 걸릴 가능성이 더욱 커진다. 긍정적인 정서를 일구는 일이 장기를 강화하고

에너지 균형을 맞추며 장수를 다지는 깊은 차원의 자기 돌봄 형태인 것도 바로 이런 이유 때문이다.

이러한 정보를 어떻게 활용해야 할까? 먼저 치유를 위한 긍정적인 정서 상태를 적극적으로 길러 내는 것이 얼마나 중요하며, 얼마나 많은 혜택을 가져다주는지를 인식하자. 두 번째로, 매일 세이버스 습관을 실천하겠다는 다짐으로부터 이미 도움을 받으며 정서적 건강으로 나아가고 있다는 확신을 품자. 그리고 세 번째로, 한 주의 일정 속에서 자기 돌봄의 시간을 우선적으로 확보해 계획을 세우자.

하루 전반에 걸쳐 자기 돌봄의 시간을 더한다면 단순히 감정을 관리하는 차원을 넘어, 세포 수준에서 신체를 지탱하고 끊이지 않는 내면의 조화를 위한 기반을 다짐으로써 몸과 마음 모두에 힘을 실을 수 있을 것이다.

> **드웨인이 전하는 말**
>
> 저는 중국전통의학을 공부하며 영감을 얻어, 일주일에 한 번씩 침을 맞습니다. 너무 좋아요! 기氣라고 하는 에너지 흐름도 원활해지고 기분도 좋아질 뿐만 아니라, 침술을 통해 만병의 근원이라고 하는 염증을 완화하여 신체 기관까지도 관리할 수 있거든요. 또한 앞서 언급한 것처럼 하루 두 번, 20분씩 초월 명상을 실천하고 있습

니다. 명상을 하면 스트레스를 관리하고 하루의 정서적 균형감을 되찾는 데 도움을 받을 수 있어요.

당신의 하루에 자기 돌봄의 시간을 더할 수 있는 손쉬운 방법

다음은 미라클 모닝을 넘어, 하루 일상에 자기 돌봄의 시간을 더해 볼 수 있는 몇 가지 예시다.

- **한낮의 휴식**: 하루의 중간중간 짧게 휴식을 취하며 기력을 회복한다. 가벼운 산책을 할 수도 있고, 심호흡을 연습하거나 책상에서 벗어나 피로해진 눈을 쉬게 할 수도 있다. 이러한 자기 돌봄의 시간을 통해 스트레스는 줄어들고 생산성은 높아진다.
- **점심시간에 챙기는 건강**: 점심 휴식 시간을 자기 돌봄의 기회로 삼는다. 영양가가 풍부한 식사를 즐기거나, 식사하는 동안 마음챙김을 실천해 볼 수도 있다. 짧게 운동하거나 스트레칭을 해 보는 것도 괜찮다.
- **오후의 기분 전환**: 기운 넘치는 자기 돌봄 활동을 실천하며 오후의 늘어짐에 맞선다. 야외로 산책을 나가거나 가볍게 춤을 춰 볼 수도 있고, 기분을 끌어올리는 음악을 들을 수도 있다.

- **차분해지는 저녁:** 마음을 가라앉히는 저녁 습관을 만들어, 이제는 긴장을 풀어도 좋다는 신호를 보내 본다. 가벼운 요가나 독서, 따뜻한 목욕과 같은 활동으로 몸을 이완시켜 숙면을 준비한다.

- **전자기기 멀리하기:** 하루 중 시간을 정해 전자기기를 멀리한 채 자기 돌봄에 집중한다. 알림을 끄고 일정한 시간 동안은 TV·스마트폰 화면에서 벗어나, 몸과 마음에 자양분을 주는 아날로그 활동에 빠져 본다.

- **의식적인 움직임:** 하루 동안의 움직임을 조금씩 늘린다. 엘리베이터 대신 계단을 이용하거나 책상에 앉아 스트레칭을 할 수도 있고, 쉬는 동안 가볍게 산책을 해 볼 수도 있다. 꾸준히 몸을 움직일 기회를 마련해 보자.

- **호흡 연습:** 스트레스를 줄이고 긴장을 완화할 수 있도록 간단한 호흡 연습을 일상에 녹여 낸다. 잠시 숨을 고르고 싶을 때마다 깊게 호흡해 본다.

- **잠시 멈춰 돌아보기:** 하루를 마치고 잠에 들기 전, 그날의 경험과 성취, 어려웠던 점 들을 돌아본다. 자기 인식을 통해 개인적 성장을 촉진할 수 있다.

사회적 교류 = 자기 돌봄

우리는 흔히 자기 돌봄이라고 하면, 명상이나 글쓰기, 편안한 목욕처럼 혼자서 하는 활동을 떠올린다. 하지만 타인과 함께하는 유대감이 때로는 가장 강력한 형태의 자기 돌봄이 될 수 있다는 사실을 우리는 종종 간과한다. 인간은 본래 사회적 상호작용을 하게끔 태어났다. 수많은 연구가 증명하듯, 타인과 의미 있는 관계를 맺으면 기분이 한결 좋아질 뿐만 아니라, 신체적 건강과 정서적 회복력을 유지하는 데 큰 도움을 받을 수 있으며, 장수까지도 다질 수 있다.

미국 질병통제예방센터CDC는 건강한 인간관계를 맺을 경우 심장병이나 뇌졸중, 치매와 같은 만성 질병은 물론, 우울과 불안 같은 정신 질환의 위험도 낮출 수 있음을 강조한다.[1] 《하버드 헬스 퍼블리싱Harvard Health Publishing》에 따르면, 탄탄한 사회적 관계를 맺고 사회 활동에 적극적으로 참여하는 이들에게서 인지 기능 저하나 치매의 위험성이 줄어든 것으로 나타났다. 이는 나이가 들수록 사회적 교류를 통해 뇌 건강을 지탱할 수 있다는 점을 시사한다.[2]

정기적인 사회적 교류를 지속하며 친구들이나 사랑하는 사람들과 한결같은 유대감을 형성한다면 운동이나 건강한 식단만큼 효과적으로 수명을 늘릴 수 있다. 친구들과 함께 웃으며 진심 어린 대화를 나눈다거나, 혹은 단순히 자신에게 시선을 맞추며 귀 기울인다는 느낌을 받는 것만으로도 영양제나 운동으로는 대신할 수 있는 에너지가 채워진다.

     2부   50세 이후의 삶을 꽃피우기 위한 숨겨진 자기 돌봄 전략

특히 나이가 들어 일상의 풍경이 변해 갈수록, 사회적 연결을 유지하려는 의도적인 노력이 더욱 중요해진다. 일주일에 한 번 점심 약속을 잡거나, 지역 모임에 가입하거나, 친구들과 통화하며 안부를 묻거나, 노래방에 가자는 제안을 승낙하거나 하는 이런 소소한 교류들은 그저 심적으로만 좋은 것이 아니라 자기 돌봄의 일상에 꼭 필요한 요소다.

운동으로 신체를 단련하고 명상으로 마음을 평온하게 가라앉히듯, 타인과의 교류는 우리의 영혼에 생생한 활기를 불어넣는다. 나를 지지해 주고 희망과 영감을 주는 이들을 곁에 두는 것이야말로, 긍정적인 삶을 위해 내릴 수 있는 최고의 선택이다. 결국 진정한 의미의 자기 돌봄이란, 나 혼자 자신을 어떻게 보살필 것인가를 넘어 누구와 함께 서로를 돌보며 살아갈 것인가의 문제이기도 하기 때문이다.

> **드웨인이 전하는 말**
>
> 나이가 들수록 하루하루를 기대할 만한 것들이 필요해집니다. 그게 아주 중요하죠. 이지스 리빙에서 남녀를 불문하고, 넘치는 에너지와 활력을 품고서 오래도록 즐겁게 살아가시는 80~90대 어르신들을 다수 만나게 되는 것도 바로 그런 이유 때문입니다. 다른 사람들과 함께할 기회가 충분하거든요. 미라클 모닝 습관을 들일 때

친구들과 함께하는 이점을 떠올려 보세요.

이유는 이렇습니다. "백지장도 맞들면 낫다"라는 말을 들어 보신 적이 있으신가요? 뇌 건강에 관해서는 특히나 그렇습니다. 친구들과 사회적으로 어울릴 때 뇌에 자극이 발생하고, 뇌세포 사이의 새로운 연결이 생겨납니다. 그렇게 지적 능력이 강화되고, 알츠하이머병과 같은 질환을 막아 낼 수 있게 되죠. 더욱이, 자연스레 기분이 좋아져 성가신 우울감을 물리칠 수도 있습니다.

사람들과 어울리다 보면 활동도 늘어납니다. 공원을 거닐거나 요가 수업에 참여하고, 혹은 그저 친구들을 따라다니는 것처럼요. 그러한 모든 움직임이 마치 신비의 묘약 같아서, 혈압을 낮추고 심장 질환의 위험을 떨어뜨리며, 골다공증과 같은 문제도 막아 냅니다. 그러니 신발 끈을 단단히 묶고서 친구들과 즐거운 시간을 함께해 보시죠!

사회적 교류를 한층 더 넓히고 싶다면 지역 공동체에 참여하는 것도 고려해 보세요. 이러한 공동체는 단순히 보살핌이 필요한 사람들을 위한 게 아닙니다. 여러 활동과 교류의 중심지예요. 쇼핑 나들이나 놀이 모임에서부터 동네 산책이나 영화 몰아보기까지, 꾸준히 참여하며 즐길 수 있는 다양한 사회 활동들을 접하게 되실 겁니다.

자기 돌봄에 관한 마지막 고찰

자기 돌봄의 시간을 삶 속에 녹여 낸다는 건 장기적인 건강을 위해 할 수 있는 가장 강력한 다짐 가운데 하나다. 우리는 나이가 들며 몸과 마음, 활력 수준에서 자연스러운 변화를 겪게 되고, 자기 돌봄은 도움이 되는 정도를 넘어 꼭 필요한 활동으로 자리 잡는다. 이는 해도 그만, 안 해도 그만이거나 여유가 있을 때 끼워 넣는 활동이 아니다. 자기 돌봄은 인생의 새로운 10년이 찾아올 때마다 마음을 밝히고 에너지를 채워, 삶을 그저 버티기보다는 꽃피울 수 있도록 토대를 마련해 주는 습관이다. 일상의 미라클 모닝, 특히 세이버스가 삶의 닻을 내려 준다면 하루 곳곳에 놓인 자기 돌봄의 시간은 균형을 잃지 않고 활력을 유지하여 조화를 이루도록 도움을 주는 보강 장치로 기능한다.

우리는 자기 돌봄을 삶의 최우선 순위에 둠으로써, 스스로에게 가장 강력한 메시지를 보낸다. "나는 충분히 소중하고 중요한 존재다." 15분간의 조용한 명상이든, 아침 산책이나 뜻깊은 사회적 교류, 신체적 신호에 따른 잠깐의 휴식이든, 그러한 순간들이 쌓일수록 더욱 건강하고 생기 넘치는 나로 거듭난다. 세이버스가 매일 아침을 유리한 출발선에서 시작하게 돕는 추진력이라면, 그 마음가짐을 일상의 모든 순간으로 확장하는 자기 돌봄의 시간은 언제 어디서든 우리를 다시 일으켜 세우는 재충전의 마법이 된다. 그동안 당신은 다른 사람을 챙기고 책임을 감당하며 스스로를 몰아붙여 왔다. 이제는 여유를 가지고 마음을 다해 자신을 보살필 시간이다. 잘 쉬고, 잘 먹고, 평안 속에서 감사를 느끼며 힘을 회복할 때 정말 중요한 순간에 정말 소중한 사람들 앞에 가장 빛나는 모습으로 자신을 드러낼 수 있을 것이다.

미라클 모닝 공동체 회원에게서 온 편지

저는 가정분만을 돕는 조산사이며 한부모 가정의 가장입니다. 일을 하며 아이를 돌보는 데 많은 시간과 에너지를 쏟았지만, 정작 스스로 채워진다는 느낌은 거의 받지 못했어요. 매일 세이버스를 실천하며 나 자신으로 하루를 시작하고 나서는, 어떻게 하면 스스로를 돌볼 수 있는지 알게 되었습니다.

- 엘런 레빗Ellen Levitt
62세

에너지 최적화

삶을 꽃피울 수 있도록
몸과 마음에 연료를 채워라

저는 나이를 믿지 않습니다. 저는 에너지를 믿어요.
당신이 무엇을 할 수 있고 무엇을 할 수 없는지 나이를 두고 판단하지 마세요.

- 요가 지도사, 타오 포촌 린치Tao Porchon-Lynch

나이가 들며 마주하는 가장 절실한 고민은 주름이나 흰머리가 아니다. 그것은 바로 '에너지'다. 좀 더 정확히 말하자면, 몸 안의 기력이 다했다는 막막한 느낌이다.

50세가 넘어서면 많은 이들이 아침부터 피로 섞인 한숨으로 눈을 뜨며, 한때의 넘치던 활력이 어디로 사라졌는지 의문을 품은 채, 무거운 몸을 이끌고 하루를 힘겹게 버텨 낸다. 아무리 긍정적인 마음을 먹고 풍부한 지식을 동원해 활동적인 미래를 꿈꾼다 해도, 이를 뒷받침할 기력이 없다면 어떻게 될

까? 아마도 우리가 바라는 생동감으로 삶이 채워지기란 결코 쉽지 않을 것이다.

나이가 들면 영양분을 흡수하는 능력이 떨어지거나 만성 질환의 발병 위험이 올라가는 등 에너지 문제가 나타나, 활력 수준에 심각한 영향을 미친다. 하지만 진실은 이렇다. 나이가 든다고 해서 자연스레 활력이 줄어들진 않는다. 낮은 활력은 살아온 방식의 결과일 때가 많다. 나이나 상황이 어떻든, 에너지 수준을 끌어올리기 위해 종합적인 접근 방식을 취하는 일은 선택이 아니라 필수다.

좋은 소식이라면, 에너지는 보충하고 회복할 수 있으며 더 높은 수준으로 끌어올릴 수도 있다. 이번 장에서는 의도적인 습관을 통해 신체적·정신적·정서적 에너지를 최적화하는 방법을 다룬다. 그렇게 맑은 정신과 끈기를 갖추고서 아침을 맞이해 미라클 모닝을 완수함으로써, 당신이 살아가야 할 기적의 삶을 창조하게 될 것이다.

나이가 들 때 우리의 활력에 영향을 미치는 요인들

우리의 활력 수준은 유전적 요인과 생활 습관이 복합적으로 작용하며 세월에 따라 자연스레 오르내린다. 50~60대에 접어들면 호르몬 변화의 영향을 받게 되고, 70~80대를 넘어서면 신체적 쇠락과 질병의 발병 등 체력이나 인지 기능을 위협하는 다양한 특정 변수들이 생겨난다. 삶의 각 단계마다 활력 수준을 유지하기 위해 요구되는 전략도 달라진다.

다행히도 인간은 생물학적으로 회복과 재생에 적합한 종種이다. 우리 몸은 지속적인 회복과 재생과 적응을 통해 균형을 찾도록 설계되었다. 하지만 하루하루를 살아가는 방식에 따라 우리의 타고난 잠재력은 발휘될 수도, 억눌릴 수도 있다. 다음 제시된 글을 읽으며 50세에서 시작해 새로운 10년을 맞이할 때마다 우리의 활력 수준이 어떻게 오르내리는지 전반적인 흐름을 살펴보자.

50~59세

50세를 넘어가면 우리의 활력 수준은 서서히 감소한다. 여성의 완경이나 남성의 테스토스테론 감소와 같은 호르몬 변화로 인해 활력에 기복이 생길 수 있다. 스트레스를 관리하거나 식단을 조절하는 일, 신체적 활동성을 유지하거나 숙면을 유지하는 일이 점차 중요해진다. 50대에 들어선 많은 사람은 아직 활력이 넘친다고 느낄 수 있으며, 건강한 생활 습관을 이어 온 사람들이라면 특히 그렇다.

60~69세

이 시기에는 주로 기존의 건강 문제들로 인해 활력 수준이 다소간 떨어질 수 있다. 관절염이나 당뇨, 심장병 같은 만성 질환은 활력 수준에 영향을 미친다. 근육량도 줄어들어 근력과 지구력이 약해진다. 65세를 넘어설 경우, 대퇴부 골절을 포함해 낙상으로 인한 골절 위험이 크게 높아진다. 이런 연유로 근력 운동이나 에어로빅과 같은 운동을 규칙적으로 실천하며 활력 수준을 떨어뜨리는 노화의 영향을 줄이는 것은 물론, 균형감 저하와 같은 연령대 특유의 문제를 예방하는 것이 중요하다.

70~79세

활력 수준은 개인의 건강 상태나 생활 방식에 따라 다양하게 나타난다. 만성 질환이나 노화 관련 질병이 더욱 흔해지며 활력 수준에 영향을 미칠 수 있다. 특히 잦은 피로감과 거동 능력 저하가 두드러진다. 사람마다 필요한 영양소가 달라져, 활력 수준을 지탱하기 위해서는 식단을 조절해야 한다.

80~89세

개인의 건강이나 거동 및 인지 능력에 따라 활력 수준이 크게 달라지며, 나이로 인한 변화 탓에 체력이나 활력이 한층 더 떨어질 수 있다. 만성 질환이나 신체적 제약은 더 큰 부담으로 다가온다. 사회적 교류를 유지하고 자극을 주는 활동에

    2부　50세 이후의 삶을 꽃피우기 위한 숨겨진 자기 돌봄 전략

참여하는 등, 적당한 지원을 받는다면 활력을 잃지 않고 정신 건강을 지킬 수 있다.

90~100세 이후

점점 몸이 쇠약해지며 일상생활에서 다른 이들에게 기대는 일이 잦아질 경우, 피로감이 찾아온다. 인지 저하, 감각 불능, 만성 질환도 마찬가지다. 이러한 어려움에도 불구하고, 목표 의식을 잃지 않고 사회적 교류를 이어 가며 인정 어린 보살핌을 받는다면 전반적인 건강과 삶의 질을 끌어올릴 수 있다.

50세 이후 에너지를 갉아먹는 숨겨진 도둑들

당신의 활력은 보물 상자처럼 소중하지만, 건방진 해적들처럼 그 보물을 훔치려는 에너지 도둑들은 언제나 당신 주변에 있다. 이 도둑들을 찾아내 처리함으로써 활력이라는 보물 상자를 지켜낼 수 있도록 필요한 모든 조처를 해야 한다. 우선 그전에 주된 요인들에는 어떤 것들이 있는지 파악해 보자.

• **탈수:** 나이가 들며 갈증을 인지하는 감각이 둔해지고 신장 기능이 저하되며 찾아오는 탈수는 은밀하게 활력을 앗아 간다.

- **영양 결핍**: 빈약한 식습관이나 소화 문제로 인해 영양 결핍이 생길 경우, 바람 빠진 풍선처럼 축 늘어질 수 있다.
- **진단받지 못한 건강 문제**: 갑상선 질환이나 빈혈, 수면 장애, 우울과 같은 문제를 식별하지 못할 경우, 돌 자루를 끌고 다니는 듯한 만성 피로를 느낄 수 있다.
- **의학 부작용**: 특히 여러 약을 처방받는 경우, 의학 부작용이 주요 용의자가 될 수도 있다.
- **만성 통증**: 관절염이나 디스크로 인한 만성 통증 탓에 숙면이 방해받고 신체 활동이 버거워진다.
- **정신 건강 문제**: 우울과 불안을 포함하는 정신적 문제는 보이지 않는 추와 같아서, 활력과 인지 기능을 떨어뜨리고 동기를 잃게 만든다.
- **수면 장애**: 통상 나이와 함께 찾아오는 수면 장애로 인해, 한때 평안했던 수면이 뒤척임의 연속으로 바뀌어 낮 동안의 피로로 이어진다.
- **사회적 고립**: 사회적으로 고립되면 영혼이 갉아 먹히고 삶의 열정을 빼앗겨, 활력 수준이 떨어지고 하루가 더욱 길게 느껴진다.

위와 같은 교묘한 활력 도둑들을 검거하기 위해서는 의학적·영양학적·심리적·사회적 필요를 고려하여 종합적으로 접근하는 것이 매우 중요하다. 이러한 요인들을 두루 살필 때 활력의 보물 상자를 지켜 내고 좀 더 생기 넘치는 충만한 삶을 누릴 수 있다.

활력 유지의 근간인 움직임·영양·휴식은 나이가 들수록 도움이 되는 수준을 넘어 생존의 필수 요인이 된다. 우리가 7장에서 자세하게 다룬 운동은 활력이란 퍼즐의 한 조각에 불과하다. 우리 몸의 연료가 되는 음식이나 신체 시스템의 회복·재생·재정비를 위한 수면도 운동만큼이나 중요하다. 영양이나 수면은 더 이상 건강을 위한 선택적 전략이 아니라 잘 살아가기 위한 필수 요인이다. 노화의 흐름을 가속할 수도, 되돌릴 수도 있는 이 두 가지 축을 어떻게 다루면 좋을지 계속해서 살펴보자.

에너지를 위한 식사

활력 수준을 높이고자 할 때 무엇을 입 안에 넣느냐가 매우 중요하다. 우리 대부분은 건강한 음식을 먹는 게 중요하다는 것을 이해하고 있지만, 우리가 먹는 음식의 질과 양이 우리의 활력 수준에 직접적인 영향을 미친다는 사실을 간과하곤 한다. 간단히 말해 음식을 소화하는 데는 에너지가 든다. 우리가 섭취하는 음식에서 소화하는 데 필요한 에너지보다 적은 에너지를 얻거나 소화 기관이 무리 없이 감당할 수 있는 것보다 많은 양의 음식을 섭취할 경우, 에너지 부족 상태에 빠져 기운을 잃게 된다. 반대로, 무엇을 먹는지에 주의를 기울이며 싱싱한 유기농 과일이나 채소와 더불어 발아한 견과나 씨앗류처럼 소화하는 데 드는 에너지보다 많은 에너지를 제공하는 '살아 있는' 음식을 적정량에 맞춰 먹는다면, 에너지 충족 상태에 도달해 정신이 맑아지고 활력 수준이 높아진다.

물론 먹는 양도 중요하다. 많이 먹을수록 소화하는 데 더 많은 에너지를 사용하기 때문에 소화가 주는 부담이 커져 피로함만 남는다. 과식하고 났을 때의 모습을 떠올려 보자. 식사 후 한 시간쯤 지나면 사용할 수 있는 신체 에너지가 온통 소화에 쏠린다. 뇌와 다른 기관에서 빠져나온 혈액이 위장으로 몰리는 탓에, 우리는 피로를 느끼며 무기력해진다.

추수감사절처럼 많이 먹게 되는 명절을 보내 본 적이 있다면 잘 알 것이다. 모든 이가 접시 위에 칠면조와 속 재료, 으깬 감자, 옥수수빵, 그린빈 캐서롤, 맥앤치즈를 한껏 쌓아 올리고, 호박파이도 조상님이 흐뭇하실 만큼 넉넉하게 담는다. 그러고는 가까운 소파로 뒤뚱거리며 걸어간다. 몇 분도 지나지 않아 단추는 터질 듯하고 벨트는 풀어 헤쳤다. 가족의 절반은 과식으로 인한 혼수상태에 빠져 안락의자에, 바닥에, 심지어는 강아지 침대에 불가사리처럼 널브러진다. 축제라기보다

　2부　50세 이후의 삶을 꽃피우기 위한 숨겨진 자기 돌봄 전략

많이 먹기 대회에 가깝고, 계획에 없었으나 절실하게 필요해진 3시간의 낮잠이 뒤따른다. 웃지 못할 광경이지만, 이 극단적인 예시에서 식사 후 몇 시간 동안이나 피로를 느끼는 우리의 일상이 드러난다.

어떤 음식으로 최적의 에너지를 얻을 수 있는지 이야기하기에 앞서, 기운을 앗아 가는 음식을 피할 수 있도록 무엇을 먹지 말아야 할지 아는 것이 중요하다. 가장 큰 문제는 건강보다 이윤을 챙기느라 몸에 나쁘고 해로우며 심지어는 유독하기까지 한 음식들이 홍보와 광고를 통해 미국의 평균 식단으로 자리 잡았다는 것이다. 미국인 대다수는 이런 식단에 길들여져 있어 건강치 못한 음식을 먹는다. 특히 스포츠나 어린이 프로그램이 방영되는 황금 시간대에 TV 채널을 돌리다 보면, 건강하지 않은 음식들을 홍보하는 광고물이 눈에 들어온다. 이런 광고들은 보통 우리의 욕구나 감정, 편안함을 찾는 습관 등을 자극하도록 만들어진다. 유기농 건강 자연식품 광고는 언제 봤는지 기억도 나지 않는다.

광고에서 말하는 '정상'이나 괜찮은 소비가 무엇이든지 간에, 우리는 스스로 건강을 책임져야 한다. 아래에는 우리 몸의 자연스러운 균형을 깨뜨리고, 활력과 건강, 장수를 헤치는 음식들을 모아 봤다.

- **고가공식품**: 과자나 스낵류, 패스트푸드, 당분이 높은 시리얼, 탄산음료, 포장지에 정체를 알 수 없는 인공 재료가 길게 나열된 상품들이 여기에 포함된다. 이런 음식들은 보통 영양소가 부족하고 열량만 높아, 혈당을 급격하게 높이고 활력을 떨어뜨리며 만성 염증을 유발할 수 있다.
- **정제당**: 사탕이나 탄산음료, 제과제빵류, 각종 가공식품에서 찾을 수 있는 정제당을 섭취할 경우, 순간적으로 에너지를 높일 수 있지만 급격한 피로로 이어진다. 장기적으로 체중 증가나 인슐린 저항성, 널뛰는 기분, 피로감의 원인이 된다.
- **인공첨가물**: 인공색소나 향료, 보존제, 감미료 등이 포함된다. 유통기한을 늘리고 맛을 끌어올리는 데 도움이 되지만, 영양학적 가치가 없어 장 건강을 해치고 대사 기능을 방해할 수 있다.
- **알코올**: 일부 사람들에게 적당한 음주는 문제가 되지 않지만, 알코올은 탈수를 일으키고 수면을 방해하며 간 기능을 떨어뜨린다. 특히 나이가 들수록 신체적·정신적 피로의 원인이 된다.
- **염증을 유발하는 식물성 기름**: 대두유, 옥수수유, 카놀라유 등 가공식품 생산 과정이나 식당에서 요리할 때 흔히 쓰이는 식물성 기름에는 오메가6 지방산이 다량 함유되어 있어, 과도하게 섭취할 경우 체내 염증을 유발하고 산화 스트레스를

   2부   50세 이후의 삶을 꽃피우기 위한 숨겨진 자기 돌봄 전략

높일 수 있다.

- **저품질의 동물성 식품:** 항생제 또는 호르몬을 투여받거나 곡물 위주의 인위적 식단으로 길러진 동물에서 나온 고기와 유제품을 말한다. 이런 식품은 방목환경에서 풀을 먹으며 자란 동물에서 나온 상품에 비해 영양 밀도가 떨어지며, 섭취했을 경우 원치 않는 독소를 몸에 들여 염증을 유발할 수 있다.

- **정제 곡물:** 흰 빵과 흰쌀, 흰 밀가루로 만든 제과제빵류는 영양소와 섬유질 대부분이 제거된 상태다. 이런 제품들을 섭취할 경우 소화가 빠른 탓에 혈당이 급격하게 오르내리며 피로가 생겨나고 금세 공복감이 찾아온다.

위와 같은 음식들은 혈당을 치솟게 할 뿐 아니라 염증을 일으키고 소화 기관과 면역 체계에 부담을 주어 무기력감, 멍함, 더부룩함을 유발한다. 장기간에 걸쳐 이러한 음식을 자주 섭취할 경우, 노화가 가속되고 만성 질병의 발병 위험이 올라간다. 만약 위에 나열된 음식을 평소에 자주 먹는다면, 최적의 건강 상태를 유지할 수 있도록 섭취량을 줄이거나 끊어 낼 것을 강력히 권한다. 당신이 생각하고 느끼고 움직이는 모습에서 분명한 변화를 체감하게 될 것이다. 지금이 아니라면 언제 하겠는가?

우리 인간은 건강이나 에너지보다 맛이나 기쁨을 우선하여 음식을 택한다는 공통적인 문제를 안고 산다. 식료품점 선반을 살피거나 식당에서 메뉴판을 훑으며 그 음식이 우리의 건강이나 활력 수준, 수명에 어떤 영향을 미칠지는 제쳐 두고 맛과 즐거움만을 고려해 어느 것이 가장 만족스러울지 따져 보는 모습이 떠오르지 않는가. 여기서 중요한 질문을 던져 보자. **만약 우리가 단순히 맛만을 따지기보다 건강과 에너지, 장수에 미치는 음식의 영향을 중요하게 생각한다면 어떨까?** 에너지와 장수를 첫 번째 기준으로 삼아 활력 수준을 높이며 건강을 개선할 수 있는 음식을 택하고, 그 범위 안에서 가장 맛있는 음식을 고름으로써 이 질문에 답할 수 있다. 맛이 주는 즐거움은 몇 분에 그치지만, 그 선택의 결과는 남은 하루에, 나아가 인생 전체에 영향을 미친다.

그렇다면 활력 수준을 최적으로 끌어올리기 위해서는 어떤 식으로 먹어야 할까? 하루 전반에 걸쳐 몸과 마음에 넘치는 에너지를 계속해서 공급하려면 어떤 음식을 먹어야 하는 걸까? 활력을 끌어올리고 장수를 다지기 위해서는 연구소가 아니라 자연에서 만들어진 영양소가 풍부한 유기농식품을 섭취해야 한다. 이런 식품을 섭취하면 혈당이 안정되고, 염증이 줄어들며, 지방과 단백질, 탄수화물, 비타민, 무기질 등 활기차게 살아가기 위한 고품질의 필수 영양소를 얻을 수 있다.

     2부   50세 이후의 삶을 꽃피우기 위한 숨겨진 자기 돌봄 전략

따라서 우리는 **유기농 과일과 채소, 견과 및 씨앗류의 자연식품과 더불어 유기농 목초로 사육한 자연 방목육, 자연산 생선과 달걀 등, 질 좋은 단백질을 식단에 풍부하게 담아내기를 권한다.** 이러한 식단은 최적의 활력 수준을 유지하는 데 도움이 된다.

또 조리되지 않는 원상태의 유기농 과일 및 채소와 발아한 견과, 씨앗류에는 자연 그대로 활용할 수 있는 영양소와 효소가 살아 있어, 섭취했을 때 풍부한 에너지를 얻을 수 있다는 점도 고려할 만하다. 반면 가공식품에는 이러한 에너지가 부족하거나 전혀 없는 탓에, 얻을 수 있는 것보다 더 많은 에너지를 소화에 들이게 된다. 결국 가공식품을 섭취하면 활력이 솟아나기보다 에너지 부족 상태로 빠져들기 쉽다.

다음은 에너지를 불어넣는 식사의 예시들이다. 그대로 적용해도 좋고, 상황에 맞춰 조정하는 것도 괜찮다.

세포에 자양분을 주고 아침을 깨우는 기운 넘치는 아침 식사

• 슈퍼푸드 주스: 블루베리나 산딸기 같은 유기농 장과류와 시금치, 치아씨, 무가당 식물성 우유, 견과류 버터, 필요에 따라 단백질 파우더를 추가한 음료로, 항산화물질과 섬유질, 건강한 지방과 식물성 단백질이 풍부해 세포 회복과 혈당 안정에 도움을 받을 수 있고 온종일 이어지는 맑은 에너지로 하루를 시작하게 된다.

- 바나나, 호두, 시나몬을 얹은 귀리죽: 몸을 덥혀 주는 섬유질이 풍부한 식사로, 심장 건강을 지탱하고, 소화에 도움을 주며, 천천히 소화되는 탄수화물이나 건강한 지방 성분을 통해 지속적인 에너지를 공급한다.

- 새싹 채소와 반숙란을 곁들인 곡물빵 아보카도 토스트: 건강한 지방과 단백질, 섬유질이 두루 담긴 고밀도 영양식으로, 뇌 기능에 힘을 불어넣고, 호르몬 균형을 유지하며, 긴 시간 포만감이 이어진다.

- 망고와 호박씨, 강황을 첨가한 코코넛 밀크 치아씨드 푸딩: 오메가3 지방산과 항염 성분, 장에 좋은 섬유질이 풍부해 뇌 건강과 면역 기능을 뒷받침한다.

- 볶은 시금치와 아보카도를 곁들인 목초 사육 스테이크와 자유 방목 달걀: 단백질과 철분이 풍부한 아침 식사로, 근력 유지에 도움을 주고 대사를 촉진하며, 오랫동안 이어지는 에너지를 제공한다.

한낮의 활력을 회복해 에너지 고갈을 피할 수 있는 기운 넘치는 점심 식사

- 다양한 푸른 채소와 발아 견과 및 씨앗류, 아보카도, 파프리카에 레몬즙 올리브유 드레싱을 뿌린 잎채소 샐러드: 항산화물질과 식물성 단백질, 건강한 지방이 가득한 든든한 식사로, 염증

　　　　2부　50세 이후의 삶을 꽃피우기 위한 숨겨진 자기 돌봄 전략

을 줄이고 기분을 안정시키며 소화를 돕는다.

- 퀴노아나 현미 위에 제철 채소를 볶아 올리고 참깨 드레싱으로 마무리한 곡물 샐러드: 완전한 식물성 단백질과 복합 탄수화물, 무기질이 담겨 있어, 혈당을 유지하면서도 꾸준히 에너지를 공급받을 수 있다.
- 렌틸콩이나 콩과의 열매를 넣고 끓인 야채수프와 천연 발효 빵: 속이 편안한 위장 친화적 식사로, 장 건강의 안녕을 돕고 맑은 정신을 지탱하며 식물성 단백질과 섬유질, 프리바이오틱스*가 풍부하다.
- 구운 닭고기와 템페**, 채 썬 당근, 아보카도를 넣은 상추말이: 탄수화물 비중이 적고 단백질 함량이 높으며 비타민과 미네랄 같은 미량 영양소가 풍부해, 가볍고 만족스러운 기분으로 오후 내내 집중력을 유지할 수 있다.

회복을 돕고 숙면을 촉진해 에너지 회복을 꾀하는 기운 넘치는 저녁 식사

- 구운 고구마와 그린빈 마늘 볶음을 곁들인 목초 사육 스테이크: 고품질의 단백질과 비타민B, 철분이 담겨 있어 근육 회복과

---

* 　장내 유익균의 먹이가 되는 성분.

** 　발효시킨 콩을 뭉쳐 만든 인도네시아 전통 요리.

면역력, 숙면에 도움을 준다.

• 삶은 브로콜리, 와일드 라이스*와 함께 먹는 자연 방목 닭가슴살: 지방이 적은 단백질과 항산화물질, 복합 탄수화물을 두루 갖춘 식사로, 혈당을 급격히 높이지 않으면서도 에너지를 보충할 수 있다.

• 구운 연어와 퀴노아, 레몬즙 올리브유 드레싱을 뿌린 루콜라 샐러드: 오메가3 지방산과 항염 성분, 섬유질이 듬뿍 들어 있는 식사로, 심장, 뇌, 관절 건강에 도움이 된다.

• 청경채, 버섯, 파프리카, 브로콜리에 두부나 새우를 넣고서 코코넛 아미노스 저염 간장으로 맛을 낸 채소볶음: 색감도 좋고 영양분도 풍부한 식사. 해독과 소화 과정을 돕고 호르몬 균형을 잡아 준다.

• 다진 칠면조, 콜리플라워 라이스, 마늘, 허브 등으로 속을 채운 파프리카: 탄수화물 함량이 낮고 단백질 비중이 높은 풍미 가득한 식사로, 항산화 물질과 필수 영양소가 풍부해 밤사이의 회복 과정에 도움이 된다.

일반적으로, 연구소가 아닌 자연에서 자란 유기농 자연식

---

* 쌀이 아니라 수생 식물의 씨앗으로, 단백질과 섬유질이 풍부한 곡물.

품을 별다른 조리 없이 그대로 섭취할 경우 소화에 필요한 것보다 많은 에너지를 얻을 수 있다. 그 결과 몸과 마음은 에너지 충족 상태에 접어들고 우리는 최선의 역량을 발휘할 수 있게 된다. 질 좋은 육류를 통해 필요한 단백질을 얻고, 거기다 살아 있는 채소를 곁들인 식단을 먹는다면 단순히 열량을 섭취하는 것을 넘어 자연의 생명력을 끌어안을 수 있다. 그리고 이는 곧장 활력 증진과 정신적 명료함, 하루 내내 끊이지 않는 에너지로 이어진다.

에너지 최적화를 위한 맞춤형 비타민

보통 나이가 들수록 최적의 영양 상태를 유지하기 위해 더욱 건강한 식단을 챙겨야 한다. 나이가 들면 영양소 흡수 효율이 떨어져 비타민과 무기질을 최적의 수준으로 유지하기가 힘들어지기 때문이다. 균형 잡힌 식단을 갖추더라도 줄어든 위산과 느려진 신진대사, 달라진 미생물 환경 탓에 영양분을 흡수하는 우리 몸의 능력이 떨어지기도 한다.

중장년층의 경우, 충분한 식사를 했음에도 비타민D나 비타민B12, 칼슘을 포함한 필수 비타민과 무기질 부족을 경험하는 일이 적지 않다. 나이가 들면 영양소 흡수력이 떨어져, 건강 전반에 걸쳐 필수적으로 영양을 보충해야 한다.[1]

주기적인 혈액 검사를 기반으로 당신의 필요에 맞춰 비타민과 무기질을 처방받는 것도 하나의 효율적인 해결책이 될 수 있다. 맞춤형 보충제를 처방받으면 불필요한 영양소 섭취를 피할 수 있어 안정감이 생긴다. 동시에 구체적으로 부족했던 영양소를 채움으로써 최적의 활력 수준을 유지하고 면역 기능을 높여 전반적인 건강을 지탱하게 된다.

다음 절차를 따라 간단하게 시작해 보자.

1. 의료 전문가와 상담하라. 보충제 섭취를 시작하기에 앞서, 맞춤형 보충제를 이해하고 있는 의료 전문가와 상담하자. 주로 영양사가 될 것이다. 안전하게 건강을 챙기기 위해서는 전문적인 조언이 필수다.

2. 주기적으로 혈액 검사를 진행하라. 종합 혈액 검사를 받으며 필수 비타민과 무기질 수치를 점검하자. 의사나 영양 전문가와 함께 검사 결과를 확인하며 부족한 영양소를 확인하면 된다.

3. 조제 약사와 상담하라. 조제 약사는 혈액 검사 결과를 활용해 당신의 필요에 맞춰 맞춤형 비타민, 무기질 보충제를 조제한다. 사는 곳 주변이나 온라인에서 믿을 만한 조제 약국을 찾아 선택하되, 규정 사항을 준수하는지 확인할 수 있도록 조제 약국 인증 위원회PCAB, The Pharmacy Compounding Accreditation Board의 인증을 받았는지 반드시 살펴보자.

　　　　2부　50세 이후의 삶을 꽃피우기 위한 숨겨진 자기 돌봄 전략

4. 결과를 추적하며 조정하라. 혈액 검사 결과를 주기적으로 검토하며 보충제를 조정하자. 2개월에서 3개월 주기의 혈액 검사를 토대로 건강과 영양 상태를 점검하여 필요에 따라 보충제를 조절하는 과정을 거치다 보면, 스스로 건강을 관리하고 있다는 느낌을 받아 안정감을 얻을 수 있다.

위 단계를 밟으며 우리 몸의 필요에 맞춰 적절한 영양소를 공급한다면 나이 들면서도 최상의 건강 상태와 활력을 유지할 수 있을 것이다.

드웨인이 전하는 말

보충제를 이것저것 되는 대로 먹어 봤자 건강이 나아지지는 않습니다. 제가 경험해 봐서 알아요. 잡지 광고나 상점 진열장, 친구가 해 봤다는 최신 유행에 마음이 흔들리기 너무나 쉽습니다. 대부분 '전문가'나 웹사이트를 보면, 아무리 의도가 좋다 한들 결국 무언가를 팔려고 하죠. 보충제는 의약품과 달리 미국식품의약국의 규제를 받지 않아 품질도 천차만별입니다. 그래서 정말 자신에게 필요한 보충제인지를 꼼꼼하게 살펴야 해요. 가장 좋은 건 영양 전문가와 상담을 나누는 것이죠.

저는 맞춤형 보충제를 선호합니다. 혈액 검사를 토대로

부족한 영양소를 채우기 위해 만드니까요. 영양사의 도움을 받아 4개월분을 만드는 데 300달러 정도 듭니다. 일반 비타민보다 그리 비싸지도 않아요. 2개월에서 3개월마다 혈액 검사를 받고, 그때마다 달라지는 몸 상태에 맞춰 비타민을 재조정합니다. 한번 해 보고 싶으시다면, 맞춤형 비타민을 활용해 환자들에게 도움을 주는 영양사를 찾아보세요. 이런 식으로 접근한다면 제가 그랬던 것처럼 여러분도 달라진 삶을 경험하게 되실 겁니다.

끊이지 않는 에너지를 위한 수면

끊이지 않는 활력을 얻고 싶다면 숙면은 선택이 아닌 필수다. 당신이 자는 동안 몸에서는 회복이 진행되고, 뇌에서는 알츠하이머병이나 기타 신경퇴행성 질환과 연관된 베타 아밀로이드와 타우 단백질을 포함한 노폐물들이 제거되며, 에너지 저장고는 다시 가득 채워진다. 하지만 호르몬 변화나 스트레스, 밤중에 느끼는 불편함, 좋지 못한 습관들로 인해 나이가 들수록 숙면을 이루기가 어려워진다. 다행히도 몇 가지 의식적인 변화를 꾀한다면 **수면을 노화의 든든한 동반자로 삼을 수 있다.** 이번에 우리는 에너지를 보충하고 기민한 사고를 유지하며 상쾌하게 일어나 미라클 모닝을 준비할 수 있는 수면 습관을 익히는 법을 살펴본다.

잠을 충분히 자지 못할 경우, 당신은 서서히 스스로를 갉아먹게 되며 하고자 하는 일을 실천하는 데 필요한 에너지 부족을 경험하게 된다. 그렇다면 어느 정도가 충분한 수면일까? 간신히 버틸 수 있는 정도의 수면 시간과 능력을 온전히 발휘하기 위한 수면 시간에는 큰 차이가 있다. 다시 말해, 하루 5~6시간만 자고도 생활하는 데는 큰 문제가 없을 수 있으나, 수면 시간을 한두 시간 늘렸을 때 한결 나아진 기분을 느끼며 더 큰 활력을 얻을 수 있는 것이다. 충분한 수면을 취했을 때 한층 높은 신체적 역량을 발휘할 수 있다는 사실은 여러 연구를 통해 입증되었다.[2] 작업의 속도와 능률만 올라가는 게 아니라 마음가짐까지도 달라진다.

사람마다 필요한 수면의 양은 다르지만, 연구에 따르면 성인의 경우 하루를 살아가는 데 필요한 에너지를 채우기 위해 대략 7~8시간을 수면해야 한다. 물론 더 많이 자야 할 수도 있고, 그보다 적게 자도 괜찮을 때도 있다. 잠을 충분히 잤는지 확인하기 위해서는 하루를 보내며 느껴지는 감각을 점검하는 것이 최선이다. 만약 잠을 충분히 잤다면 일어나는 순간부터 다시 잠드는 순간까지 온종일 활력을 느끼며 기민한 상태를 이어 가게 된다. 반대로 잠이 충분하지 못한 경우라면 한낮부터, 어쩌면 아침부터, 아니 아침이든 낮이든 상관없이 카페인과 당분을 찾게 될 것이다.

하지만 생각해 볼 부분이 있다. 수면에 관한 믿음을 뒤집어 본다면 어떨까? 우리의 몸과 마음은 서로 긴밀하게 연결되어 있으며, 우리는 우리 삶의 모든 측면에 책임감을 지녀야 한다. 얼마나 잤는지에 관계없이 매일매일을 활기차게 맞이해야 하는 것도 그러한 측면이다. 다시 말해, 우리가 아침에 일어나 하루를 맞이할 준비가 되었는지는 수면 시간으로만 좌우되는 것이 아니며, 어떠한 기분으로 아침을 맞이할 것인지는 전날 밤 스스로 건넨 이야기에 상당한 영향을 받는다.

할이 전하는 말

저는 수많은 미라클 모닝 실천가들과 함께하면서, 아침에 눈을 떴을 때 느껴지는 기분이 '이 정도는 자야 쉬었다고 할 수 있다'라는 개인의 믿음에 크게 좌우된다는 사실을 깨달았습니다. 예를 들어 여러분이 8시간은 자야 충분히 쉬었다는 생각이 드는데, 자정에 잠들어 아침 6시에 일어나야 하는 상황이라면 속으로 이렇게 말하겠죠. **'세상에, 6시간밖에 못 자잖아. 내일은 아침부터 피곤하겠네.'** 그러면 아침이 밝아 오며 알람이 울렸을 때 가장 먼저 무슨 생각이 들까요? **'6시간밖에 못 잤잖아. 너무 피곤해.'** 이는 자기 파괴적인 예언을 실현하는 셈입니다.

몸과 마음의 연결이라는 점에서 드웨인도 잠자리에 들기 전 세 가지 긍정의 말을 되뇌기를 좋아하며, 실제로 효과가 있다고 믿는다. 긍정의 말을 통해 그날 밤과 다가올 하루를 향한 마음가짐을 갖추는 데 도움을 받는 것이다. 예를 들면 '오늘 밤 정말 푹 잘 거야', 또는 '내일은 멋진 성취로 가득한 훌륭한 하루가 될 거야' 같은 말들을 되뇐다. 앞서 살폈던 것처럼 긍정적인 마음을 품게 되면 우리의 뇌는 들려온 이야기를 그대로 믿으며 그 다짐을 이뤄 내기 위해 준비한다.

그러니 몸의 신호를 들으며 기운을 불어넣는 수면을 통해 회복을 이뤄 냈는지 살피는 한편, 생기 넘치는 상태로 아침을 맞이할 것이란 믿음을 품도록 하자! 이 두 가지야말로 미라클 모닝은 물론 하루 전체를 충만한 에너지로 채워 주는 원투 펀치인 셈이다.

에너지를 불어넣는 편안한 수면을 위한 팁

활력을 회복하는 편안한 수면을 위해 당신이 할 수 있는 일들, 혹은 하지 말아야 할 일들이 상당히 많다. 다음은 상쾌하게 아침을 맞이하여 활기차고 충실한 하루를 보내기 위해 할 수 있는 몇 가지 실천 및 주의 사항이다.

카페인 섭취를 제한하라: 카페인의 반감기가 6시간에서 8시간이라는 사실을 아는가? 더욱 놀라운 건 섭취한 카페인이 반의 반으로 줄기까지 10시간에서 12시간이 걸린다는 사실이다. 그 말인즉, 오후 4시에 마신 커피 속 카페인의 4분의 1이 새벽 2시가 되어도 여전히 몸속을 떠돌아다닌다는 뜻이다. 그 정도 양으로는 잠드는 데 방해가 되지 않겠지만, 수면의 질에는 악영향이 미칠 수 있다. 수면 박사로 알려진 임상심리학자이자 수면 전문가 마이클 브레우스Michael Breus 박사는 수면 장애를 예방하기 위해 오후 2시 이후로는 카페인 섭취를 금할 것을 권한다.[3]

잠들기 전에는 격렬한 운동을 피하라: 세이버스의 일환으로 실천하고 있는 규칙적인 운동 같은 것은 수면의 질에 도움을 주지만, 취침 시간에 인접한 운동은 역효과를 낳을 수 있다. 신체 활동을 하면 심부 체온이 상승하고, 다시 기준치를 회복하는 데 보통 90분 정도가 걸린다. 잠들기에는 체온이 낮은 상태가 유리하므로 취침 시간에 인접해 운동을 하면 잠드는

    2부   50세 이후의 삶을 꽃피우기 위한 숨겨진 자기 돌봄 전략

데 방해가 된다.[4] 또 운동은 아드레날린 분비를 촉진해 심박수를 높여, 이완을 방해하고 수면을 늦춘다.[5] 게다가 신체 활동을 할 경우 엔도르핀 분비가 늘어난다. 이럴 경우, 행복감이 찾아오고 각성 수준이 높아져 수면에 들기가 한층 더 어려워진다.[6] 따라서 잠들기 전 최소 90분 이내에는 운동을 피하는 것이 좋고, 특히 유산소 운동은 금물이다.

온도를 조절하라: 침실 온도에 따라 수면의 질이 크게 달라질 수 있다는 걸 아는가? 우리는 신체의 자연적인 체온 조절 과정으로 인해 비교적 서늘한 온도에서 숙면을 경험하게 된다. 이는 우리의 생체 리듬과 관련이 있다. 우리 몸은 취침 시간이 다가오면 심부 온도를 떨어뜨리며 이제 잠자리에 들 시간이라고 신호를 보낸다. 수면 환경이 서늘할수록 심부 온도를 낮추기가 수월해지고, 그 결과 한층 편안하게 잠들어 밤새 숙면을 이어 갈 수 있는 것이다. 반대로 침실 온도가 높을 경우, 체온을 낮추기가 어려워 자주 깨어나게 되고 수면의 질이 떨어진다. 수면 재단Sleep Foundation에 따르면, 최적의 침실 온도는 대략 18도다. 몇 도가량의 개인차가 있을 수 있지만, 대부분의 의사는 편안한 수면을 위해 침실 온도를 16도에서 20도 사이로 맞출 것을 권장한다.[7]

매일 같은 시간에 일어나라: 매일 일정한 시간에 일어나는 일은 생체 리듬과 다양한 생리적 과정을 조절하는 데 매우 중요하다. 매일 같은 시간에 일어나면 자연스러운 리듬이 굳어지고 수면의 질이 좋아지며 낮 동안의 활력도 상승한다. 이러한 꾸준함이 신체 기능과 맞물릴 경우, 각성도가 올라가고 기분이 안정되며 건강 전반이 개선된다.[8] 반대로 기상 시간이 불규칙해지면 이러한 균형을 헤쳐 피로감이 생겨나고 생산성도 떨어진다. 브레우스 박사는 늦은 시각에 잠들었을지라도 생체 리듬을 유지하기 위해 평소 기상 시간에 맞춰 일어나는 것이 유익하다고 조언한다.[9]

머릿속 과열 상태를 피하라: 많은 이가 잠들기 전 드웨인이 '머릿속 과열 상태'라고 말하는 상황을 경험하는데, 이는 숙면을 방해하는 중요한 요인이다. 머릿속 과열 상태란 잠들기 전 몇 시간 동안의 활동으로 자극을 받은 사고 상태라고 설명하는 것이 적합할 것이다. 자극적인 영화나 충격적인 다큐멘터리 시청, 업무 이메일 처리나 감정적으로 불편한 대화, 혹은 마음이 소란스러워지는 책을 읽는 일 등, 스트레스를 유발하는 활동들에 마음이 사로잡히면 수면에 악영향이 미친다. 눈을 감아도 머릿속은 이러한 활동들로 요동치고, 결국 잠드는 순간과 잠드는 동안, 깨어나는 순간까지도 상당한 영향을 받는다. 저녁 시간대의 일상을 재조정해 머릿속 과열 상태를 덜어 낸다면, 한결 나아진 기분으로 훨씬 수월하게 아침을 맞이할 수 있을 것이다.

드웨인이 전하는 말

성인이 되고 나서는 얼마나 잘 먹든, 얼마나 열심히 운동하든 관계없이 밤만 되면 머릿속 과열 상태에 접어들곤 했습니다.

아침부터 밤까지 일정으로 빡빡했지만 운동을 빼먹는 일은 잘 없었어요. 45분간 러닝머신을 달리고 녹초가 되어 쓰러질 것 같아도 곧장 일과로 돌아갔죠. 하지만 취침 시간이 되면 17시간 반 동안 쉼 없이 달려온 일들을 떠올리느라 머릿속에 어떻게 휴식을 주어야 할지를 몰랐습니다. 생각을 끌 수가 없었어요. 머릿속이 깊은 과열 상태에 빠져 깊이 잠들 수가 없었습니다. 자는 동안 뇌에 온몸의 에너지를 빼앗겼던 겁니다.

보통 밤 10시 반이면 침대에 누워 폭력적인 액션 영화나, 〈데이트라인Dateline〉, 〈20/20〉처럼 살인을 다룬 드라마를 보곤 했습니다. 그러는 동시에 무릎 위에는 아이패드를 올려 두고서 이메일 답장을 보내고, 아이폰으로는 문자를 보내며 세 가지 일을 한꺼번에 처리했어요. 그러다 결국 완전히 방전되어 지쳐 쓰러져서 잠들었습니다. 아이패드는 그대로 무릎 위에 올려 두고 손에는 아이폰을 쥔 채 TV가 요란하게 반짝이며 울려대는 가운데서요. 이런저런 꿈 때문에 계속 잠에서 깨느라 제대로 잘 수가 없었습니다. 몸은 잠들어 있을지 몰라도 뇌는 계속 과열 상태였기 때문이겠죠.

잠을 자도 늘 피곤하고, 다이어트를 하는데도 체중은 늘어나고, 혈압과 공복 혈당 수치도 높아져만 갔습니다. 심지어 코르티솔 수치도 올라가고 있었어요. 오래도록 행복하게 살고자 한다면 무언가가, 어쩌면 모든 게 달라져야 했습니다.

그렇다면 머릿속 과열 상태를 극복하고 숙면에 들어설 수 있는 차분한 저녁을 마련하기 위해 제가 무엇을 할 수 있었을까요? 일단 머릿속을 과열시키는 자극적인 활동들, 때론 불안감을 자아내는 활동들을 끊었습니다. 그리고 마음을 차분히 가라앉히는 활동들을 실천했어요. 따뜻한 물로 샤워를 하거나 황산마그네슘 성분의 엡솜소금을 풀어 온수 목욕을 하고, 안내 명상을 수행하거나 528헤르츠로 구성된 음악을 들었죠(이 음악은 특정 주파수가 긴장을 풀고 마음을 안정시키는 데 도움이 된다고 여겨지는 고대 솔페지오 음계 가운데 528헤르츠 주파수를 사용하여 작곡된 것으로, 몸의 긴장을 풀고 스트레스를 줄여 수면을 준비하는 데 도움을 준다고 알려져 있습니다). 이런 실천들을 통해 완전히 달라질 수 있었습니다.

  2부   50세 이후의 삶을 꽃피우기 위한 숨겨진 자기 돌봄 전략

에너지 최적화에 관한 마지막 고찰

에너지는 충만한 삶을 살아가기 위한 토대이며, 인생의 후반부에서는 특히 그렇다. 신체적·정신적·정서적 에너지를 의도적으로 관리한다면, 목표를 추구하고 뜻깊은 관계를 유지하며 삶의 소소한 기쁨을 누리는 데 필요한 활력을 끌어낼 수 있다. 규칙적인 운동으로 회복력을 키워 신체를 단련하고, 영양소가 풍부한 자연 그대로의 음식을 섭취함으로써 일상생활에 힘을 불어넣고 장기적인 건강을 챙기는 한편, 질 좋은 수면으로 몸과 마음을 충전하며 집중력과 생산성을 위한 준비를 갖추면 된다.

활력 수준을 보존하고 끌어올리기 위해서는 나이가 들수록 한층 더 적극적으로 나서야 한다. 숨겨진 에너지 도둑들에 주의를 기울이고, 건강한 습관을 유지하며, 자신의 상황에 맞게 식단과 활동을 조절함으로써 삶의 매 순간을 끌어안을 수 있는 맑은 정신과 체력을 유지할 수 있다.

기억하자. 에너지는 무엇보다 값진 자원이다. 현명하게 돌볼 수만 있다면 기쁨과 활력, 목표로 가득한 삶으로 나아가는 길에서 당신에게 힘이 되어 줄 것이다.

미라클 모닝 공동체 회원에게서 온 편지

저와 아내는 벌써 13달째 새벽 5시 30분에 일어나 세이버스 습관을 실천하고 있습니다. 이렇게 함께할 수 있다니 너무 감사한 일이고, 그 결과마저도 기적 같아요. 할 수 있는 일이 많아지고 기운도 넘치는 데다가 하는 일에도 속도가 붙었어요. 무엇보다 아침 산책을 하며 자연을 누리는 가운데 많은 이야기를 나누면서 더 많은 시간을 함께 보내고 있습니다.

- 안드레아 빈첸조 브라가 Andrea Vincenzo Braga
50대

　2부　50세 이후의 삶을 꽃피우기 위한 숨겨진 자기 돌봄 전략

새벽빛과 맨발 걷기
자연과 다시 만나 장수를 다져라

아침에 눈을 뜰 때마다 숨 쉬고 생각하고 즐기고 사랑할 수 있다는 것이,
살아 있다는 것이 얼마나 소중한 특권인지 떠올려라.

- 로마의 황제이자 스토아 철학자, 마르쿠스 아우렐리우스Marcus Aurelius

자연과 교감하며 하루를 시작해, 생기 넘치고 건강한 삶의 발판을 마련한다고 상상해 보자. 변화를 위한 이번 장에서는 미라클 모닝의 세이버스 습관을 한층 더 강화할 두 가지 강력한 도구로 새벽빛과 접지를 소개한다. 단순하면서도 효과적인 이 두 가지 자연의 도구는 특별한 비용을 들이지 않고서도 건강을 개선하고 수명을 늘리는 데 활용할 수 있어 수천 년 전부터 활용되었지만, 최근에서야 그 효과가 과학적으로 입증되기 시작했다. 접지의 경우에는 실내에서도 가능하긴 하나, 두 방식 모두 외부 활동을 위주로 하며 비슷한 건강상의 이점을 지닌다. 게다가 두 가지를 동시에 실천하는 것도 가능하다.

장수를 위한 새벽빛의 마법

우리 몸속의 시간 조율 장치인 생체 시계는 해가 뜨고 지는 리듬과 맞물릴 때 올바르게 작동한다. 아침 햇살의 역할은 어둠을 몰아내는 데서 그치지 않는다. 아침 햇살은 우리 몸의 수면-각성 주기를 깨워, 조화로운 생체 리듬을 만든다. 이 빛과 어둠의 무도는 단순한 시적 비유를 넘어 우리의 건강에 결정적인 역할을 한다.

연구들이 강조하는 바에 따르면, 아침 햇살은 우리에게 엄청난 영향을 미친다.[1] **아침 햇살은 커피 한 방울 없이 우리에게 힘을 불어넣는 자연의 카페인과 같다.** 게다가 이 천상의 빛은 우리의 든든한 조력자로, 면역력과 정신 건강의 기반을 다지고 스트레스 수준을 낮추는 데 주춧돌이 되는 비타민D의 합성을 돕는다. 아침 햇살은 단순히 빛을 밝히는 광원이 아니다. 우리는 아침 햇살의 강력한 힘으로 기운을 북돋워 활기를 되찾을 뿐만 아니라 빠르게 잠들어 수면의 질을 개선할 수도 있다.

그렇다면 아침 햇살, 즉 새벽빛은 우리의 건강에 왜 그토록 중요한 걸까? 햇빛은 그냥 햇빛 아닌가? 이제 알게 되겠지만, 아침 햇살은 오후나 저녁의 햇빛과는 조금 다르다.

빛은 파랑부터 빨강에 이르는 다양한 파장과, 적외선 및 자외선(장파장의 자외선A, 중파장의 자외선B)처럼 눈에 보이지 않는 파장들로 구성된다. 아침 햇살이 특별한 이유는 적외선과 청색광이 풍부하기 때문이다. 이러한 사실이 왜 중요할까? 우선 적외선은 콜라겐 생성을 활성화하고, 뼈 치유와 상처 회복을 촉진한다. 나아가 주름을 개선하고 흉터를 없애는 노화 방지 효과도 입증되었다.

우리는 아침 햇살 속 청색광의 자극으로 뇌하수체가 활성화되어 코르티솔 수치가 높아짐에 따라 잠에서 깨어난다. 또 청색광을 통해 하루의 생체 리듬이 정해지기도 한다. 해가 지면 청색광이 사라지고, 수면 호르몬인 멜라토닌이 분비되어 잠들 채비를 갖추게 된다. 청색광은 코르티솔과 멜라토닌의 줄다리기를 조절하는 스위치인 셈이다.

아마도 청색광이 건강에 좋지 않다는 이야기를 들어 본 적이 있을 것이다. 해로운 청색광으로부터 눈을 보호하기 위해 블루라이트 차단 안경을 쓰고 있을 수도 있다. (한발 앞서 있다니! 훌륭하다!) 하지만 태양에서 오는 자연적인 청색광과 TV·스마트폰 화면, 혹은 전구에서 뿜어나오는 인공적인 청색광 사이에는 엄청난 차이가 있다. 자연의 청색광은 회복에 도움을 주는 적색광이나 다른 파장들과 언제나 균형을 맞추며 이롭게 작용한다. 그러니 밖으로 나가 아침 새벽빛에 담긴 적외선과 청색광을 받아 보자.

새벽빛이 주는 건강의 이점

22살이든 82살이든 건강하게 살기 위해서는 아침 햇살을 받는 일이 굉장히 중요하다. 결국 우리는 햇빛을 받으며 일어나게끔 설계되어 있기 때문이다. 햇빛은 호르몬 분비에서부터 수면 주기에 이르기까지 우리 몸 모든 곳에 크나큰 영향을 미친다. 새벽빛에서 오는 건강상의 주요 이점들을 살펴보자.

생체 리듬 조절 및 수면의 질 개선: 밤이 되어 어둠이 찾아오면 우리 몸에 수면을 돕는 멜라토닌이 분비된다. 그리고 아침이 찾아와 자연의 햇살이 비춰 오면 우리의 뇌와 신체는 그 신호를 받아 멜라토닌 생성을 억제하고 활동 단계에 들어선다. 앞서 언급했듯, 이러한 과정을 통해 수면 주기와 대사, 호르몬 생성을 조절하는 데 중요한 역할을 하는 생체 리듬이 맞춰진다. 아침의 햇살을 받는다는 건 편안한 밤잠을 위한 채비를 갖추는 일과 같다.

적절한 생체 리듬이 자리를 잡으면 비만이나 당뇨, 심장병 같은 만성 질환의 발병 위험이 줄어든다. 또 우리 몸의 여러 시스템이 조화롭게 맞물리며 기능을 이어 가게 된다. 생체 시계의 신호에 따라 정확한 시점에 알맞은 세포에서 꼭 필요한 유전자가 발현됨으로써, 복잡한 신체의 기능이 어긋나지 않

   2부　50세 이후의 삶을 꽃피우기 위한 숨겨진 자기 돌봄 전략

고 작동하는 것이다.

예를 들어 면역 체계는 시간대에 따라 달라지는 신체의 필요를 채우기 위해 생체 시계에 의존한다. 깨어 있는 동안에는 세균이나 바이러스에 노출될 가능성이 높기에, 더 많은 면역 세포가 침입자를 찾아 조직 곳곳을 돌아다닌다. 식사하는 동안에는 일부 면역 세포가 장으로 이동해 음식을 통해 들어올지 모를 세균에 맞설 채비를 한다. 이 모든 과정이 아침 햇살을 받으며 시작된다.

기분 개선: 아침 햇살은 강력한 기분 개선제다. 아침 햇살에 노출되면 기분을 끌어올리는 신경전달물질인 세로토닌의 분비가 늘어난다. 또 자연스레 기분이 좋아지게 만드는 엔도르핀 분비도 촉진된다. 이러한 호르몬들은 우울증이나 계절성 정서장애SAD, Seasonal Affective Disorder의 증상을 줄이는 데 특히 도움이 되어, 전반적인 정서 건강 개선에 이바지한다.

비타민D 합성: 이른 아침의 햇살을 맞는다는 건 뼈 건강과 면역 기능, 염증 완화에 매우 중요한 비타민D의 천연자원을 마련하는 일이다. 비타민D의 중요한 재료가 바로 햇빛이기 때문에 아침의 햇빛을 받으면 하루 동안 몸에서 필요로 하는 비타민D를 확보할 수 있다. 특히 비타민D는 칼슘과 짝을 이뤄 뼈 건강을 책임진다. 비타민D가 부족할 경우, 골다공증이 찾아오거나 감염에 취약해지는 등 다양한 신체적 문제가 생겨날 수 있다.

눈 건강: 자연광, 특히 아침의 햇볕을 쬐면 눈 건강에 좋다. 앞서 읽었듯 햇빛을 받으면 체내 비타민D 생성이 늘어나는데, 이는 노화 과정을 늦추고 시력을 개선하는 중요한 역할을 한다. 자연광을 충분히 받지 못한 눈은 흐릿하고 생기 없어 보이기 쉬울 뿐만 아니라 햇빛에 극도로 민감하게 반응하는 광과민증을 일으킬 가능성도 높다. 자연광은 어린아이들의 정상적인 시각 발달에 도움이 되는 것은 물론, 나이 들 때 우리 몸의 생체 리듬을 건강하게 유지하는 데도 기여한다.

당신의 일상에 새벽빛을 녹여 낼 경우, 건강수명을 늘려 장수를 다지는 데 큰 도움을 받을 수 있다. 고유한 신체의 리듬을 주변 환경과 맞추고, 수면의 질을 개선하고 기분을 끌어올리며, 비타민D 생성을 촉진하는 가운데 눈 건강을 챙긴다면 한층 더 건강하게 오래도록 살아가기 위한 기반을 마련하게 될 것이다.

미라클 모닝에 새벽빛 녹여 내기

새벽빛의 힘을 제대로 활용하기 위해서는 일상에 녹여 내야 한다. 하지만 실내 중심으로 돌아가는 오늘날에는 말처럼 쉽지 않다. 다음은 매일 아침 충분한 새벽빛을 누릴 수 있도록 실천해 볼 만한 팁들이다. 노련한 인생의 항해사들을 대상으로 만들어졌지만, 누구나 적용해 볼 수 있다.

- **바깥 풍경을 바라보는 아침 의식:** 커튼을 열거나 커피나 차를 들고 밖으로 나가 하루를 시작한다. 이 간단한 행동만으로도 하루의 새벽빛을 삶 속에 들이며, 각성과 수면의 자연스러운 리듬을 설정할 수 있다.
- **해맞이 산책:** 이른 아침 가볍게 산책을 하면 햇볕의 도움으로 대사를 일깨우고 감각을 자극해, 다가올 하루를 준비할 수 있다.
- **정원이나 발코니에서 태양을 맞이하기:** 정원을 가꾸거나 야외에 앉아 아침 식사를 하면 햇볕을 효과적으로 흡수할 수 있어, 하루를 평온하게 시작하는 동시에 약간의 비타민D까지 얻게 된다.
- **주변 환경 조정:** 야외로 나가기 어려운 날에는 창가에 앉아 아침을 먹거나 운동을 하며 햇살을 맞이한다. 그것만으로도 새벽빛의 이점을 누릴 수 있다.
- **일정 조정:** 일출에 맞춰 아침 일상을 조정한다. 자연광을 받으며 일어나면 생체 시계를 더 효과적으로 맞출 수 있다. 주중에는 출근이나 다른 일정 때문에 일출 시각에 맞추기가 어렵다면, 주말에라도 실천해 보자.
- **인공조명 제한:** 아침에는 밝은 인공조명의 사용을 줄여, 차

츰 밝아 오는 자연광에 자연스레 반응하도록 몸을 맡겨 본다.

- **햇볕 친화적 침실 조성:** 아침이 찾아왔을 때 침실에서 자연광을 받을 수 있다면, 생체 시계를 조절하고 수면의 질을 높이는 데 도움이 된다. 블라인드 각도를 조절하거나 커튼 사이에 틈을 남겨 햇볕이 스며들게 하는 것만으로도 새벽빛에 어울리는 침실을 조성할 수 있다.

- **야행성 사람들을 위한 팁:** 특히 60세가 넘은 많은 이들의 경우, 밤중에 깨어나 화장실을 찾게 되는 건 어쩔 수 없는 일이다. 새벽 4~5시쯤 깨어났다면, 깨어난 김에 커튼을 열어 보자. 해가 떠오르며 자연광이 당신의 침실로 쏟아질 것이다.

효과적인 방법을 찾았다면 규칙적으로 꾸준히 실천하자. 매일 같은 시각에 일어나 아침 햇살까지 맞이한다면 조합으로서는 더할 나위 없다.

드웨인이 전하는 말

앞서 말씀드렸듯, 저는 흔히 쓰는 알람 시계를 그렇게 좋아하지 않습니다. 아침에 일어나기 싫어서가 아니라 우리 몸의 생체 리듬은 자연스럽게 조정되어야 한다고 믿기 때문이죠. 이를 위해 긍정적인 아침 습관을 기르는

    2부   50세 이후의 삶을 꽃피우기 위한 숨겨진 자기 돌봄 전략

것이 좋습니다. 감사하게도 좀 더 자연스럽게 일어나기 위해 사용할 수 있는 기술들이 나와 있습니다.

흔히 기상 유도 조명이나 해돋이 알람 시계라고 불리는 이 도구들은 서서히 빛을 밝히며 자연스러운 해돋이를 흉내 내, 자연스러운 기상을 돕습니다. 이러한 기술들은 우리의 타고난 생체 리듬과 잘 맞아떨어져, 한결 수월하게 아침을 맞이하는 데 도움을 줍니다. 알람의 시끄러운 소리에 기댈 필요가 없는 자연스러운 기상 방법이라, 50대를 넘어선 사람들에게 특히 유용하죠.

50세를 넘긴 사용자라면 해돋이 알람 시계를 고를 때 사용은 간편한지, 너무 눈이 부시지 않도록 밝기를 조절할 수 있는지, 알람 소리도 함께 사용할 수 있는지, 전반적인 조작이 어렵지 않은지 살펴보는 것이 좋습니다. 이런 제품들을 활용하면 가뿐하게 일어나 한결 기분 좋은 아침을 맞이할 수 있어, 건강한 수면 습관을 이어 가는 데 상당한 도움이 됩니다.

장수를 다지는 접지

맨발로 풀밭 위를 걸어 본 게 언제인가? 발가락으로 흙을 파헤치고 해변의 모래 위에 털썩 주저앉아 본 적은? 마지막으로 지면에 온전히 몸을 맞대 본 것은 또 언제였을까? 땅과의 직접적인 접촉이 이롭다는 사실을 알고 있는가? 그 이유는 다음과 같다.

당신의 발아래에는 건강과 장수를 위한 놀라운 자원이 있다. 바로 우리의 행성 지구다. 자연과의 접촉이 부족한 가운데 과도한 전자기파EMFs, Electromagnetic Frequencies의 폭격을 받는 21세기의 생활 습관 속에서, 지구야말로 '코드를 꽂아' 우리 몸에 쌓여만 가는 양전하를 상쇄할 수 있는 이로운 음전하의 천연 보고라고 할 수 있다. **우리는 본질적으로 생체전기적 존재이며, 땅을 '딛고 설' 때 세포 기능이 향상되고 스트레스가 줄어들며 부교감 신경계(안전함과 편안함을 느끼는 순간 몸을 이완하고 생명 유지 기능을 수행하는 데 도움을 주는 신경계)가 활성화된다.**

그라운딩이라고도 알려진 접지는 일반적으로 풀밭이나 흙, 모래 위를 걷거나, 자연 수역에서 수영을 하거나, 실내에서 접지 기구를 활용하는 방식으로 우리 몸을 지구의 전기 에너지에 물리적으로 연결하는 활동을 말한다. 이 단순한 활동으로 염증을 줄이고, 수면의 질을 개선하고, 전반적인 건강을 끌어올리는 등 다양한 건강상의 이점을 누릴 수 있는 것으로 알려졌다.

오늘날의 보건의료 체계에서는 생체전기적 요소가 우리 건강에 미치는 중요성에 관한 충분한 연구를 제공하지 않지만, 접지의 생리적 효과와 잠재적인 건강상의 이점을 뒷받침

    2부   50세 이후의 삶을 꽃피우기 위한 숨겨진 자기 돌봄 전략

하는 증거들이 점차 늘어나는 추세다. 더 나은 건강과 웰빙, 장수를 위한 접지의 놀라운 이점들을 살펴보자.

접지의 주요 이점 가운데 하나는 잠재적으로 염증을 줄일 수 있다는 것이다. 앞서 다뤘듯, 염증은 관절염이나 심장병, 알츠하이머병 등 노화와 관련된 만성 질환의 주요 원인이다. 접지는 자유 라디칼을 중화해 염증을 줄이는 데 도움을 준다고 여겨진다. 땅에서 전자를 흡수하면 항산화 효과가 나타나는데, 이를 통해 체내에서 염증을 유발하는 자유 라디칼에 대응할 수 있다. 《염증 연구 저널Journal of Inflammation Research》에 발표된 연구에 따르면, 접지를 했을 때 염증이 눈에 띄게 줄어들고 면역 반응이 개선되는 것으로 나타났다.[2] 이처럼 접지를 통해 땅에서 전자를 흡수함으로써 자유 라디칼을 중화해 노화와 다양한 질병의 주요 원인인 만성 염증을 완화할 수 있다.

혈액순환이 개선되고 수면의 질이 높아지는 것도 접지의 또 다른 주요 이점이다. 혈액순환이 개선되면 신체 조직으로 향하는 산소와 영양분의 운반이 원활해지는데, 이는 회복과 건강 전반에 매우 중요하게 작용한다. 접지는 코르티솔 수치를 조절하고 생체 리듬을 맞추는 데 기여해, 깊은 회복성 수면을 끌어내기도 한다. 《보완대체의학저널Journal of Alternative and Complementary Medicine》에 실린 한 연구는 접지 상태로 수면을 취

한 참가자들의 경우 밤사이 코르티솔 수치가 낮아지고 수면의 질이 높아졌다고 보고했다.[3]

또 접지에는 신경계를 진정시키는 효과가 있어, 투쟁-도피 반응을 담당하는 교감 신경계에서 휴식-소화를 담당하는 부교감 신경계로의 전환을 촉진하는 것으로 보인다. 이러한 전환이 일어나면 스트레스가 줄어들고 불안 수준이 낮아져, 기분을 끌어올리고 정서 건강을 개선하는 데 도움이 된다. 《통합의학 임상의 저널Integrative Medicine: A Clinician's Journal》의 한 연구는 접지를 통해 자율신경계의 균형과 심혈관 건강을 보여 주는 핵심 지표인 심박변이도를 개선할 수 있다는 사실을 확인했다.[4]

2013년 《보완대체의학저널》의 연구진들도 접지가 혈액 점성을 낮춰 혈전 생성 가능성을 줄임으로써 심장 건강을 뒷받침한다고 언급하면서 이렇게 말했다. "접지는 심혈관계에서 문제가 발생할 가능성을 줄여 심혈관 질병의 발병 위험을 낮추는 단순하지만 가장 강력한 개입인 것으로 보인다."[5] 2023년의 최신 연구는 심장에 미치는 접지의 이점을 확장하며 이렇게 언급한다. "야외에서 지면과의 접지를 시행할 경우, 혈류가 증가해 혈액순환이 개선되고 혈액 점성이 낮아지며, 심박변이도가 높아지고 운동 후 통증이 줄어드는 등 여러 효과가 상승적으로 작용한다. 이는 심혈관계에 이로울 뿐만

    2부   50세 이후의 삶을 꽃피우기 위한 숨겨진 자기 돌봄 전략

아니라, 심장을 포함한 체내 모든 장기에 혈류 개선의 효과를 가져온다."[6]

접지는 고대문명에서부터 존재해 왔고 땅과의 접촉은 최근까지도 삶의 평범한 일상이었지만, 오늘날의 접지 운동은 1990년대 클린트 오버Clint Ober가 전도성 전선과 금속 막대를 이용해 지면과 이어진 매트를 만들며 널리 알려지기 시작했다. 이 매트 위에 앉아서 잠을 잔 사람들은 기력 상승과 빠른 상처 회복, 한층 깊어진 수면을 경험했으며, 심지어 하룻밤 사이에 만성 통증이 호전되었음을 느끼기도 했다.

접지는 어떻게 작용하는가?

다소 엉뚱하게 들렸을까? 땅과의 접촉을 통해 건강과 웰빙을 회복한다는 주장은 회의적인 반응을 불러올 수 있다. 그래서 접지를 이해하는 데 도움이 되는 과학적 근거들을 제시한다.

"우리 몸에는 일종의 전기가 흐른다."《환경 및 공중보건 저널Journal of Environmental and Public Health》은 이렇게 적었다. "비록 널리 인식되진 않지만, 이동이 자유로운 자유 전자가 지구 표면으로 끊임없이 새롭게 공급되고 있다는 것은 기정사실이다. 우리는 지구의 음전하를 통해 우리 몸의 모든 시스템이 정상적으로 작동하는 데 필요한 안정적인 생체전기적 환경을 형성할 수 있다. 그리고 이 환경은 생체 시계를 설정하고, 생체 리듬을 조정하며, 코르티솔 수치의 균형을 맞추는 중요한 역할을 한다."[7]

클린트 오버에 따르면, "우리 몸의 모든 것은 전기가 첫 번째고 화학이 그다음이다."[8] 예를 들어, 뇌 활동과 심장박동, 신경전달물질의 활동은 전기적 신호에 의존하므로, 전기적 흐름이 흐트러지면 건강의 다른 측면도 영향을 받는다.

우리의 피부는 '전도체'처럼 기능하며 지구의 전기 에너지를 자연스럽게 흡수한다. 발, 특히 발바닥의 동그란 앞부분이 지구 전기에 민감하게 반응하는 것으로 여겨진다. 접지를 시행할 때 우리 몸은 마치 스펀지처럼 지구의 전자를 빨아들인다! 빨아들인 전자는 머리부터 발끝까지 온몸을 돌아다니며 이로운 영향을 미친다.

접지의 가장 좋은 부분은 방법이 직관적인 데다가 비용도 전혀 들지 않는다는 것이다. 낯설어 보이는 무언가를 시도하려는 의지와 맨몸만 있으면 된다.

매일 실천하는 접지

어떻게 하면 가장 쉬운 방법으로 매일의 일상에 접지를 녹여 넬 수 있을까? 다행히도 접지는 건강을 개선하고 장수를 다질 수 있는 가장 쉽고, 안전한 자연적 방법이다. 다음의 간단한 방식을 활용해 접지를 시작해 보자.

- **일일 실천:** 하루의 일상에 10분 정도만 접지를 해도 효과를 볼 수 있으며, 50세를 넘은 사람들에게 특히 그렇다. 풀밭이나 흙, 모래 위를 맨발로 걷기만 해도 좋다.
- **기존 활동에 접목하기:** 접지는 다른 활동들과 간편하게 묶을 수 있다. 예를 들어, 아침 산책을 하거나 정원을 가꾸며, 혹은 단순히 맨발로 앉아 독서나 기록 활동을 이어 가며 접지를 실천한다면 효과적일 것이다.
- **실내에서 할 수 있는 방법:** 외부 활동이 어려운 경우, 접지 매트나 장판, 베갯잇, 밴드, 패드 같은 제품들로 비슷한 효과를 낼 수 있다. 온라인에서 구매 가능하다.

다만 접지는 날카로운 물건이나 유해 물질 등 잠재적 위험에서 벗어난 안전한 장소에서 실천하는 것이 중요하다. 신경 병증이 있는 사람이라면 접지를 시작하기 전에 의료 전문가와 상담부터 진행하는 것이 좋다.

설득력 있는 사례 연구

과학적 기준으로 보면 접지에 관한 연구는 아직 초기 단계에 불과하다. 하지만 현재 진행 중인 연구가 늘어나면서, 우리는 더 건강하게 살아가며 장수를 다지는 데 필요한 마지막 퍼즐 조각을 발견할지 모를 중요한 문턱에 서 있다.

미국의 접지 연구소The Earthing Institute는 캘리포니아 라 메사의 척추교정의사DC, Doctor of Chiropractic 그레고리 멜빈Gregory Melvin이 진행한 사례 연구를 발표했다.[9] 멜빈 박사는 접지를 통해 통증 문제에서 소화 불량에 이르기까지 다양한 문제들로부터 빠르게 회복되었다는 환자들의 이야기를 꾸준히 들었다. 그리고 이후 열화상 이미지를 활용해 환자들의 주장을 확인했다. 멜빈 박사는 말했다. "'접지'에 관해 알게 되었을 때, 그것이 혈관 변화에 관여해 신체 말단에 영향을 미치는지, 만약 영향을 미친다면 어떤 방식으로 이뤄지는지 확인하고 싶었습니다. 저는 환자들에게 접지 베갯잇을 나눠 주고 접지 전후의 이미지를 촬영했습니다. 환자들을 치료한 게 아니라 며칠 밤 침대에서 접지를 실천해 달라고 요청한 것이었죠. 사흘 만에 상당한 변화가 나타났고, 이후 다른 환자들 열댓 명에게서 추가적인 실험을 진행했습니다. 마찬가지로 효과는 상당했습니다. 그때부터 제 치료 계획과 이미지 분석에 접지를 포함해야겠다고 생각하게 되었어요.

그때 이후로 접지는 건강에 대한 저만의 다각적인 접근 방식의 핵심 요소가 되었습니다. 우리는 생체전기적 존재이며 접지를 통해 신체의 전기 시스템을 빠르게 채울 수 있어요.

배터리 충전과도 같습니다."[10]

새벽빛과 접지에 관한 마지막 고찰

그렇다면 망설일 게 무엇인가? 우리의 조상님들은 이렇게 말씀하셨다. "밖으로 나가 얼굴에 햇빛을 받으며 맑은 공기를 마셔라!" 조상님들이 옳았다. 자연과 접촉을 이어 가면 신체적·정신적 건강이 개선된다. 중장년층의 경우 자연 치유 기법인 새벽빛과 접지에서 상당한 이점을 얻을 수 있다. 실천하기도 간단하고, 두 가지를 통합하여 효과 위에 효과를 얹을 수도 있다. 다만 새로운 건강 습관을 들이기 전에 의료 전문가와 상담을 먼저 진행하는 것이 좋고, 기존의 건강 문제가 있는 사람이라면 특히 그렇다.

세이버스 습관에 새벽빛과 접지를 접목하면 달라진 아침을 경험하게 되고, 신체적 활력과 맑은 정신, 정서적 안녕을 끌어올리는 동시에 영적 충만함을 채울 수 있다. 날씨가 허락한다면 야외로 나가 아침 햇살을 맞이하며 맨발로 땅을 딛고 서서 접지를 실천하는 가운데 침묵이나 명상을 시작해 보자. 이러한 방식은 생체 리듬을 조절하고 지구의 자연 에너지를 흡수하는 데 도움이 된다. 이를 이어 햇살의 따스함과 땅의 시원함을 느끼며 확언과 시각화를 진행할 경우, 몸과 마음이 단단하게 이어진다. 풀밭 위에서 하는 경쾌한 산책이나 가벼운 스트레칭 같은 운동에 몰두하면 새벽빛과 접지를 활용해 신체 활동의 이점을 증폭할 수 있다. 또 야외에서 독서나 기록 활동을 실천함으로써 이 자연 기법을 미라클 모닝에 녹여 낼 경우, 마음과 정신은 한층 더 풍요로워진다. 이렇듯 장수와 자립을 다지고 더욱 활기찬 삶을 지탱하는 총체적인 아침 의식을 확립한다면 당신은 나이에 상관없이 더 나은 건강과 웰빙을 챙기게 될 것이다.

인생의 장들을 헤쳐 나가는 과정에서 힘·건강·원기 회복의 근원으로서 아침 햇살이 비추는 새벽빛과 지구 에너지가 안겨 주는 전하를 끌어안고 삶의 페이지를 넘겨 보자.

15장

목표를 품고서 주도적으로 살아가기
당신의 하루에 의미를 불어넣어라

인생에서 가장 중요한 이틀이 있다면, 하루는 당신이 태어난 날이고,
다른 하루는 태어난 이유를 깨달은 날이다.

- 미국 작가이자 수필가·해학가, 마크 트웨인 Mark Twain

흔히 50세를 넘기고 나면, 자신이 하는 모든 일의 이면에 어떤 의미가 있는지 돌아보게 되는 순간이 찾아온다. 관성적으로 살아가거나 바쁘게 하루를 채우는 걸로는 더 이상 충분하지 않다. 의미와 충만함, 단순히 일어나야 해서 일어나는 것을 넘어 침대를 빠져나오게 만드는 이유를 원하게 된다. **목표를 가지고 주도적으로 살아간다**는 건 일상의 활동에 자신이 가장 중요하게 여기는 가치를 나란히 하고, 스스로 기운을 불어넣으며 다른 이에게 기여하는 가운데, 자기 자신에게 깊이 공감되는 방식으로 살아가는 것을 뜻한다. 이번 장에서는 목표를 새롭게, 어쩌면 처음으로 발견하는 과정과 모든 영역에 걸쳐 그 목표를 반영할 수 있도록 삶을 설계하는 법을 다룬다.

누군가에게 목표란 더 나은 건강이나 경제적 자유의 실현처럼 방향성을 지닌 중요한 지향점일 수도 있고, 새로운 기술 습득이나 좋아하는 취미를 즐기기 위한 시간을 확보하는 것처럼 구체적인 일일 수도 있다. 또 다른 이에게는 타인에게 사랑과 친절을 전하거나 신을 찬미하는 것처럼 근본적인 삶의 방식을 뜻할 수도 있고, 가족을 돌보거나 도움이 필요한 이들에게 손을 내미는 것과 같은 헌신을 나타낼 수도 있다. 또 한편으로는 배우자나 가족, 공동체, 혹은 일과 관련된 측면에서 본인을 필요로 한다는 이유로 잠자리에서 일어나게 되는 것을 목표라고 할 수도 있다.

목적의식을 지니고 미라클 모닝을 실천한다면 가치 있는 목표를 세우고 그 목표를 성취하기 위해 자신을 몰고 가는 강력한 동력을 얻을 수 있다. 하루하루의 세이버스에 목표를 불어넣을 때, 맑은 정신을 기르고 일관된 행동을 취할 수 있는 능력에 힘을 싣고 증폭시키는 총체적인 접근을 통해 의미 있는 성과를 향해 나아가게 된다. 예를 들어 가족을 위해 경제적 자유의 실현을 목표로 삼았다고 해 보자. 그런 경우라면 인도를 구하는 기도나 맑은 정신을 위한 명상으로 침묵을 시작할 수 있다. 그러고 나서 자신이 헌신하고자 하는 목표와 왜 그 목표가 자신에게 중요한지, 그 목표를 이루기 위해 구체적으로 무엇을 해야 하는지 명확히 밝히는 확언을 작성하고 읊어 본다. 이후 시각화를 활용해 이상적인 미래를 떠올리고, 확언에 담은 행동들을 최상의 상태에서 실행하는 모습을 마음속으로 그려 본다. 이어서 운동을 통해 혈액순환을 촉진하고, 독서 시간을 활용해 책이나 글을 읽으며 경제적 자유를 위한 전략을 세운다. 마지막으로 기록의 시간에는 자신이 감사히 여기는 것들을 적고, 그날의 최우선 과제를 정해 본다. 물론 순서는 상관없다. 이러한 상승효과를 통해 세이버스의 이점이 당신의 목표와 한 곳을 바라보게 된다는 것이 중요하다.

한 가지 짚고 넘어가자면, **목표란 발견하는 것이 아니라 선택하는 것이다.** 다시 말해, 당신이 직접 목표를 선택해야 한다. 많은 이가 자신들이 해야 할 일들을 찾기 전에는 인생이 완성되지 않을 것처럼 목표를 '알아내기' 위해 불필요한 부담을 짊어진다. 목표는 그런 식으로 작동하지 않는다. 당신의 목표를 부여하는 것은 바로 당신이다. 게다가 목표는 당신이 들어서는 삶의 각 시기마다 달라질 수 있다. 목표란 고정되지 않고 유연하고 유동적이며 심지어 즐겁기까지 한, 끊임없는 탐구와 성취를 향한 평생의 여정이다.

그러니 당신이 즐기는 일, 당신을 채워 주는 일, 당신에게 의미 있는 일을 하자. 그러다 보면 목표를 발견하게 될 것이다. 부담 가질 필요 없다.

> **할이 전하는 말**
>
> 저는 20대 중반에 첫 번째 인생의 목표를 세웠습니다. 팀 샌더스Tim Sanders의 『최고의 앱은 사랑Love Is the Killer App』을 읽는 중이었는데, 팀은 개인적·직업적 상황을 막론하고 타인에게 가치를 더하는 데 집중하는 것이 얼마나 중요한지를 이야기하고 있었습니다. 다른 사람과 집단, 단체에 더 많은 가치를 보탤수록 우리가 그들에게 한층 더 가치 있는 존재가 된다는 사실을 강조했어요. 그렇게 우리의 가치가 올라가고 관계의 힘도 깊어진다는 것이었죠. 이 대목이 마음 깊이 와닿으며 지그 지글러Zig Ziglar의 유명한 말이 떠올랐습니다. "다른 사람들이 원하는 것을 얻을 수 있도록 충분한 도움을 준다면, 당신도 무엇이든 인생에서 원하는 것을 얻을 수 있다."
>
> 그래서 첫 번째 목표를 세우고 글로 남겼습니다. **"사심 없이 가능한 한 많은 이에게 더할 수 있는 최대의 가치를 더한다."** 단지 나만의 욕망을 채우기 위해서가 아니라 타인에게 가치를 더하기 위해 헌신하겠다는 마음을 떠올

릴 수 있도록 **"사심 없이"**라는 단어를 넣었습니다. 물론 그러한 접근이 틀림없이 저에게도 도움이 될 거란 사실을 알고 있었죠. 모두에게 득이 되는 선택이었습니다. 매일 미라클 모닝을 실천하는 동안 이 확언을 돌아보며 마음에 새겼고, 확언대로 살아가기 시작했습니다. 직업적인 면에서는 고객들과 동료들은 물론 일하는 회사를 위해 가치를 더할 수 있도록 기대 이상의 성과를 내는 데 집중했습니다. 그 결과는 확실했어요. 전년도에 비해 매출이 102%나 증가하며 수입이 두 배가 되었죠. 회사 안에서는 동료와 상사 들에게 믿을 만한 사람이라는 명성을 쌓게 되었습니다. 그 평판은 20년 넘게 지난 지금도 배당금처럼 돌아오고 있어요.

목표를 명확하게 규정하면 시간과 집중력, 나아가 주변 관계까지도 정돈할 수 있다. 목표란 자신에게 의미 있는 일을 위해 노력을 기울이는 것이다.

연구에 따르면, 인생의 이른 시기에 목표를 찾는 일이 건강에 대한 처방전으로 작용하기도 하지만, 새롭게 목적의식을 갖추는 일도 인생 후반부의 삶을 꽃피울 수 있다.[1] 수년간 즐긴 끝에 정원 가꾸기가 지겨워졌다면 정원 손질법을 바꾸거나 당신을 설레게 하는 새로운 일이나 취미를 찾아보자. 만약 당신이 100세를 넘어서까지 산다고 하면 목표와 열정을 채우기 위한 여러 번의 시기를 맞이하며 그 속에서 새로운 충만함의 기회를 엿보게 된다.

목표란 지향점을 설정하고 매일 아침을 맞이할 명확한 이유를 마련하는 일이다. 인생이라는 항해에서 후반부로 접어들수록 목표는 더욱더 중요해진다. 지향점이 확실한 목표는 우리를 미래로 끌어당긴다. 그렇다면 의미 있는 목표를 세우고, 그 목표로 향하는 과정을 즐기지 않을 이유가 무엇이겠는가?

긍정적인 마음가짐과 회복력에서 힘을 얻는 목표 의식

고난에 긍정적으로 적응하는 능력인 회복력은 오래전부터 장수의 상징으로 여겨져 왔다. 장수에 관한 최근 연구에 따르면, 회복력이 높은 성인일수록 노화가 더디고 수명도 길며 한결 나은 건강 상태를 누린다.[2] 회복력을 일구면 우리 내면의 강인함과 풍부한 자원을 활용할 수 있어, 피할 수 없는 인생의 굴곡을 품위 있고 힘차게 헤쳐 나갈 힘을 얻게 된다.

낙관주의도 이 과정에서 중요한 역할을 한다. 긍정적인 마음가짐을 품으면 앞으로 얼마나 많은 세월이 남았는지와 관계없이 가장 빛나는 순간은 아직 오지 않았다는 시각을 견지할 수 있다. 낙관주의를 품을 경우, 역경을 헤쳐 나가는 순간에서도 긍정적이고 희망찬 전망을 이어 갈 수 있어 회복력이 향상된다. 낙관적인 사람들은 인생에서 새로운 목표와 의미를 찾을 수 있다고 믿을 가능성이 크고, 그만큼 회복력도 높아진다. 낙관주의와 회복력 사이의 이 긍정적인 순환은 나이 드는 과정에서 목표 의식을 유지하는 데 필수적이며, 이를 통해 긍정적이고 희망찬 시각으로 미래를 바라볼 수 있게 된다. 좋은 소식은 낙관성을 일구는 일이 선택의 문제고, 매일 아침 세이버스를 활용하여 긍정적인 마음가짐을 길러 낼 수 있다는 것이다. 잠시 후에 조금 더 살펴보도록 하자.

드웨인이 전하는 말

처음 일을 시작했던 20대 때 저의 관심을 끌었던 주제 가운데 하나가 바로 회복력이었습니다. 어릴 적 할머니가 계신 요양원에서 제1차 세계대전에 참전했던 군인분을 만난 적이 있습니다. 매주 방문을 이어 가던 어느 날, 복도를 돌아다니다가 한 남자가 도움을 요청하는 소리를 듣게 되었죠. 조심스레 방으로 들어가 바닥에 떨어진 베개를 주워드리며 그분의 수많은 훈장을 보게 되었습니다. 우리는 이야기를 나누기 시작했고, 저는 그분의 참전 이야기와 생산성으로 가득했던 지난날들에 매료되었습니다. 이제 와 돌아보니 그건 회복력으로 가득했던 삶에 관한 이야기였어요. 다음번 할머니를 방문했을 때 이야기를 더 듣고 싶어 그분을 찾아갔지만 돌아가신 후였습니다.

저는 언제나 그분을 떠올렸습니다. 첫 직장을 얻어 중장년층분들과 함께하게 되었을 때도, 그 일이 제게 뜻깊게 다가왔던 건 요양원에 거주하는 분들과 시간을 보내며 이야기를 나누는 일 때문이었죠. 저는 노년층의 어르신들에게 새로운 한 해를 맞이할 수 있는 더 나은 방식을 마련해드리는 것을 목표로 삼았습니다. 그리고 이제는 100세 인생을 살아오신 100분의 어르신과 이야기를 나누려는 '100 X 100' 계획을 진행하고 있어요. 이 글을 쓰는 시점까지 30분이 넘는 어르신들과 이야기를 나누며 그분들의 힘들었던 시절, 놀라운 끈기와 회복력, 믿을 수 없는 낙관성에 관한 이야기를 들을 수 있었습니다. 제가 '나의 길잡이'라고 칭하는 이 놀라운 어르신들 가운데 많은 분이 이러한 특성을 본인의 장수 비결로 꼽으셨습니다.

좋은 일이 일어날 것이라는 믿음의 낙관주의는 힘든 상황에 적응하는 데 매우 중요하며, 그로 말미암아 회복력을 키울 수 있습니다. 저는 언제나 회복력과 낙관성이 서로 밀접한 연관관계로 기능한다고 느껴 왔습니다. 긍정적인 사람일수록 회복력도 높다는 사실을 여러 차례 확인했죠. 둘 사이에는 분명한 상응 관계가 있습니다. 낙관성은 회복력을 끌어내고, 회복력은 더 큰 낙관성을 불러오는 것입니다.

이 두 가지 특성은 나이가 들수록 한층 더 중요해지지만, 많은 이가 직관적으로 느끼지는 못한다. 인생의 후반부에 접어들어 목표를 발견하거나 새롭게 정의하는 일은 보통 새로운 도전을 동반한다. 은퇴나 건강 문제, 사회적 역할의 변화일 수도 있고, 혼자서 살아가는 삶의 외로움, 가족과 친구들로부터의 단절, 또는 한때 직장에서 느꼈던 동료애에 대한 그리움이나 향수일 수도 있다. 회복력을 갖춘다면 이러한 문제를 장애물이라기보다 기회로 바라보며 변화에 긍정적으로 적응하게 된다. 또 힘든 상황에서도 다시 일어나 계속해서 중요한 가치를 좇을 수 있다.

목표를 발견하고 선택하는 일에는 보통 시행착오가 따른다. 회복력이 부족할 경우 장애물을 마주했을 때 쉽게 낙담하고 만다. 회복력이야말로 이러한 좌절을 극복하는 핵심 열쇠다. 회복력을 갖춘다면 어려움을 마주한 순간에도 흔들리지 않는 끈기를 유지할 수 있다. 낙관성을 통해 동기를 잃지 않고 새로운 가능성에 마음을 열어 회복력을 보완함으로써,

충만한 삶의 목표를 발견할 가능성을 높일 수 있는 것이다. 마주한 어려움을 장애물이라기보다 성장을 위한 기회로 여길 때, 삶에 의미를 불러일으키는 활동들에 몰두할 수 있게 된다.

만약 낙관적인 마음을 품고 긍정적인 면에 집중하기가 어렵다면, 반가운 소식이 있다. 알버트 아인슈타인 의과대학 노화연구소의 소장인 니르 바르질라이Nir Barzilai 박사는 나이가 들어서도 행동과 태도를 바꿀 수 있다는 증거가 있다고 말한다. 100세를 넘긴 사람들 243명을 연구한 바르질라이 박사는 성격과 관련해 다음과 같은 사실을 발견했다. "우리는 사람들에게서 삶에 관해 긍정적인 태도를 보이는 자질들을 찾았습니다. 대부분 외향적이고 긍정적이며 느긋한 성향을 지니고 있었어요. 웃음을 삶의 중요한 부분으로 여겼고 넓은 사회적 관계를 맺고 있었죠. 또한 감정을 억누르기보다 솔직하게 표현했습니다."[3]

긍정적인 사람들은 인생 후반부의 목표를 찾는 일을 포함해 자기 돌봄을 실천할 가능성이 훨씬 높다. 이들은 자신의 선택으로 더 나은 상황을 이끌 수 있다고 믿으며, 비관성과 관련해 심리학자 마틴 셀리그먼Martin Selgman이 말한 '학습된 무기력'에 빠지지 않는다. 자신의 상황과 감정에 변화를 주기 위해 당장은 무엇을 해야 할지 모르더라도, 기회가 찾아올 것

    2부   50세 이후의 삶을 꽃피우기 위한 숨겨진 자기 돌봄 전략

이라 믿으며 회복력을 유지한 채 낙관성을 이어 간다. 이러한 태도에서 긍정적인 성과를 향한 연쇄반응이 촉발된다.

정신 건강을 개선해 장수를 다지는 목적의식

목적의식을 품으면 정신적·정서적 건강에 이롭고, 신체 건강에도 실질적인 영향을 미쳐 장수를 다질 수 있다는 사실을 자료를 통해 확인할 수 있다.

강력한 목적의식을 품을 경우 나이와 상관없이 기분이 한결 나아지고 삶을 바라보는 관점도 상당히 좋아지므로, 이는 정신 건강을 개선하는 데 매우 중요하다. 일반적으로 심각한 정신질환을 앓는 사람들의 수명이 짧다는 사실이 꽤 오랫동안 퍼져 있었다. 하지만 최근 연구에서는 우울증이나 만성 불안과 같은 비교적 경미한 상태도 인간 수명에 상당한 악영향을 미칠 수 있음이 확인되었다. 낮은 수준의 우울과 불안 징후만으로도 건강을 위협하는 위험이 20%가량 증가한다. 만성 스트레스는 코르티솔 분비 증가와 늘어난 염증, 억제된 면역체계, 대사 변화, 장내 미생물의 부정적 변화, 뇌 기능 장애와 같은 일련의 문제로 이어진다. 나이가 들며 이러한 위험을 피하기 위해서는 건강하고 생기 넘치는 목적의식을 다져야 한다. 유연성도 회복력도 없는 냉담한 태도로 과거에 머문 채 목표도 행복도 없이 살아가는 삶은 탄탄한 건강과 웰빙을 위한 처방전이 될 수 없다.

목표와 장수를 다룬 몇몇 연구들은 특히나 흥미롭고 고무적이다. 그중에서도 설득력이 높은 사례 연구 가운데 하나는 100세 인구가 많은 걸로 유명한 일본 오키나와에서 나왔다. 연구진들은 오키나와에 장수 인구가 많은 원인으로 식단과 생활 방식뿐 아니라, 존재 이유를 뜻하는 이키가이ikigai, 즉 강력한 목적의식을 지목했다. 공동체 내에서 자신의 역할을 적극적으로 이어 가며 뚜렷한 삶의 목표를 품은 오키나와 사람들은 오래도록 건강하게 살아가는 경향을 보였다.[4]

또 다른 연구에서는 사람들의 수명이 유난히도 긴 '블루존'이라는 지역에 주목해 왔다. 블루존에 거주하는 사람들은 강력한 목적의식을 지녔다는 공통 분모가 있었다. 예를 들어 이탈리아의 사르데냐나, 캘리포니아의 로마린다의 노년층은 공동체에 적극적으로 참여하며 목적의식을 심어 주는 활동들을 꾸준히 이어 간다.[5] 러시 기억·노화 연구The Rush Memory and Aging Project의 일환으로 진행된 또 다른 연구에서는 뚜렷한 목적의식을 품은 사람들의 경우 그렇지 못한 사람들에 비해 알츠하이머병에 걸리지 않을 확률이 2.4배 높다는 것이 확인되었다.[6] 《미국의사협회저널The Journal of the American Medical Association》 연구에 따르면, 강력한 목적의식을 지닌 사람일수록 심장마비나 뇌졸중 같은 심혈관계 문제를 겪을 위험이 낮

 　　2부　50세 이후의 삶을 꽃피우기 위한 숨겨진 자기 돌봄 전략

은 것으로 나타났다.[7] 목적의식이 심혈관계 질병에 대한 보호 요인처럼 작용한 것이었다. 마지막으로, 1만 3,000명이 넘는 사람들의 자료를 분석한 보스턴 대학교 공중보건 학과The Boston University School of Public Health의 연구는 목적의식이 뚜렷한 사람들의 경우, 나이에 상관없이 사망 위험이 15% 낮다는 사실을 보여 준다.[8]

목표는 장수의 영약이다. 뚜렷한 사명감을 지닌 사람일수록 활기차고 생기 넘치는 하루를 맞이하며, 삶의 풍랑 속에서도 한층 뛰어난 회복력을 통해 상처 입지 않은 기운찬 모습을 드러낸다. 스트레스와 불확실성으로 가득한 시대를 살아갈 때 목적의식을 일구는 일은 점점 중요해진다. 타인에게 이바지하는 일이든 개인의 목표를 추구하는 일이든, 한 차원 높은 소명을 끌어안는다면 의미와 활력으로 삶을 채워 갈 수 있을 것이다.

50세 이후의 목표를 다시금 정의하기

50세를 넘겨 자신의 목표를 찾아 성공적인 삶을 살았던, 혹은 그러한 삶을 살고 있는 사람들이 많다. 그중 몇몇을 살펴보자.

아리아나 허핑턴 Arianna Huffington : 아리아나 허핑턴은 55세에 《허핑턴 포스트The Huffington Post》(현《허프포스트HuffPost》)를 창간

했다. 편집장으로 10년을 보낸 그녀는 이후 회사를 나와 건강과 생산성을 다루는 회사인 스라이브 글로벌Thrive Global을 설립했다. 건강을 옹호하는 목소리를 내기 위한 허핑턴의 변화는 새로운 열정을 찾아 적응해 나가는 그녀의 능력을 입증하며, 성공은 나이의 제한을 받지 않는다는 사실을 보여 준다. 허핑턴은 최근 SNS에 이렇게 남겼다. "저는 나이가 들고 세월이 쌓이면 그만큼의 추진력을 얻을 수 있다는 사실을 배웠습니다. 그러니 서른이 됐든 마흔이 됐든, 꼭 어떤 나이에 모든 걸 이뤄 내야 한다는 고정관념에서 벗어나세요. 더군다나 꼭 한 번에 해야 할 필요도 없습니다."[9]

할랜드 샌더스 Harland Sanders : 샌더스 대령으로 더욱 잘 알려진 켄터키 프라이드치킨KFC의 설립자 할랜드 샌더스는 60대에 이르러서야 엄청난 성공을 이뤄 낸 놀라운 사업가다. 주유소 사장으로 시작한 할랜드는 자신만의 비밀 조리법으로 요리한 프라이드치킨을 트럭 운전사들에게 팔기 시작했다. 그리고 62세가 되었을 때 이를 가맹점 사업으로 확장하기로 결심했고, 이후 사업은 빠르게 국제적인 반향을 불러일으켰다. 독창적인 조리법에 대한 끈기와 헌신이 늦은 출발 시기와 맞물리며, 할랜드는 요리 업계의 신화로 떠올랐다. 그는 자서전에 이렇게 적었다. "내 인생에는 두 가지 규칙만이 있었다. 할 수 있는 일은 빠짐없이 한다. 그리고 그 일에 최선을 다한다.

무언가에 성취감을 느끼고 싶다면 이 방법만이 유일하다."[10]

줄리아 차일드 Julia Child: 줄리아 차일드는 많은 이들에게 영향을 미친 요리책 『프랑스 요리의 기술』을 49세에 출간했다. 51세에는 성공적이었던 TV 요리 프로그램 〈프랑스 요리사The French Chef〉를 만들어 미국 전역에 이름을 날렸다. 요리를 향한 열정과 음식을 즐기는 법을 전수하고자 했던 열망 덕분에 방송에서도 집필 활동에서도 큰 성공을 거둘 수 있었다. 자기 일에 대한 열정과 헌신은 그녀의 말에서도 분명하게 드러난다. "열정을 느낄 만한 무언가를 찾아 엄청난 관심을 쏟아 보세요." 그녀의 여정에서 나이에 상관없이 열정을 쏟을 때 놀라운 성공을 거둘 수 있음이 드러난다.

버니 마커스 Bernie Marcus: 버니 마커스는 49세에 다니던 철물점에서 해고된 뒤, 50세에 동업자 아서 블랭크Arthur Blank와 함께 건축자재·생활용품 전문 소매점 홈디포를 공동 창업했다. 버니는 자신의 풍부한 경험과 지식을 활용하여, 소비자들에게 폭넓은 주택 개보수용 상품과 도구를 제공하는 혁신적인 소매 개념을 만들어 냈다. 홈디포의 성공은 버니의 선견지명과 지도력, 틈새시장을 파악하는 능력 덕분이었다. 늦은 시기에 시작한 버니의 기업가적 모험은 놀라운 성공을 이루는 데 나이가 걸림돌이 되지 못한다는 사실을 입증한다.

로라 잉걸스 와일더 Laura Ingalls Wilder: 로라 잉걸스 와일더는

65세에 『큰 숲속의 작은 집Little House in the Big Woods』을 발표하며 널리 사랑받는 초원의 집 시리즈의 시작을 열었다. 어린 시절 경험을 토대로 쓴 그녀의 이야기는 여러 세대를 걸친 독자들의 마음을 사로잡았다. 늦은 나이에 찾아온 로라의 성공은 어떤 나이에서든 인생의 새로운 장을 펼쳐 오래도록 이어질 유산을 남길 수 있음을 증명한다. 로라는 이렇게 말하기도 했다. "결국 삶에서 정말 중요한 건 달콤하고 소박한 것들입니다." 이 말은 매일의 경험에서 즐거움과 목표를 발견하는 일이 얼마나 중요한지를 강조하고 있다.

이처럼 50세가 넘어서 길을 개척한 놀라운 사람들은 나이가 성공의 걸림돌이 아님을 보여 준다. 새로운 사업을 시작하건, 창작에 대한 열정을 좇건, 공동체에 이바지하는 새로운 방식을 찾아 나서건, 인생의 후반부에 목표를 새롭게 정의함으로써 깊은 성취와 충만함을 끌어낼 수 있다. 회복력을 끌어안고, 긍정적인 시각을 유지하며, 목표에 대한 헌신을 이어 가는 일은 이 여정의 중요한 부분을 차지한다. 앞에서 말한 놀라운 인물들의 사례를 본보기로 삼는다면 목표를 새롭게 정의하고 꿈을 향해 끊임없이 분투할 수 있는 동기와 영감을 발견할 수 있을 것이다.

세이버스에 목적의식 불어넣기

세이버스는 단순한 아침 습관이 아니다. 세이버스는 자신이 누구이며 왜 여기에 있는지 다시금 인식할 수 있는 매일의 기회다. 각각의 실천에 의도적으로 목적의식을 불어넣을 때, 당신의 미라클 모닝은 단순한 일상을 넘어 하나의 사명이 된다. 다음은 당신이 가장 중요하게 여기는 가치에 맞춰 각 세이버스의 요소들을 한 단계 끌어올릴 수 있는 방법이다.

침묵은 내면의 지혜와 직관, 목표의 조용한 속삭임을 들을 수 있는 신성한 순간이다. 목표를 품고서 침묵 속에 자리할 때, 단순히 마음을 가라앉히는 것을 넘어 명료함이 모습을 드러낼 공간을 마련하게 된다. 이 순간을 성찰의 기회로 삼아 더 깊은 질문을 던져 보자. **'어떻게 하면 내가 추구하는 가치에 맞게 오늘을 살아갈 수 있을까?' '나 자신과 주변 사람들을 위해 어떻게 하면 최선의 모습을 내보일 수 있을까?'** 신에게 인도를 구하고, 직관에 다가설 수 있는 공간을 만들어 보자. 그 해답들이 언제나 곧바로 떠오르지는 않겠지만, 언제고 당신이 마련한 공간 속으로 찾아들 것이다.

확언은 자신의 깊은 목적의식과 맞아떨어질 때 더 큰 힘을 발휘한다. 막연히 기분을 좋게 만드는 문구가 아니라, 자신이 누구이며 무엇을 하려는지 붙잡아 주는 개인적 선언이 되어야 하는 것이다. 예를 들어 타인에게 영감을 주고자 한다면,

스스로 모범을 보이며 다른 사람들을 북돋우겠다는 다짐, 그 다짐을 반영하는 구체적이고 의미 있는 행동을 실천하려는 헌신이 확언에 담겨야 한다. 목표가 중심이 된 확언을 반복할 때 단순히 자신감을 끌어올리는 데서 그치지 않고, 정체성을 새롭게 빚어내고 동기를 불어넣는 가운데 자신을 한참 뛰어넘는 높은 곳에 목표를 뿌리내리게 된다.

시각화는 목표를 품고 살아가는 삶을 마음속으로 연습하는 도구가 된다. 단순히 성공을 그리거나 목표를 달성하는 것을 넘어, 관계 속에서 자신이 어떤 모습일지, 어떤 식으로 변화를 만들 것이며 조화를 이뤄 낸 순간 어떤 감정을 느끼게 될 것인지를 구체적으로 시각화해 보자. 의미 있는 목표 위에 단단히 발을 딛고 섰으니, 품위 있게 어려움을 헤쳐 나가는 자신의 모습이 보일 것이다. 미래를 또렷이 그릴수록, 당신을 밀어붙이는 목표의 힘은 더욱 강력해진다.

운동은 목표를 이루기 위해 신체에 기운을 불어넣는 방법이다. 의도를 품고 몸을 움직임으로써, 오래 사는 것만이 건강이 아니며 사명을 이뤄 낼 수 있는 신체적 능력도 건강의 한 부분이라는 사실을 떠올리게 된다. 걷기가 되었든, 스트레칭이나 근력 운동, 춤추기가 되었든, 당신의 목표를 세상에 내보이는 신체를 향해 몸을 움직이며 감사를 전해 보자.

독서는 목표로 가득한 배움의 한 형태가 된다. 사고를 흔드

　　2부　50세 이후의 삶을 꽃피우기 위한 숨겨진 자기 돌봄 전략

는, 자기 인식이 깊어지는, 자신의 가치와 열정에 걸맞은 무언가를 새롭게 알려 주는 책이나 기사, 글 들을 골라 보자. 그리고 읽어 보자. 지식을 쌓는 데서 그치는 것이 아니라 당신이 되고자 하는 사람, 당신의 목표가 손짓하는 사람으로 거듭나기 위함이다.

기록이야말로 목표가 단어의 형태를 갖추는 활동이다. 자신이 방향에 맞게 살고 있는지, 표류하고 있진 않은지, 앞에서 나를 부르는 것은 무엇인지 이 시간을 활용해 돌아보자. 목적의식을 품고서 원하는 바를 써 내려가자. 그리고 그 과정에서 삶을 통해 얻은 통찰과 의도, 배움을 포착해 보자. 목표를 마음에 새기고서 꾸준히 기록하다 보면 삶의 의미로 향하는 자신만의 지도가 만들어질 것이다.

목표를 품은 편지

종이와 펜을 들고 삶에서 얻은 교훈을 담아내는 일에는 거의 신성하다고까지 할 수 있는 강력한 무언가가 있다. 젊은 시절의 자신에게 글을 쓰든, 자식들이나 친구들을 위해, 혹은 자기 성찰을 위해 글을 쓰든 수십 년 동안의 경험을 의미 있는 단어로 응축하는 과정은 치유와 변화를 끌어낸다. 우리는 아래에 실린 드웨인의 진심 어린 편지에서 지혜와 유머, 영혼을 깨우는 외침이 담긴 표현 방식들의 아름다운 예시를 확인하게 된다. 꾸밈없이 있는 그대로 적었으며 아름답게도 인간적이다. 이러한 편지는 거울이자 나침반이며, 하나의 유산이다. 편지를 보면 우리가 누구인지, 무엇이 중요한지, 여전히 우리가 할 수 있는 것은 무엇인지 떠올릴 수 있다.

다음의 편지를 읽고 나면, 당신도 당신이 찾아낸 진실과, 여전히 품고 있는 꿈과, 특히 자기 자신을 포함해 사랑하는 사람들에게 건네곤 했던 격려로 가득한 자신만의 편지를 쓰게 될 것이다. 때로는 스스로 건네는 이야기로 인해 삶이 가장 달라지는 법이다.

드웨인이 전하는 말

60세 생일을 맞이하면서 제가 얼마나 나이 들었는지 돌아보기 시작했습니다. 단순한 생물학적 나이가 아니라, 정말 중요하다고 할 수 있는 머리와 마음의 나이를요. 목표를 가지고서 살아가고 있는지 의문이 들었죠. 그러고 나니, 목표를 품고 살아가야겠다는 생각이 마음속에 뿌리를 내리게 되었습니다. 끊임없이 탐구하고, 배우고, 새롭게 시도하는 것을 방해하는 생각들과 망설임을 내려놓기로 했어요. 앞으로 나아갈 수 없다는 생각은 제 마음속에 남아 있을 수 없었습니다. 목표로 가득한 삶을 살아가려면 앞으로 나아가는 것이 매우 중요합니다. 이

　　　2부　50세 이후의 삶을 꽃피우기 위한 숨겨진 자기 돌봄 전략

러한 생각에서 저 자신에게 보내는 다음과 같은 편지를 쓰게 되었어요. 저의 60번째 생일 파티에 와 주신 여러분들과 이 편지를 나누고 싶네요.

지난 60년 동안 수많은 지혜를 얻었구나. 내가 돌봄을 책임졌던 6만 명의 어르신들과 맨해튼 계획*에 참여했던 과학자들과 치리오스 시리얼을 개발한 여인, 영화 〈타잔Tarzan〉에서 제인을 연기한 배우에게서 그 많은 것을 배울 수 있었지. 나는 그들을 '나의 길잡이'라고 부르곤 해. 노년의 요양원 거주자분들을 보살피며 내 경력이 만들어졌고 삶의 믿음이 빚어졌어. 그분들에게서 지혜를 얻기도 했지. 하루는 샘 어르신께 왜 이렇게 나이가 드셨냐고 여쭸어. 한때 권투 선수였던 93세의 어르신은 이렇게 답하셨지. "그래도 자넬 때려눕힐 정도는 될 걸세." 그게 정말인지 아닌지는 중요하지 않은 거야. 그런 마음 자체가 장수를 가져다줄 만한 자양강장제인 셈이니까.

그러니 드웨인, 작업복에 작업화 차림은 그만두자. 아버지의 모습을 따라갈 필요는 없어! 지난 15년 동안 똑같이 해 오던 머리 스타일을 고수할 필요도 없지. 위축되지 마! 스타일을 바꿔 보는 거야. 나이가 들면 으레 이래야 한다는 생각에 잡아먹히지도 마. 젊음을 붙잡아. 미리부터 빼앗기면 안 돼. 10층 난간에 매달린 아이처럼 젊음을 붙

---

* 제2차 세계대전 당시 미국이 주도한 원자폭탄 개발 비밀 연구 계획.

잡아 보는 거야. 손을 놓치는 순간 끔찍한 결말이 찾아올 테니까. 아인슈타인, 마틴 루터 킹Martin Luther King, 간디. 이들은 다른 사람들의 기준에 갇히지 않았어.

딸 결혼식에서 신나게 춤을 춰 보자. 손녀의 결혼식이면 더 좋고. 용서야 나중에 빌면 되지. 샤워하면서, 또 차 안에서 당당하게 큰 소리로 노래해 봐. 자신을 내어주지 마. 주변에 순응하지 말고, 너만의 모습을 세상에 빼앗기지도 마. 주변 사람들 생각은 신경 쓰지 않을 만한 나이가 됐잖아. 나다워져 보는 거야. 그러지 못하면 타인이란 감옥에 갇힌 죄수가 될 테니까.

예상치 못한 일을 해 보는 건 어때. 상상만 하던 여행을 떠나 보는 거야. 핑계를 대면서 꿈을 미루지 마. 산을 오르고, 자동차 경주에 도전하고, 경보 선수가 될 수도 있겠지. 젠장, 연극이라도 하나 써 보는 건 어때! 돈 쓰기를 주저하지 말고, 자식들을 위해 아껴야 한다는 생각도 하지 마. 지금 써 버려. 자식들이 스스로 깨달음을 얻을 기회를 빼앗지 말자고. 오늘이 바로 네가 계획했던 그날인 거야. 내일? 글쎄, 안타깝지만 내일은 보장할 수 없어.

완고함은 배움과 성장의 가장 큰 적이야. 뭐든, 새로운 걸 시도해 보자! 살사 댄스나 암벽 등반도 괜찮고, 뭐 클레이메이션* 영상을 만들어 볼 수도 있겠지. 스페인 이비사섬으로 떠날 수도 있어. 마흔 살의 젊은 친구들이랑 새벽 5시가 될 때까지 미친 듯 춤춰 보는 거야. 그

---

* 　찰흙 인형을 조금씩 움직이며 한 컷씩 촬영해 만드는 스톱모션 애니메이션.

　　　　2부　　50세 이후의 삶을 꽃피우기 위한 숨겨진 자기 돌봄 전략

러고는 방에서 제일 매력적인 여자친구에게 윙크를 하는 거지. 아쉽지만 내겐 이미 짝이 있다고, 아내에게 뜨겁게 입 맞추는 것도 잊으면 안 되겠지. 배우자와 함께하기만 한다면, 잠자리에 대한 환상을 포기할 필요도 없어.

10년에 한 번씩은 어떤 친구들이 있나 곰곰이 생각하며 돌아볼 필요가 있어. 오래되었다는 이유만으로 친구로 남아선 안 돼. 친구들에게 선택받으려 하지 말고 주도적으로 친구를 찾아. 지금의 자리에 안주하게 하고, 너를 사랑하지도, 받아 주지도 않는 사람들을 친구로 두지 마. 그렇게 할 때 삶의 행복을 찾을 수 있을 거야. 우리가 건네는 '사랑해'가 언제가 마지막이 될지 몰라. 그러니 비참한 관계 속에 있다면 서둘러 그 관계를 털고 나와서 진짜 사랑을 해. 사랑하는 사람들에게 매일 사랑한다고 말하는 습관을 몸에 익혀 보는 거야.

사회적 책임감을 보여 주려 테슬라를 몰 필요는 없어. 사회적 약자를 위해 싸운다고 하더라도 사회적 책임감 때문이 아니라, 그렇게 배웠기 때문이어야 해. 목표를 품고 살자. 봉사도 잊지 말고. 단순히 돈을 쓰는 데서 그치지 말고, 시간을 들여 배운 것을 나누면서 너만의 정수를 드러내 보는 거야. 그것이야말로 귀중하고 값진 순간이 될 테니까.

때로는 삶이 너무 혼잡해서 자신의 고통조차 들을 새도 없다는데, 센 척하는 그런 헛소리는 집어치우고 이렇게 적어 봐. 울자! 기쁠 때도 울고, 슬플 때도 울자. 느껴지는 감정들을 끄집어내지 않으면, 네 안에 머물다가 결국 너를 무너뜨리고 말 테니까. 주의를 기울이고 네 몸에 귀를 기울여 보는 거야. 가만히 앉아서 어디가 아픈지 들어 보는 거지. 이번 생에 우리에게 주어진 몸뚱이는 이것 하나니까. 최대한 다리를 굴리면서 많이 걷도록 해. 30초라도 좋으니까, 일주일에 한 번씩은 달려 보고. 그저 달릴 수 있는지 확인하기 위해서야. 더는 할 수 없을 거라고 단정 짓지 마. 그런 건 저 위쪽에 계신 대단하신 분이 결정하실 일이고, 우리는 알 수도 없을 거니까.

감사하는 마음으로 살아가자. 긍정적인 마음을 품으면 부정적으로 생각할 때보다 평균 7년을 더 살아간다고 해. 사는 동안 배웠던 것들과 깨달음을 얻은 지혜의 말들을 글로 남겨 봐. 네가 남긴 말들이 다음 사람들에게 큰 의미로 다가갈 거야. 네 안엔 놀라운 지혜가 있어. '지금 내가 제대로 된 길을 가고 있는 건가?' 하고 숙고할 수 있는 순간이 많지 않을 텐데, 지금이 바로 그런 순간이야. 지금은 돌아가신 나의 영웅 로빈 윌리엄스Robin Williams가 했던 말을 전하고 싶어. "찬란한 삶을 살아가세요. 저는 그랬습니다."* 찬란한 삶을 살아!

이제 당신의 차례다. 조용한 시간을 마련해 다이어리를 펼치거나 컴퓨터를 켜고서 자기 자신에게, 자식들에게, 손주들에게, 혹은 젊은 시절의 본인에게 마음을 다해 편지를 써 보자. 너무 깊이 생각하거나, 완벽하게 쓰려 애쓸 필요는 없다. 내면의 소리가 자연스럽게 흘러나오도록 두면 된다.

사랑이나 실패, 건강, 노화, 목표, 즐거움에 관하여 삶에서

---

* 로빈 윌리엄스가 출연했던 영화 〈잭Jack〉에서 인용한 말.

    2부 50세 이후의 삶을 꽃피우기 위한 숨겨진 자기 돌봄 전략

배운 것들을 돌아보자. 당신이 아끼는 사람들이 너무 늦기 전에 알았으면 하는 것은 무엇인가? 누군가 당신에게 조금만 더 일찍 말해 줬더라면 좋았을 이야기는 무엇인가?

솔직하게 적어 보자. 당신의 스타일대로 유머를 녹여 내 적어도 좋다. 대담하게 진실을 드러내자. 이 편지는 똑똑해 보이려는 글이 아니라 진정성을 내보이기 위한 글이다. 당신의 말에는 사람들을 고무시키고, 치유하고, 살아가게 하는 힘이 담겨 있다.

그렇게 말할 수 있는 이유는 분명하다. **당신의 삶에는 의미가 있다. 당신의 이야기는 중요하다. 완벽하지 않지만 있는 그대로 아름다운 당신의 목소리는 누군가에게 꼭 필요한 이야기일지 모른다.**

편지를 세상에 내놓든, 품 안에 간직하든 상관없다. 쓴다는 행위를 통해 자신이 가장 중요하게 여기는 것들과 다시금 이어질 것이다. 그러니 편지를 쓰자. 누군가를 위해서. 자신을 위해서. 그리고 무엇보다, 당신이 여기에 있고, 여전히 배우고 있고, 목표를 품고서 주도적으로 살아가기로 했음을 선언하기 위해서.

목표에 관한 마지막 고찰

목표를 품고서 주도적으로 살아간다는 것이 모든 일에 대한

해답이거나 완벽하게 짜 놓은 계획을 따라가는 일은 아니다. 이는 당신의 시간과 에너지와 현재가 중요하다는 사실을 인지하고서 매일 아침을 의도적으로 맞이하는 일이다. 목표를 마음에 새기면 삶의 방향성을 얻는 동시에 깊이도 더할 수 있다. 평범한 행동조차도 뜻깊은 활동으로 바뀌고, 아주 작은 친절이나 고요한 성찰의 순간, 대담한 믿음의 도약마저도 더 큰 무언가의 일부가 될 수 있음을 떠올리게 된다.

목표를 품고 살아가기 위해 세상을 바꿀 필요는 없다. 그저 일관된 모습으로 진정성을 품고서 당당하게 자신만의 진실을 살아 내면 된다. 무언가를 만들려는 목표를 가지고 있든, 봉사나 리더십, 사랑, 성장에 목표를 두고 있든, 그 목표를 존중하는 것이 가장 중요하다. 더욱이 아름다운 사실은 시작하기에 늦은 순간이란 없다는 것이다. 당신이 살아 있는 한 자신의 목표에 맞춰 뜻깊은 하루하루를 이뤄 낼 시간은 충분하다. 그러니 스스로 물어보자. 나는 무엇을 하기 위해 이곳에 왔는가? 이곳에서 나는 어떤 사람이 될 것인가? 그리고 한 번에 한 걸음씩 의도를 품고서 그 답을 향해 나아가 보자.

미라클 모닝 공동체 회원에게서 온 편지

저는 은퇴한 지 3년이 되었습니다. 처음 미라클 모닝을 시작한 건 1년 전이었고요. 집중력은 한층 더 높아졌고, 드디어 삶의 목적을 찾은

     2부   50세 이후의 삶을 꽃피우기 위한 숨겨진 자기 돌봄 전략

것만 같아요. 이제는 습관이 되어서 하루라도 빼먹으면 못 견딜 지
경이에요.

- 메리 엉거Mary Unger
50대

이제 당신의 시간이다

당신의 나이에는 흠이 없다. 단 한 번만을 살아가기에 매해가 소중한 법이다.
편안한 마음으로 나이를 받아들여라.

— 작가·강연자·출판인, 루이스 헤이Louise Hay

이제 이 책의 마지막 장에 다다랐다. 하지만 여러 가지 의미에서 당신은 이제 막 출발한 셈이다. 이 책은 단순히 아침을 맞이하자는 초대장이 아니라, 당신의 온전한 잠재력과 마음 가장 깊은 곳에 자리한 목표, 아직 펼쳐지지 않은 삶에서 마주할 특별한 가능성을 일깨우자는 초대이다.

1부에서는 미라클 모닝의 힘과 침묵·확언·시각화·운동·독서·기록으로 구성된 세이버스 습관을 활용해 아침을 되찾아 삶을 끌어올리는 방법을 배웠다. 당신은 이 여섯 가지 일일 의식을 통해 나이와 관계없이 의도적으로 살아갈 수 있는 맑은 정신과 자신감, 추진력을 얻을 수 있을 것이다. 이는 단순한 아침의 습관을 넘어, 몸과 마음, 영혼에 이르기까지 가장 빛나는 자기 모습으로 거듭날 수 있는 청사진을 그리는 일이다.

만약 1부 마지막에 설명한 미라클 모닝 삶의 변화 30일 여정을 시작했다면, 목표를 품고서 하루를 시작할 때 찾아오는 내면의 힘과 자신감, 삶을 변화시키는 데 너무 늦은 순간이란 없다는 깊은 깨달음과 같은 변화를 이미 느꼈을 것이다.

50세 이후를 위한 미라클 모닝 첫걸음 자료집을 아직 내려받지 않았다면 TMMAfter50.com에서 바로 내려받을 수 있다. 자료집에는 목표 설정 연습과 확언 참고문뿐 아니라 맞춤형 예시문, 기록을 위한 질문지, 일일 점검표, 진행 상황 기록지 등 이 책의 독자들을 위해 특별히 설계된 많은 자료가 담겨 있다.

2부에서는 아침을 지나 나머지 시간 전반에 걸쳐 성장과 즐거움을 이어 가는 법을 살펴보았다. 자기 돌봄만을 위한 시간을 계획하는 것에서부터 영양가 있는 음식과 숙면, 마음을 챙기는 활동으로 에너지를 최적화하는 일까지 자신의 건강을 신성한 책임으로 여기는 방법을 터득했다. 또 새벽빛을 받으며 일어날 때 어떻게 자연의 리듬과 다시금 맞물리는지, 접지가 어떤 식으로 신경계를 안정시키고 활력을 되찾아 주는지, 목표를 품고서 주도적으로 살아갈 때 어떻게 매일매일에 새로운 의미가 깃드는지도 알게 되었다. 이러한 각 전략을 실천한다면 단순히 수명을 늘리는 것을 넘어 삶에 생기를 더할 수 있다.

진실은 이렇다. 인생의 후반부에 접어들었대도 삶은 잦아들지 않는다. 오히려 삶이 깨어난다. 인생에서 이 시기는 가장 충만하고 생기 넘치는 뜻깊은 시간이 될 수 있다. 당신에게는 그럴 만한 수단이 있다. 그럴 만한 지혜도 있으며 시간도 있다. 남은 것은 매일 아침 의도를 품고서 일어나겠다는 선택, 어떠한 변명도 없이 자신을 돌보겠다는 다짐, 맑은 정신과 용기, 목표를 지니고서 하루하루를 살아가겠다는 약속뿐이다.

50세 이후의 인생은 이야기의 끝이 아니다. 이는 당신이 살아가도록 운명이 정해진 기적 같은 삶의 시작이다.

다른 이들과 이 여정을 함께하라

이 책을 읽고서 가치가 더해진 삶을 살게 되었고 스스로 전보다 나아졌다고 느낀다면, 또 이 책을 시작으로 삶의 일부를 넘어 모든 영역을 한 단계 높은 수준으로 끌어올릴 수 있게 되었다고 여긴다면, 아끼는 주변 사람들에게 이 책을 건네보기를 권한다. 읽은 책을 빌려줘도 좋고, 새롭게 한 권을 선물해도 괜찮다. 특별한 날일 필요는 없다. 그저 이렇게 말해 보자. "제가 당신을 정말 사랑하고 아낍니다. 그래서 당신이 더 나은 인생을 맞이했으면 좋겠어요. 이 책을 한번 읽어 보세요."

우리가 그렇듯, 훌륭한 친구나 가족 구성원이 되기 위해 자신이 사랑하는 사람들이 가장 빛나는 모습으로 거듭날 수 있도록 도와야 한다고 당신도 믿는다면, 이 책을 다른 이들과 나눠 보자. 그렇게 우리는 손을 맞잡고 매일 하루씩 마음을 다해 인류의 의식을 끌어올리게 될 것이다.

용어집

A

확언Affirmation – 세이버스®의 일환으로, 요구되는 믿음이나 마음가짐, 행동, 목표를 강화하기 위해 의식적으로 작성된 긍정적인 진술. 생각이나 감정, 행동을 최적화하는 데 도움을 준다.

부정적 자동 사고ANTs, Automatic Negative Thoughts – 특정 상황이나 유인에 대해 반사적으로 떠오르는 비자발적인 부정적 생각들. 이러한 사고는 보통 비이성적이며, 불안과 우울을 비롯한 다양한 정신 질환의 원인이 된다.

B

침대 스트레칭 Bed stretching – 침대를 벗어나기 전 신체의 주요 부위를 '깨우기' 위해 5분 정도 진행하는 스트레칭. 근육과 관절로 가는 혈류가 증가해 근육의 유연성이 개선되고 관절의 가동 범위가 늘어나, 갑작스러운 움직임으로 인한 부상이나 낙상의 위험을 낮출 수 있다.

청색광Blue light – 파장이 짧고 높은 에너지를 지닌 가시광선의 한 종류. 태양에서 자연적으로 방출되기도 하고, 스마트폰이나 컴퓨터와 같은 인공기기를 통해 방출되기도 하는 이 빛은 우리의 생체 리듬을 조절하는 중요한 역할을 한다.

호흡요법Breathwork – 감정의 해소나 치유, 각성 상태 증진과 같은 특정한 목적을 위해 사용되는 다양하고 체계적인 호흡 기법이나 훈련. 이 요법에는 일정한 호흡, 리듬에 변화를 준 호흡, 숨 참기 등이 포함될 수 있으며, 주로 요가나 명상, 전인 치유와 같은 활동에서 찾아볼 수 있다.

C

생체 리듬 Circadian rhythm - 유기체가 24시간에 걸쳐 경험하는 신체적·정신적·행동적 변화. 뇌 안에 자리한 이 체내 시계는 주변 환경의 빛 변화에 반응해 각성과 수면의 주기를 조정한다.

맞춤형 비타민 Compounded vitamins - 개별 환자의 특정한 필요에 맞춰 공인된 의사나 약사가 맞춤형으로 조제하는 비타민. 2개월에서 3개월마다 혈액 검사를 바탕으로 처방받는 것이 이상적이며, 시판 제품과 달리 복용량, 구성 성분, 형태까지 조절할 수 있어 소비자들이 최적의 관리를 받을 수 있다.

코르티솔Cortisol - 부신 피질에서 생성되는 스테로이드 호르몬. 스트레스를 받을 경우 혈액 속으로 분비되는 탓에, 스트레스 호르몬이라고도 불린다. 혈당을 높이고, 뇌의 포도당 사용을 증가시키며, 조직 회복을 위해 체내 자원을 전용함으로써 신체가 스트레스와 위험에 대응하도록 돕는다.

D

심호흡Deep breathing - 천천히 깊게 호흡하는 데 집중하여 신체를 이완하는 호흡법.

횡격막 호흡 Diaphragmatic breathing - 천천히 깊게 호흡하는 데 집중하여 신체를 이완하는 호흡법의 하나로, 흉부와 복부를 분리하는 얇은 근육인 횡격막과 복부 근육을 활용해 천천히 코로 들이쉬고 입으로 내쉬는 방법.

E

접지Earthing - 땅과의 접촉을 되찾아 전기적 에너지를 재정렬하는 치유 기법.

감정 최적화 명상 Emotional optimization meditation - 의도적으로 힘을 실어 주는 감정에 맞춰 생각과 호흡, 주의를 일치시킴으로써, 감정을 식별하고 조절하며 끌어올릴 수 있도록 고안된 명상의 한 기법.

후성유전학Epigenetics - 세포에서 유전자 변형 없이 유전자 발현이 조절되는 과정을 연구하는 학문.

운동Exercise - 세이버스®의 일환으로, 하루의 시작 후 한 시간 내에 몰두하는 신체 활동. 건강과 체력을 유지·증진하는 동시에, 뇌로 향하는 혈류와 산소를 늘려 인지 기능 향상에 도움을 준다.

F

머릿속 과열 상태 Fire brain - 잠자리에 들기 전에 했던 활동들로 인해 스트레스를 유발하는 생각들에 붙잡히게 되는 상태. 잠드는 것을 방해하고 수면의 질을 떨어뜨린다.

새벽빛First light - 공식적인 일출 이전의 시간대를 포함하는 아침의 햇살. 자외선을 제외한 적외선과 청색광을 포함한다.

G

그라운딩Grounding - 접지Earthing 참조.

안내 명상 Guided meditation - 대면 수업, 또는 비디오나 오디오, 앱 등을 통해 숙련된 실천가나 강사의 안내에 따라 진행하는 명상.

H

건강수명Healthspan - 만성 질병이나 컨디션 저하 없이 최적의 건강을 유지하며, 기능을 잃지 않은 채 활동적으로 살아가는 상태.

I

염증성 노화 Inflammaging - 다양한 노화 관련 질병과 연관되어 나타나는 저강도의 만성 염증 상태.

염증Inflammation - 외상, 병원균, 독소와 같은 유해 자극으로부터 몸을 보호하기 위한 복합적인 생리 반응. 강한 염증 반응은 신체의 방어기제에서 중요한 역할을 하지만, 만성 염증이 이어질 경우 건강에 해를 끼쳐 수명을 줄일 수 있다.

적외선Infrared light - 눈에는 보이지 않지만 열기로 느껴지는 전자기파의 한 종류. 통상 태양이나 불빛에서 방출되는 이 파장은 피부를 통과해 근육과 뼈, 장기에 도달하여 뼈 회복을 촉진하고, 상처를 치유하며, 콜라겐 생성을 자극하는 등 항노화와 연결되는 특성을 보인다.

J

글쓰기Journaling - 기록Scribing 참조.

L

기대 수명 Life expectancy - 출생 연도와 인구 통계를 바탕으로 한 사람이 얼마나 오래 살 것으로 기대되는지 평가한 수치.

수명Lifespan - 우리의 일생. 얼마나 오래 사는가를 의미한다.

리빙 푸드 Living food - 가능한 원래의 형태에 가깝게 유지하여 영양소와 유효 성분이 남아 있는 자연 상태의 식품. 최대한 기존 형태를 보존해 싱싱한 상태로 신선하게 소비된다.

장수Longevity - 오랜 기간 살아가는 것, 특히 평균 나이를 넘기는 것을 의미한다.

림프계Lymphatic system - 몸 전체를 거치며 순환하는 백혈구를 포함하는 투명한 액체인 림프를 통해, 체액 평형을 유지하고 식이 지방을 흡수하며 면역 기능을 지탱하는 혈관, 림프절, 장기의 네트워크.

M

명상Meditation - 마음을 가라앉히고 내적 평안을 기르며 순간에 대한 자각을 키워, 스트레스를 줄이고 명료함과 정서적 건강을 증진하는 실천법.

마이크로 습관 Micro-habit - 매일 꾸준히 실천하여 시간이 지남에 따라 커다란 변화를 끌어낼 수 있는 소소한 습관.

마음챙김 명상 Mindfulness meditation - 현재에만 집중해 떠오르는 느낌과 감정을 해석하거나 판단하지 않고, 있는 그대로 인지하며 온전히 주의를 기울이는 명상의 종류.

미라클 모닝®Miracle Morning® - 할 엘로드가 설계한 체계화된 개인적 성장의 습관. 총칭 세이버스®(S.A.V.E.R.S.®)로 알려져 있으며 침묵Silence, 확언Affirmation, 시각화Visualization, 운동Exercise, 독서Reading, 기록Scribing으로 구성된다. 매일 아침 실천하며 신체적·정신적·정서적·영적 건강을 끌어올리고, 삶의 어느 단계에서든 온전히 잠재력을 발휘할 수 있도록 개인에게 힘을 실어 준다.

미토콘드리아Mitochondria - 세포의 생화학 반응을 위해 필요한 대부분의 화학 에너지를 발생시키는 세포막으로 둘러싸인 세포기관(단수형: 미토콘드리온mitochondrion). 세포 발전소라고 불린다.

기상 의욕 수준MML, Morning Motivation Level - 침대를 벗어나 움직이고 싶은 정도를 측정하여 나타낸 것. 하루를 시작할 준비가 완벽하다면 10점, 어떻게든 침대에 머물고 싶다면 1점으로 매긴다.

N

신경 가소성 Neuroplasticity - 새로운 경험, 자극, 손상에 대한 반응에 맞춰 뇌가 변화하고 적응하는 능력.

신경전달물질Neurotransmitters - 신경세포에서 분비되는 화학 물질의 일종. 인접한 신경세포나 근육, 분비샘 세포를 자극해, 신경계 전반에 걸쳐 한 세포에서 다음 세포로 신호를 전달한다.

O

산화 스트레스 Oxidative stress - 세포에 손상을 입힐 수 있는 불안정한 분자인 유리기와 이를 중화하는 항산화 물질 사이의 불균형 상태. 이러한 불균형은 세포 손상을 초래할 수 있으며, 노화나 심혈관 질환, 신경퇴행성 질환 등 다양한 건강 문제와 연관된다.

P

부교감 신경계 Parasympathetic nervous system - 긴장감 없이 편안함을 느낄 때, 몸을 이완하고 생명 유지 기능을 수행하는 신경망. 자율 신경계의 일부로, 신체의 휴식 및 소화 반응을 책임진다.

고유 감각 수용기 Proprioceptive sensors - 몸과 팔다리의 위치 정보에 대한 피드백을 제공하는 감각 수용체.

목적Purpose

1. 방향감을 가진 상태. 중요하거나 구체적인 목표, 또는 근본적인 존재 방식. 누군가에게는 필요에 따라 아침에 일어나야 할 이유가 된다.

2. 개인에게 뜻깊은 의미를 지니며 세상에 긍정적인 흔적을 남기고자 하는 장기적 과제를 이루기 위한 지속적인 의도.

R

독서Reading - 세이버스®의 일환으로, 책이나 기타 자료들을 통해 지식과 지혜, 영감을 흡수해 개인적 성장을 뒷받침함으로써, 자신이 원하는 삶을 빚어낼 수 있는 사람으로 거듭나고자 의도적으로 실천하는 행위.

S

세이버스S.A.V.E.R.S.® - 침묵Silence, 확언Affirmation, 시각화Visualization, 운동Exercise, 독서Reading, 기록Scribing의 머리글자를 따서 만든 시대를 초월해 검증된 효과적인 개인적 성장의 실천법. 매일 실천하며 최선의 모습으로 거듭날 수 있도록, 마음가짐을 다잡고 건강과 생산성을 끌어올리고자 고안되었다.

기록Scribing - 세이버스®의 일환으로, 개인의 생각과 감정, 통찰을 글로 남겨 맑은 정신을 빚어내고 성장 과정을 추적해 원하는 삶을 의식적으로 만들어 가는 활동.

자기 돌봄 Self-care - 세계보건기구WHO가 정의하는 바에 따르면, '의료계 종사자의 도움이 있든 없든 건강을 챙기고, 질병을 예방하며, 병과 아픔을 다루는 개인, 가족, 공동체의 능력'을 뜻한다.

노화 세포 Senescent cells – 염증을 유발하고 조직을 분해하는 물질을 내뿜어 건강에 악영향을 미치는 세포.

침묵Silence – 세이버스®의 일환으로, 하루를 시작하기 전 마음의 평안과 맑은 정신, 균형 잡힌 상태를 일구기 위해 명상·기도·성찰·심호흡과 같은 방법을 통해 의도적으로 마음을 차분히 가라앉히는 활동.

T

텔로미어Telomere – 염색체의 끝단. 반복적인 염기서열을 가지는 비암호화 DNA 조각으로, 염색체를 보호한다. 세포 분열을 거칠 때마다 점점 짧아진다.

초월 명상TM, Transcendental Meditation – 머릿속으로 만트라를 반복하며 이완된 자각 상태를 성취하고자 하는 침묵 명상의 한 형태. 하루 두 번, 15분에서 20분씩 수행한다.

U

자외선Ultraviolet light – 가시광선의 보랏빛 영역을 넘어서는 눈으로 볼 수 없는 빛. 일광 화상을 유발하고 살균 작용을 위해 활용되며, 피부에서 비타민D 생성을 촉진해 뼈 건강과 면역 기능, 전반적인 건강에 중요한 역할을 한다.

V

시각화Visualization – 세이버스®의 일환으로, 원하는 성과와 그 성과를 얻기 위해 해야 하는 행동을 마음속으로 연습함으로써, 효과적인 정신적·정서적 상태를 일궈 실제 행동에 힘을 실어 주는 활동.

W

빔 호프 메소드 Wim Hof Method – 심호흡 연습, 냉요법, 정신적 집중력을 결합해 건강과 웰빙을 개선하는 기법.

Z

좀비 세포 Zombie cells – 노화 세포Senescent cells 참조.

1장

1. "Life Expectancy at Birth, Age 65, and Age 75, By Sex, Race, and Hispanic Origin: United States, Selected Years 1900-2019," U.S. Centers for Disease Control and Prevention 2020-2021, last reviewed October 30, 2024, https://www.cdc.gov/nchs/data/hus/2020-2021/LExpMort.pdf.

2. Kenneth D. Kochanek et al., "Mortality in the United States, 2022," Centers for Disease Control and Prevention, NCHS Data Brief no. 492 (2024): 1, https://www.cdc.gov/nchs/products/databriefs/db492.htm.

3. "Sleep and Older Adults," National Institute on Aging, last reviewed February 6, 2025, https://www.nia.nih.gov/health/sleep/good-nights-sleep.

4. Thelma J. Mielenz et al., "Patterns of Self-Care Behaviors and Their Influence on Maintaining Independence: The National Health and Aging Trends Study," Frontiers in Aging 2 (2021): 770476, https://doi.org/10.3389/fragi.2021.770476.

5. "Older Adults with Regular Activity Routines Are Happier and Do Better on Cognitive Tests, Study Finds," University of Pittsburgh Medical Center, September 13, 2022, https://www.upmc.com/media/news/091322-cognitivetests.

6. Estela González-González and Carmen Requena, "Practices of Self-Care in Healthy Old Age: A Field Study," Geriatrics 8, no.3 (2023): 54, https://doi.org/10.3390/geriatrics8030054.

7. Christoph Randler, "Proactive People Are Morning People," Journal of Applied

Social Psychology 39, no. 12 (2009): 2787-97, https://doi.org/10.1111/j.1559-1816.2009.00549.x.

2장

1. "Web-Based Injury Statistics Query and Reporting System (WISQARS)," Centers for Disease Control and Prevention, accessed May 12, 2025, https://www.cdc.gov/injury/wisqars/index.html.

2. Ramakrishna S. Kakara et al., "Cause-Specific Mortality Among Adults Aged ≥ 65 Years in the United States, 1999 Through 2020," Public Health Reports 139, no. 1 (2023): 54-8, https://pubmed.ncbi.nlm.nih.gov/36905313/.

3. Lisa Stathokostas et al., "Flexibility Training and Functional Ability in Older Adults: A Systematic Review," Journal of Aging Research 2012, no. 1 (2012): 306818, https://doi.org/10.1155/2012/306818.

4. In-Hee Lee and Sang-young Park, "Balance Improvement by Strength Training for the Elderly," Journal of Physical Therapy Science 25, no. 12 (2013): 1591-93, https://doi.org/10.1589/jpts.25.1591.

5. Mayo Clinic Staff, "Health and Zombie Cells in Aging," Mayo Clinic News Network, December 1, 2023. https://newsnetwork.mayoclinic.org/discussion/health-and-zombie-cells-in-aging/.

6. Jennifer L. St. Sauver et al., "Biomarkers of Cellular Senescence and Risk of Death in Humans," Aging Cell 22, no. 12 (2023): e14006, https://doi.org/10.1111/acel.14006.

7. Stella Victorelli et al., "Apoptotic Stress Causes mtDNA Release During Senescence and Drives the SASP," Nature 622, no. 7983, (2023): 627-36, https://doi.org/10.1038/s41586-023-06621-4.

8. Barry M. Popkin et al., "Water, Hydration and Health," Nutrition Reviews 68, no.8 (2010): 439, https://doi.org/10.1111/j.1753-4887.2010.00304.x.

9. Michael Boschmann et al., "Water-Induced Thermogenesis," The Journal of Clinical Endocrinology & Metabolism 88, no. 12 (2003): 6015-19, https://doi.org/10.1210/jc.2003-030780.

10. Abby Moore, "This Is the One Time a Sleep Expert Says It's OK to Sleep in," MBG Health, February 14, 2022, https://www.mindbodygreen.com/articles/minimum-amount-of-sleep-you-should-get-each-night.

11. Adriane M. Soehner et al., "Circadian Preference and Sleep-Wake Regularity: Associations With Self-Report Sleep Parameters in Daytime-Working Adults," Chronobiology International 28, no. 9 (2011): 802, https://doi.org/10.3109/07420528.2011.613137.

12. Jim Kwik, host, Kwik Brain, "How to Sleep Better During a Pandemic with Dr.Michael Breus," ART19, October 5, 2020, 15 min., 35 sec., https://www.jimkwik.com/podcasts/kwik-brain-194-how-to-sleep-better-during-a-pandemic-with-dr-michael-breus/.

13. Sanjana Gupta, "What Is a Circadian Rhythm Sleep Disorder?," Verywell Mind, February 11, 2023, https://www.verywellmind.com/circadian-rhythm-sleep-disorders-types-causes-and-coping-7108090.

3장

1. Anne Craig, "Discovery of 'Thought Worms' Opens Window to the Mind," Queen's Gazette, July 13, 2020, https://www.queensu.ca/gazette/stories/discovery-thought-worms-opens-window-mind.

2. Michael Vallejo, "Automatic Negative Thoughts (ANTs): How to Identify and Fix Them," Mental Health Center Kids, October 26, 2022, https://mentalhealthcenterkids.com/blogs/articles/automatic-negative-thoughts.

3. Neşe Mercan et al., "Investigation of the Relatedness of Cognitive Distortions with Emotional Expression, Anxiety, and Depression," Current Psychology 42, no. 10 (2021): 1007/s12144-021-02251-z, https://www.researchgate.net/publication/354298569_Investigation_of_the_relatedness_of_cognitive_distortions_with_emotional_expression_anxiety_and_depression.

4. Natalie L. Marchant et al., "Repetitive Negative Thinking Is Associated With Amyloid, Tau, and Cognitive Decline," Alzheimer's Dementia 16, no. 7 (2020): 1054-64, https://doi.org/10.1002/alz.12116.

5. Louis Frank and Saleh Mohamed, "Crisis Intervention and Emergency Preparedness in Care Facilities: Addressing Acute Psychosocial Challenges during the Pandemic," Easy Chair, no. 13253 (2024), https://easychair.org/publications/preprint/l56Qc/open.

6. Madhav Goyal et al., "Meditation Programs for Psychological Stress and WellBeing: A Systematic Review and Meta-analysis," JAMA Internal Medicine 174, no. 3 (2014): 357-68, https://jamanetwork.com/journals/jamainternalmedicine/fullarticle/1809754.

7. Alexander T. Latinjak et al., "Self-Talk: An Interdisciplinary Review and Transdisciplinary Model," Review of General Psychology 27, no. 4 (2023), https://doi.org/10.1177/10892680231170263.

8. Simon E. Blackwell, "Mental Imagery: From Basic Research to Clinical Practice," Journal of Psychotherapy Integration 29, no. 3 (2019): 235-47, https://doi.org/10.1037/int0000108.

9. Andrea N. Niles et al., "Randomized Controlled Trial of Expressive Writing for Psychological and Physical Health: The Moderating Role of Emotional Expressivity," Anxiety, Stress, and Coping 27, no. 1 (2013): 1-17, https://doi.org/10.1080/10615806.2013.802308.

4장

1. Madhav Goyal et al., "Meditation Programs for Psychological Stress and WellBeing: A Systematic Review and Meta-analysis," JAMA Internal Medicine 174, no. 3 (2014): 357-68, https://doi:10.1001/jamainternmed.2013.13018.

2. 『늙지 않는 비밀(The Telomere Effect: A Revolutionary Approach to Living Younger, Healthier, Longer)』 엘리자베스 블랙번(Elizabeth Blackburn), 엘리사 에펠(Elissa Epel) 저, 이한음 역

3. Thomas J. Dunn and Mirena Dimolareva, "The Effect of Mindfulness-Based Interventions on Immunity-Related Biomarkers: A Comprehensive Meta-Analysis of Randomised Controlled Trials," Clinical Psychology Review 92 (2022): 102124, https://doi.org/10.1016/j.cpr.2022.102124.

4. Supaya Wenuganen et al.,"Transcriptomics of Long-Term Meditation Practice: Evidence for Prevention or Reversal of Stress Effects Harmful to Health," Medicina 57, no. 3 (2021): 218, https://doi.org/10.3390/medicina57030218.

5. Thomas Larrieu et al., "Nutritional Omega-3 Modulates Neuronal Morphology in the Prefrontal Cortex Along With Depression-Related Behaviour Through Corticosterone Secretion," Translational Psychiatry 4 (2014): e437, https://doi.org/10.1038/tp.2014.77.

6. Sarah McEwen, "Meditation & Mindfulness for Stress Reduction," Pacific Neuroscience Institute, March 11, 2020, https://www.pacificneuroscienceinstitute.org/blog/brain-health/meditation-mindfulness-for-stress-reduction/.

7. Manoj K. Bhasin et al., "Relaxation Response Induces Temporal Transcriptome Changes in Energy Metabolism, Insulin Secretion and Inflammatory Pathways," PLOS ONE 8, no. 5 (2013): e62817, https://doi.org/10.1371/journal.pone.0062817.

8. Su Qin et al., "Structural Basis for Histone Mimicry and Hijacking of Host Proteins by Influenza Virus Protein NS1," Nature Communications 5, no. 1 (2014): 1-11, https://doi.org/10.1038/ncomms4952.

9. "Mindfulness for Your Health: The Benefits of Living Moment by Moment," NIH News in Health, June 2021, https://newsinhealth.nih.gov/2021/06/mindfulness-your-health.

10. "In the Journals: Mindfulness Meditation Practice Changes the Brain," Harvard Health Publishing, April 1, 2011, https://www.health.harvard.edu/mind-and-mood/mindfulness-meditation-practice-changes-the-brain.

11. "Benefits of Mindfulness," HelpGuide.org in Collaboration with Harvard Health, October 4, 2024, https://www.helpguide.org/mental-health/stress/benefits-of-mindfulness.

12. Florian Kurth et al., "Promising Links between Meditation and Reduced (Brain) Aging: An Attempt to Bridge Some Gaps between the Alleged Fountain of Youth and the Youth of the Field," Frontiers in Psychology 8 (2017): 236970, https://doi.org/10.3389/fpsyg.2017.00860.

13. Amy Novotney, "Feeling Nostalgic This Holiday Season? It Might Help Boost Your Mental Health," American Psychological Association, December 18, 2023, https://www.apa.org/topics/mental-health/nostalgia-boosts-well-being.

14. Lúzie Fofonka Cunha et al., "Positive Psychology and Gratitude Interventions: A Randomized Clinical Trial," Frontiers in Psychology 10 (2019): 430258, https://doi.org/10.3389/fpsyg.2019.00584.

15. Jeffrey Klibert et al., "The Impact of an Integrated Gratitude Intervention on Positive Affect and Coping Resources," International Journal of Applied Positive Psychology 3 (2019): 23-41, https://doi.org/10.1007/s41042-019-00015-6.

16. Sunghyon Kyeong et al., "Effects of Gratitude Meditation on Neural Network Functional Connectivity and Brain-Heart Coupling," Scientific Reports 7, no. 1 (2017): 5058, https://doi.org/10.1038/s41598-017-05520-9.

17. Amy Morin, "7 Scientifically Proven Benefits of Gratitude," Psychology Today, April 3, 2015, https://www.psychologytoday.com/intl/blog/what-mentally-strongpeople-dont-do/201504/7-scientifically-proven-benefits-of-gratitude.

18. Summer Allen, "Is Gratitude Good for Your Health?," Greater Good Magazine, March 5, 2018, https://greatergood.berkeley.edu/article/item/is_gratitude_good_for_your_health.

19. Morin, "7 Scientifically Proven Benefits of Gratitude."

20. "The Benefits of Deep Breathing and Why It Works," Psychology Today, September 25, 2024, https://www.psychologytoday.com/us/blog/evidence-based-living/202409/the-benefits-of-deep-breathing-and-why-it-works.

21. "Yogic Breathing Helps Fight Major Depression, Penn Study Shows," Penn Medicine News, November 22, 2016, https://www.pennmedicine.org/news/news-releases/2016/november/yogic-breathing-helps-fight-ma.

22. Joni Sweet, "The Science Behind Breathwork + 5 Benefits Of The Practice," Mindbodygreen, February 14, 2020, https://www.mindbodygreen.com/articles/the-benefits-of-breathwork.

23. Dallin Tavoian and Daniel H. Craighead, "Deep Breathing Exercise at Work: Potential Applications and Impact," Frontiers in Physiology 14 (2023): 1040091, https://doi.org/10.3389/fphys.2023.1040091.

24. Grzegorz Bilo et al., "Effects of Slow Deep Breathing at High Altitude on Oxygen Saturation, Pulmonary and Systemic Hemodynamics," PLOS ONE 7, no. 11 (2012): e49074, https://doi.org/10.1371/journal.pone.0049074.

25. Yu Liu et al. "The Effectiveness of Diaphragmatic Breathing Relaxation Training for Improving Sleep Quality Among Nursing Staff During the COVID-19 Outbreak: A Before and After Study," Sleep Medicine 78 (2021): 8-14, https://doi.org/10.1016/j.sleep.2020.12.003.

5장

1. J. David Creswell et al., "Affirmation of Personal Values Buffers Neuroendocrine and Psychological Stress Responses," Psychological Science 16, no. 11 (2005): 846-51, https://doi.org/10.1111/j.1467-9280.2005.01624.x.

2. J. David Creswell et al., "Self-Affirmation Improves Problem-Solving under Stress," PLOS ONE 8, no. 5 (2013): e62593, https://doi.org/10.1371/journal.pone.0062593.

3. Richard Cooke et al., "Self-Affirmation Promotes Physical Activity," Journal of Sport & Exercise Psychology 36, no. 2 (2014): 217-23, https://doi.org/10.1123/jsep.2013-0041.

4. Christopher N. Cascio et al., "Self-Affirmation Activates Brain Systems Associated With Self-Related Processing and Reward and Is Reinforced by Future Orientation," Social Cognitive and Affective Neuroscience 11, no. 4 (2016): 621-29, https://doi.org/10.1093/scan/nsv136.

5. B. R. Levy, et al., "Positive Age Beliefs Protect Against Dementia Even Among Elders With High-Risk Gene," PLOS ONE 13(2) (2018): e0191004. https://doi.org/10.1371/journal.pone.0191004.

6. Alan Rozanski et al., "Association of Optimism With Cardiovascular Events and All-Cause Mortality: A Systematic Review and Meta-Analysis," JAMA Network Open 2, no. 9 (2019): e1912200, https://jamanetwork.com/journals/jamanetworkopen/fullarticle/2752100.

6장

1. Janice Kiecolt-Glaser et al., "Psychosocial Enhancement of Immunocompetence in a Geriatric Population," Psychosomatic Medicine 57, no. 1 (1995): 17-25.

2. E. A. Fors and H. Sexton, "Cognitive Control and Chronic Pain: A Follow-Up Study," Journal of Behavioral Medicine 25, no. 2 (2002): 181-93.

3. Liz Roffe et al., "A Systematic Review of Guided Imagery as an Adjuvant Cancer Therapy," Psycho-Oncology 14, no. 8 (2005): 607-17, https://doi.org/10.1002/pon.889.

4. Diane Tusek et al., "Guided Imagery as a Coping Strategy for Perioperative Patients," AORN Journal 66, no. 4 (1997): 644-9, https://doi.org/10.1016/S0001-2092(06)62917-7.

5. Karina W. Davidson et al., "Controlled Trial of Positive Affect Intervention to Reduce Depression, Anxiety, and Enhance Recovery from Heart Disease," Archives of Internal Medicine 170, no. 18 (2010): 1501-9.

7장

1. Sheri R. Colberg et al., "Physical Activity/Exercise and Diabetes: A Position Statement of the American Diabetes Association," Diabetes Care 39, no. 11 (2016): 2065-79, https://doi.org/10.2337/dc16-1728.

2. Darren Warburton and Shannon Bredin, "Health Benefits of Physical Activity: The Evidence," American Journal of Epidemiology 174, no. 10 (2006): 1231-43, https://www.researchgate.net/publication/25347587_Health_benefits_of_physical_activity.

3. Toni Golen and Hope Ricciotti, "Does Exercise Really Boost Energy Levels?," Harvard Health Publishing, July 1, 2021, https://www.health.harvard.edu/exercise-and-fitness/does-exercise-really-boost-energy-levels.

4. Yves Rolland et al., "Physical Activity and Alzheimer's disease: From Prevention to Therapeutic Perspectives," Journal of the American Medical Directors Association 9, no. 6 (2008): 390-405, https://doi.org/10.1016/j.jamda.2008.02.007.

5. Michelle Plowman, "Exercise Is Brain Food: The Effects of Physical Activity on Cognitive Function," Developmental Neurorehabilitation 11, no. 3 (2008): 236-40, https://doi.org/10.1080/17518420801997007.

6. Golen and Ricciotti, "Does Exercise Really Boost Energy Levels?"

7. Weidong Chen et al., "Tai Chi for Fall Prevention and Balance Improvement in Older Adults: A Systematic Review and Meta-Analysis of Randomized Controlled Trials," Frontiers in Public Health 11 (2023): 1236050, https://doi.org/10.3389/fpubh.2023.1236050.

8. Jonathan Peake et al., "The Effects of Cold Water Immersion and Active Recovery on Inflammation and Cell Stress Responses in Human Skeletal Muscle After Resistance Exercise," The Journal of Physiology 595, no. 3 (2017): 695-711, https://doi.org/10.1113/JP272881.

9. Selim Chaib et al., "Cellular Senescence and Senolytics: The Path to the Clinic," Nature Medicine 28 (2022): 1556-68, https://doi.org/10.1038/s41591-022-01923-y.

8장

1. "Cognitive Health and Older Adults," National Institute on Aging, last reviewed June 11, 2024, https://www.nia.nih.gov/health/brain-health/cognitive-health-and-older-adults.

2. Robert A. Gross, "Life-Span Cognitive Activity, Neuropathologic Burden, and Cognitive Aging," Neurology® 81, no. 4 (2013): 307, https://www.neurology.org/doi/10.1212/WNL.0b013e31829ef315.

3. Avni Bavishi et al., "A Chapter a Day: Association of Book Reading With Longevity," Social Science & Medicine 164 (2016): 44-8, https://doi.org/10.1016/j.socscimed.2016.07.014.

4. Shuai Yuan et al., "Comparative Efficacy and Acceptability of Bibliotherapy for Depression and Anxiety Disorders in Children and Adolescents: A Meta-Analysis of Randomized Clinical Trials," Neuropsychiatric Disease and Treatment 14 (2018): 353-65, https://doi.org/10.2147/NDT.S152747.

9장

1. Joshua M. Smyth et al., "Online Positive Affect Journaling in the Improvement of Mental Distress and Well-Being in General Medical Patients With Elevated Anxiety Symptoms: A Preliminary Randomized Controlled Trial," JMIR Mental Health 5, no. 4 (2018): e11290, https://doi.org/10.2196/11290.

2. American Academy of Neurology (AAN), "Does Being a Bookworm Boost Your Brainpower in Old Age?," ScienceDaily, July 4, 2013, https://www.sciencedaily.com/releases/2013/07/130704094454.htm.

10장

1. Kristen Woodward, "Exercise Reduces Chronic Disease Risks," Fred Hutchinson Cancer Center, July 1, 2007, https://www.fredhutch.org/en/news/center-news/2007/07/exercises-reduces-chronic-disease.html.

2. Jill Suttie, "Can Meditating Together Improve Your Relationships?," Greater Good Magazine, February 6, 2017, https://greatergood.berkeley.edu/article/item/can_meditating_together_improve_your_relationships.

3. Genevieve S. E. Smith et al., "Frequency of Physical Activity Done with a Companion: Changes Over Seven Years in Adults Aged 60+ Living in an Australian Capital City," Journal of Aging and Health 35, no. 9 (2023): 736-48, https://doi.org/10.1177/08982643231158424.

4. Meryl Roberts, "Why Reading Together Can Make or Break a Relationship: A Couple's Guide," Morrigan Post, July 10, 2023, https://morriganpost.com/couples-reading-together/.

5. Nathaniel M. Lambert et al., "Benefits of Expressing Gratitude: Expressing Gratitude to a Partner Changes One's View of the Relationship," Psychological Science 21, no. 4 (2010): 574-80, https://doi.org/10.1177/0956797610364003.

11장

1. Phillippa Lally et al., "How Are Habits Formed: Modelling Habit Formation in the Real World," European Journal Social Psychology 40 (2010): 998-1009, https://doi.org/10.1002/ejsp.674.

12장

1. "Improving Social Connectedness," Centers for Disease Control and Prevention, May 15, 2024, https://www.cdc.gov/social-connectedness/improving/.

2. Heidi Godman, "Get Back Your Social Life to Boost Thinking, Memory, andHealth," Harvard Health Publishing, October 22, 2023, https://www.health.harvard.edu/mind-and-mood/get-back-your-social-life-to-boost-thinking-memory-and-health.

13장

1. Institute of Medicine, Providing Healthy and Safe Foods As We Age: Workshop Summary (The National Academies Press, 2010) chap. 5, https://www.ncbi.nlm.nih.gov/books/NBK51837/.

2. "The Benefits of Slumber: Why You Need a Good Night's Sleep," NIH News in Health, April 2013, https://newsinhealth.nih.gov/2013/04/benefits-slumber.

3. Melissa Urban and Michael Breus, "Dear Melissa & Friends: Unpacking Diet and Sleep with Dr. Michael Breus," Whole 30, May 23, 2023, https://whole30.com/

article/dear-melissa-diet-and-sleep-connections/.

4. Danielle Pacheco and Anis Rehman, "What's the Best Time of Day to Exercise for Sleep?," Sleep Foundation, October 11, 2023, https://www.sleepfoundation.org/physical-activity/best-time-of-day-to-exercise-for-sleep.

5. "Exercising for Better Sleep," Johns Hopkins Medicine, accessed May 12, 2025, https://www.hopkinsmedicine.org/health/wellness-and-prevention/exercising-for-better-sleep.

6. Johns Hopkins Medicine, "Exercising for Better Sleep."

7. Danielle Pacheco and David Rosen, "Best Temperature for Sleep," Sleep Foundation, March 7, 2024, https://www.sleepfoundation.org/bedroom-environment/best-temperature-for-sleep.

8. Jason Ong, "Consistent Wake-Up Time: Sleep's Surprising MVP," Headspace, October 17, 2023, https://www.headspace.com/articles/sleep-health-2-consistent-wake-up-time-sleeps-surprising-mvp.

9. Kwik, "How to Sleep Better."

14장

1. "Effects of Light on Circadian Rhythms," Centers for Disease Control and Prevention, archived April 13, 2023, https://archive.cdc.gov//details?url=https://www.cdc.gov/niosh/emres/longhourstraining/light.html.

2. James Oschman et al., "The Effects of Grounding (Earthing) on Inflammation, the Immune Response, Wound Healing, and Prevention and Treatment of Chronic Inflammatory and Autoimmune Diseases," Journal of Inflammation Research 8 (2015): 83-96, https://doi.org/10.2147/JIR.S69656.

3. Maurice Ghaly, and Dale Teplitz, "The Biologic Effects of Grounding the Human Body During Sleep as Measured by Cortisol Levels and Subjective Reporting of

Sleep, Pain, and Stress," Journal of Alternative and Complementary Medicine 10, no. 5 (2004): 767-76, https://www.liebertpub.com/doi/10.1089/acm.2004.10.767.

4. Gaétan Chevalier and Stephen T. Sinatra, "Emotional Stress, Heart Rate Variability, Grounding, and Improved Autonomic Tone: Clinical Applications," Integrative Medicine: A Clinician's Journal 10, no. 3 (2011): 16-24, https://www.terrapia.pl/files/imcj10-3-p16-24chevalier.pdf.

5. Gaétan Chevalier et al., "Earthing (Grounding) the Human Body Reduces Blood Viscosity—A Major Factor in Cardiovascular Disease," Journal of Alternative and Complementary Medicine 19, no. 2 (2013): 102-10, https://doi.org/10.1089/acm.2011.0820.

6. Laura Koniver, "Practical Applications of Grounding to Support Health," Biomedical Journal 46, no. 1 (2023): 41-7, https://www.ncbi.nlm.nih.gov/pmc/articles/PMC10105020/.

7. Gaétan Chevalier et al., "Earthing: Health Implications of Reconnecting the Human Body to the Earth's Surface Electrons," Journal of Environmental and Public Health 2012, no. 1 (2012): 291541, https://doi.org/10.1155/2012/291541.

8. Clint Ober, "The Benefits of Grounding: An Interview with Clint Ober," interview by Heather Sandison, The Science of Grounding: How Earthing Improves Sleep and Reduces Inflammation, Quaila, September 24, 2020, transcript, https://neurohacker.com/the-benefits-of-grounding-an-interview-with-clint-ober.

9. "From Pain Relief to Food Digestion: Grounding Benefits Confirmed Through Thermal Imaging," The Earthing Institute, May 2, 2017, https://earthinginstitute.net/from-pain-relief-to-unclogged-digestion-grounding-benefits-seen-through-thermal-imaging/.

10. The Earthing Institute, "From Pain Relief to Food Digestion."

15장

1. Association for Psychological Science, "Having a Sense of Purpose May Add Years to Your Life," ScienceDaily, May 12, 2014, www.sciencedaily.com/releases/2014/05/140512124308.htm.

2. Chloe Many and Sheryl Leventhal, "Resilience and Longevity: Focus on Building Resilience Over Managing Stress," Hudson Valley Longevity Medicine, June 20, 2023, https://www.hvlongevity.com/2023/06/20/resilience-and-longevity-focus-on-building-resilience-over-managing-stress/.

3. Albert Einstein College of Medicine, "'Personality Genes' May Help Account for Longevity," EurekAlert!, May 24, 2012, https://www.eurekalert.org/news-releases/859879.

4. "Okinawa Centenarian Study," Wikipedia, accessed April 11, 2024, https://en.wikipedia.org/wiki/Okinawa_Centenarian_Study.

5. "Blue Zone," Wikipedia, accessed July 17, 2024, https://en.wikipedia.org/wiki/Blue_zone.

6. Patricia A. Boyle et al., "Effect of a Purpose in Life on Risk of Incident Alzheimer Disease and Mild Cognitive Impairment in Community-Dwelling Older Persons," Archives of General Psychiatry 67, no. 3 (2010): 304, https://doi.org/10.1001/archgenpsychiatry.2009.208.

7. Aliya Alimujiang et al., "Association Between Life Purpose and Mortality Among US Adults Older Than 50 Years," JAMA Network Open 2, no. 5 (2019): e194270, https://jamanetwork.com/journals/jamanetworkopen/fullarticle/2734064.

8. Boston University School of Public Health, "Higher Sense of Purpose in Life May Be Linked to Lower Mortality Risk, Study Finds." ScienceDaily. November 15, 2022. Available online at: www.sciencedaily.com/releases/2022/11/221115184500.htm.

9. Arianna Huffington, "As I celebrate my birthday today, I'm reflecting on how much it's built into our youth-worshiping culture that we have to do everything by the time we're 30," Twitter (now X), July 15, 2023, https://x.com/ariannahuff/status/1680203064400134146.

10. Colonel Harland Sanders, Col. Harland Sanders: The Autobiography of the Original Celebrity Chef (KFC Corporation 2012), 14.

미라클 모닝 *After 50*

초판 1쇄 발행 2026년 3월 4일

지은이 할 엘로드, 드웨인 J. 클라크
옮긴이 윤영호
펴낸이 김상현

콘텐츠사업본부장 유재선
출판팀장 전수현   **책임편집** 심재헌 이경미   **편집** 윤정기   **디자인** 권성민 김예리
마케팅팀 엄재욱 이영섭 남소현 최문실 배성경
미디어사업팀 김진형 김예은 정선영 정영원 정수아
경영지원 이관행 김준하 안지선 김지우 장사랑

펴낸곳 (주)필름
등록번호 제2019-000002호   **등록일자** 2019년 01월 08일
주소 서울시 영등포구 영등포로 150, 생각공장 당산 A1409
전화 070-4141-8210   **팩스** 070-7614-8226
이메일 book@feelmgroup.com

필름출판사 '우리의 이야기는 영화다'

우리는 작가의 문체와 색을 온전하게 담아낼 수 있는 방법을 고민하며 책을 펴내고 있습니다.
스쳐가는 일상을 기록하는 당신의 시선 그리고 시선 속 삶의 풍경을 책에 상영하고 싶습니다.

홈페이지 feelmgroup.com   **인스타그램** instagram.com/feelmbook

ISBN 979-11-93262-96-2(03190)